Law and Life

생활법률

옥필훈

박영사

▌머리말

법학개론은 흔히 법학의 입문 혹은 기초과목으로 알려져 있다. 필자는 매 학기 법학개론을 강의하면서 어떻게 하는 것이 방대한 법의 이론과 내용을 학생들에게 전달할 수 있을까 하고 고민한 적이 많았다. 더욱이 한국에서 로스쿨출범과 맞물리어 국내의 법학교육의 환경도 바뀌어가고 있는 현 시점에서 본서는 종래의 단편적인 '법학개론'이라는 주제를 가지고서는 강의의 폭이 좁아, 이번 기회에는 폭넓게 법학분야 전반에 걸쳐 검토하여 보고 국가시험 등 앞으로의 시험패턴을 유지하는 것이 타당하다는 전제하에 그 기본적인 핵심이론의 틀을 유지하면서 대폭적으로 내용을 추가 및 보완(최근 형사소송법 일부개정내용 반영＜2020. 2. 4＞)하여 신판을 세상에 내놓게 되었다. 본서는 국내외 문헌들을 조사 및 분석한 결과를 토대로 정리하여 대학교재 및 수험서로서의 역할을 다하였다. 본서는 다음과 같은 특징을 이루고 있다. 첫째, 법학이론에 대한 입문서로서뿐만 아니라 관련 사례를 소개하여 변화하는 교육환경에 부응하고 있다. 둘째, 법률용어 및 실무내용에 대한 관련문헌을 조사하여 정리하고 출제예상문제 및 단원별 확인평가를 수록하여 국가시험에 대비하여 학습의 배가를 올리었다. 셋째, 법학개론에 필요한 관련 영미문헌 중 해당부분을 발췌하여 전문영어를 강독하여 나가는 데 도움이 되도록 수록하였다. 아무튼 본서를 가지고 학습하고 계시는 모든 재학생 및 수험생 여러분들에게 도움이 되었으면 하는 바람이다.

먼저 본서를 출간하기까지 늘 보호하여 주시는 하나님께 감사드리고, 언제까지나 늘 사랑하여 주시고 이끌어주시는 전주비전대학교 총장님을 비롯한 전주비전대학교 교수님들, 전북대학교 서거석 전 총장님과 여러 은사님들, 부모님과 아내, 그리고 아들 성균, 성국, 성민, 본서의 출판을 기꺼이 허락하여 주신 박영사 사장님과 편집부 직원들께도 본 지면을 빌려 감사의 말씀을 올립니다.

2020년 6월
옥필훈 씀

▌차 례

제1편 ___ 총 론

제 1 장
법의 개념

I. 머 리 말

 '사회가 있는 곳에 법이 있다(ubi societas, ibi jus)'는 이미 지금까지도 통용되고 있는 법격언이다. 사람이 사회생활을 하자면 여러 가지 규칙을 지켜야만 질서가 유지되고, 질서가 유지되기 때문에 원만한 사회생활이 가능한 것이다.[1] 사회생활을 하는 과정에서 분쟁이 발생하는 경우 국가구제가 원칙이나 개인의 힘에 의한 구제는 어디까지나 예외적으로 허용된다. 최근 한국법제연구원이 행한 '국민법의식조사(1993)'에 따르면 이중적 구조를 가지고 있다고 한다. 즉 의사결정과 행동에서는 상당히 법에 의존적인 태도를 취하면서도 내면의식 속에서는 법에 대해 냉소적이며 부정적인 태도를 견지한다.[2]

 법이란 무엇인가? 서양에서는 그리스의 노모스(nomos)에서 그 기원을 찾을 수 있는데 기원전 5세기경 그리스인들은 자연의 질서를 의미하는 피시스(physis)로부터 인간의 행위를 규제하는 관행이나 법을 구분하기 위하여 노모스를 사용하였다. 이는 지금의 규범과 유사한 용어였다.[3] 동양에서는 법이라는 용어를 한자로 쓰면

---

1) 유병화, 『법학개론』, 법문사, 1988, 34면.
2) 이상돈, 『법학입문』, 법문사, 2002, 4면.

물 수(水)와 갈 거(去)를 합하여 '법(法)'이라고 쓴다. 본 용어의 의미는 자연의 이치에 따라 높은 데서 낮은 대로 흘러가듯 모든 일이나 분쟁을 이치에 맞게 순리대로 처리한다는 뜻이다.4)

법은 규범(規範)이다. 법이라는 말과 법규범이라는 말은 같은 뜻으로 쓰인다. 여기서 말하는 법은 법규범 전체를 총칭하며, 국회에서 의결되어 대통령이 공포한 법률만을 의미하지는 않는다. 먼저 법은 규범적 법칙의 하나이다. 따라서 해와 달의 움직임, 계절의 변화, 동식물의 생멸(生滅)과 바위, 물 등의 변화를 가리키는 자연적 법칙과는 구별된다. 규범이란 당위(sollen: ought to be)를 내용으로 하는 명제로서, 어떠한 존재적 사실이나 행위의 의미로 해석하는 공식이라 할 수 있다. 그리고 법은 법규에 의하여 구성되어 있다. 법규는 일정한 요건이 성립되면 다른 일정한 요건이 그 효과로서 귀속된다는 귀속의 연관이 되는 것이다(예컨대, 도적질한 자는 … 처벌한다).

고대와 중세에는 법을 초월의 세계에서 객관적으로 항존하는 완전무결한 법이념(자연법론)으로 보았고, 근대에는 각자가 본래부터 가지고 있다고 주장되는 기본적 권리에 그 기초를 두었으며(인권사상, 법실증주의 등), 현대에 와서는 그 사회, 그 민족, 그 사건에만 특유한 실질적 정의를 찾음으로써 인정되는 기본적 질서의 관념(법존재론 등)을 법으로 보게 되었다.5)

II. 법의 본질과 법규범

1. 법의 본질

1) 법은 '규범'이다.

규범은 당위를 내용으로 하는 명제로서, 어떠한 존재적 사실이나 행위의 의미로 해석하는 공식이라 할 수 있으며, 만일 그러한 사실이 규범의 내용과 일치하면 '가치가 있다', '합법적이다'라는 해석이 내려지고, 반대의 경우에는 '가치가 없다'

3) 박상기 외 12인 공저, 『법학개론』, 박영사, 2003, 1면.
4) 허영희, 『쉽게 쓴 생활법률』, 법문사, 2005, 2면.
5) 옥필훈, 『법철학노트』, 도서출판 솔, 1997, 1면.

또는 '불법적이다'라고 내리는 해석이다.

2) 법은 인간의 '사회생활'의 규범이다.

아리스토텔레스(Aristoteles, B.C. 384–322)는 '사람은 사회적 동물이다'라고 하였고, 예링(Jhering)은 인간은 자기의 생활을 유지발전 시키기 위하여는 자기를 위한 생활 이외에 '타인에 의한 생활과 타인을 위한 생활을 하지 않으면 안 된다'고 하였다. 인간의 사회생활에 있어서 법은 인간의 행위를 규제하는 규범으로서 당위 혹은 부당위를 규정하여 사회생활에 있어 사람들을 조화있게 질서지음으로써 인간의 합목적적 생활의 실현을 꾀한다.

3) 법은 국가의 중심권력에 의하여 '강제되는 규범'이다.

사회의 질서유지를 위한 조치는 조직적 사회단체의 통합력, 즉 사회단체 특히 국가의 중심권력에 의하여 조직적·통일적으로 강제되었고, 따라서 제2차적 사회규범으로서 본래적인 법을 형성한다. 예링은 '강제를 수반하지 않은 법은 타지 않은 불, 비추지 않는 등불과 마찬가지로 그 자체가 모순'이다. 법을 강제규범으로서 파악한다.

2. 법 규 범

1) 법은 규범의 하나이다.

자연법칙은 자연계(해와 달의 움직임, 계절의 변화, 동식물의 생멸과 바위, 물 등의 변화)의 법칙, 예컨대, 천문·지리학의 법칙, 물리·화학의 법칙, 동·식·광물학의 법칙 등이다. 이에 반하여 규범은 합리적 목적(남의 것을 훔치지 말라, 발가벗고 길을 다니지 말라, 살인자는 형벌에 처한다 등)을 달성하기 위하여 준수하여야 할 법칙, 예컨대, 종교·도덕·예의, 우리가 배우려는 법률이다.

칸트(I. Kant)는 이 양자의 관계는 자연과학적인 결정론에 대한 인간정신의 자율성을 밝히는 데에 있다고 한다.

표 1-1 자연법칙과 규범과의 차이

자연법칙	규범
• 인간의 의욕과는 관계없이 객관적 세계에 엄존하는 인과관계를 표시하는 인과율 • 기계적, 필연적○, 가치판단× • 천정법(天定法) — 존재의 법칙 • 자연현상을 지배하는 것은 기계적인 인과법칙으로서, 즉 '어떻게 하여'를 물음	• 인간이 자연상태에 만족치 않고 이상적인 목적을 세워 이를 실현코자 정한 법칙 • 합목적적, 명령적, 가치판단 수반 • 인정법(人定法) — 당위의 법칙 • 인간생활에 있어서의 근본법칙은 목적법칙으로서 it(um), 즉 '무엇 때문에'를 묻는다.

2) 법은 '법규'에 의하여 구성되어 있다.

법규란 일정한 요건(제약적·불법적 요건)과 다른 일정한 요건(피제약적 요건, 강제효과의 귀속요건)을 당위의 관계에서 결합하는 강제규범이다. 이러한 가언판단(假言判斷)의 형식을 취하는 당위명제, 즉 법규는 '도둑질한 자는 … 처벌한다'라고 규정한다. 따라서 법규는 일정한 요건이 성립되면 다른 일정한 요건이 그 효과로서 귀속된다는 귀속의 연관이 되는 것이다.

3) 법규범의 구조

① 행위규범과 강제(재판)규범

행위규범은 인간 또는 국민으로서 마땅히 지켜야 할 것을 정한 것이다(예컨대, '형법상 타인의 재물을 절취한 자 …'의 부분). 행위규범은 대개의 경우 재판규범으로서 작용하기 전에 행위규범으로서 기능한다. 행위란 사람의 의사에 의한 신체의 외부적 동정(動靜)을 의미한다. 그리고 법관에게 명하는 재판규범이 있다(예컨대, '6년 이하의 징역 또는 1천만원 이하의 벌금에 처한다'는 부분).

② 법규범의 중층구조

ⓘ 단층구조설
켈젠(H. Kelsen)은 그의 순수법학의 입장에서 실정법은 강제규범만을 그 대상으

로 한다. 행위규범은 도덕적·정치적 명제인 제2차적 규범이며, 강제규범으로서의 법규야말로 제1차적 규범이라 한다. 행위규범에 대한 위반행위와 그것에 대한 강제효과로서 구성되고 그 전체가 하나의 강제규범이다.

② 중층구조설

실질적이고도 발생사적으로 고찰하여 도덕적인 비강제적인 사회규범은 제1차적 규범이고 재판규범은 제2차적 규범이다. 법이 행위규범으로서 사회에서 행하여지느냐 하는 것은 법의 타당성의 문제이고, 법이 강제규범으로서 발동되느냐 하는 문제는 법의 실효성에 관한 문제이다.

③ 삼층구조설

행위규범과 재판규범 외에도 그것들을 정립하는 제3의 법의 구조로서 조직규범이 있다. 파운드(R. Pound)는 법은 정치적으로 조직된 사회의 힘의 체계적 사용을 통한 사회통제라고 한다.

④ 조직규범

조직규범은 행위규범과 재판규범을 통합하여 그 존립의 기초와 작용방식을 조직원리에 관한 규범이다. 예컨대, 헌법, 국회법, 법원조직법, 정부조직법 등이다. 일반국민에 대한 행위의무를 명하기 않으며, 그 직접의 수범자는 국가기관의 구성자이다.

Ⅲ. 법의 이념(목적)

법의 이념 내지 목적이란 법을 정립하고 실현함에 있어서 법에 의해 달성하려고 하는 현실의 목적 또는 이념을 말한다. 이는 법의 존재이유이며 효력의 근거이고 법의 가치를 평가하는 척도이다. 라드브루흐(Radbruch)는 법의 이념으로 정의(Gerechtigkeit), 합목적성(Zweckmässigkeit), 법적 안정성(Rechtssicherheit)을 들고 있다.

1. 정   의

정의의 이념은 동서양 사이에 많은 차이가 있었으나, 오늘날 정의의 개념은 세계 각국에서 어느 정도 통일성을 보이고 있다. 정의의 개념은 아리스토텔레스에 따라 평등으로 파악하는 것이 전통이나 오늘날에 와서는 이에 더하여 인권의 존중을 드는 것이 일반적인 경향이다. 제2차 대전 후의 국제연합헌장은 인권의 존중과 정의원칙에 입각하여 국제사회를 건설하려 하고 있다.

진·선·미와 같이 최고의 궁극적인 절대적 가치로서 사회질서의 이상화를 목표로 하고 있다. 이는 실정법의 가치기준이 된다. 아리스토텔레스(Aristoteles)는 정의를 단순히 개인적인 덕이라기보다는 각자가 실현하여야 할 사회적 덕이라고 하여 다음과 같이 구분하고 있다. 평균적 정의(산술적 정의)는 급부와 반대급부, 손해와 배상, 범죄와 형벌 등의 절대적·산술적 평등으로서 양 대상 사이의 동등가치에 따라 이루어지는 개인 사이의 횡적 질서를 전제로 한다. 형식적 평등으로서 동등질서를 주장하는 사법영역이다. 이와는 달리 배분적 정의는 여러 사람들 사이의 상대적·비례적 평등으로서 사람의 능력이나 공적에 따라 다르게 취급함을 인정한다. 이는 실질적 평등을 목표로 상위질서를 수립하는 공법영역이다. 달리 표현하면, 평균적 정의는 '모든 사람에게 같게 하라'고 하고, 배분적 정의는 '같은 것에는 같게, 같지 않은 것에는 같지 않게' 하라는 원리이다.[6]

최고의 정의는 최대의 부정의라고 하거나 법의 극치는 악의 극치라 하는 것 등은 결국 영구불변의 보편적인 절대적 정의를 찾기 어려우며, 정의라는 것은 절대적 실질성을 갖고 우리에게 주어지는 것이 아니라 우리들이 그 내용적 실질의 충족을 위하여 노력해 나가는 목표이다.

일반적 정의의 이념이 가지는 보편성의 요구와 형평이념이 가지는 개별성의 요구 사이에는 긴장관계가 존재하며, 이의 엄격한 조화로 정의는 법의 이념이 되어 실질적 평등이 이루어지게 되는 것이다.

2. 합목적성

합목적성이란 목적에 맞추어 방향을 결정하는 원리를 말하며 법에 있어서는 '법이 그 가치관에 구체적으로 합치되는 것'을 말한다. 첫째, 개인의 인격이 가치의 궁극적 기준이며 이는 개인주의로 표출되어 법은 자유를 그 구체적 이념으로 하게

---

6) 최종고,『정의의 상을 찾아서』, 서울대학교출판부, 1994, 6면.

되었다. 모든 개인은 평균적 정의에 기초하여 평등하게 존중되며, 단체 특히 국가는 개인의 행복을 위한 수단에 불과하다. 둘째, 단체를 가치의 고유한 담당자로 보아 단체의 유지·발전을 위한 배분적 정의에 중점을 두고 국민을 구체적인 법의 내용으로 한다. 셋째, 개인주의와 단체주의 중간에 위치한 것으로서 초인격주의라 한다. 법의 구체적 내용을 문화라 한다. 따라서 개인이나 단체는 이러한 문화의 창조에 이바지하는 한도에서 이차적인 가치를 가지는 것이다.

위와 같이 법의 목적을 무엇으로 정하느냐에 따라 정의의 내용이 상대적으로 나누어지며 위의 세 가지 법목적은 서로 모순되고 충돌되므로 법은 그 중에서 어느 하나만을 선택할 수 있을 뿐이고 어떠한 법목적을 가지느냐에 따라 각자의 주관적 태도결정의 문제가 있다.

> ※ 참고사항: 라드브루흐의 개인주의, 단체주의, 문화주의
>
> 1) 개인주의: 인간을 궁극적 가치로 지향하며, 개인의 자유와 행복이 최대한 보장되도록 노력한다. 평균적 정의를 강조하게 된다.
> 2) 단체주의: 단체(예컨대, 민족이나 국가)를 최고의 가치로 신봉하고(초개인주의), 개인의 인격은 단체의 부담으로 단체의 가치를 실현하는 범위 안에서 존중된다.
> 3) 문화주의(초인격주의): 개인도 단체도 아닌 인간이 만든 문화 혹은 작품을 최고의 가치로 신봉하는 태도이다.

3. 법적 안정성

법적 안정성이란 법에 따라 안심하고 생활할 수 있는 상태를 말한다. 위의 상대주의에 의하면 무엇이 법의 목적이고 합목적적이냐 하는 것은 일정하지 않다. 따라서 공동생활의 질서로서 법은 많은 의견들을 종합한 단일 법질서를 이루어야 된다는 점에서 법적 안정성을 법이념의 3번째에 위치하였다. 법적 안정성의 조건은 다음과 같다.

1) 법의 내용이 명확해야 한다.
2) 법이 쉽게 변경되어서는 아니 되며, 특히 입법자의 자의에 의해 영향을 받

아서는 아니 된다.

3) 법이 실제로 실행 가능한 것이어야 하며, 너무 높은 이상만 추구해서는 아니 된다.

4) 법은 민중의 의식, 즉 법의식에 합치되는 것이다.

4. 법이념의 내적 통일

세 이념의 상호모순 및 상호보완의 관계를 의미한다. 법실증주의자에 의하면, 법이 적법한 절차에 따라 제정되었으면 부정의로운 법(악법)이라도 법이라고 주장하는데, 다만 국민은 도덕적 양심에 따라 이런 악법을 거부하고 저항할 수 있다고 한다. 자연법론자에 의하면, 정의를 무시하는 법은 '법률의 모습은 띠고 있으나 불법'이라고 주장하고 더 이상 법으로서의 효력이 인정되지 않는다고 한다.

실제로 정의와 합목적성, 법적 안정성간에 충돌이 있는 경우 어느 이념을 우선시켜야 할지는 각 시대와 국가에 따라 그 해석이 달랐다. 헌법 제37조 제2항의 규정은 법의 이념인 자유와 권리, 공공복리, 질서유지, 국가안전보장의 상관관계를 규정한 것으로 중요한 의의를 가진다.

[인물연구] 라드브루흐

라드브루흐(Gustav Radbruch, 1878-1949)는 독일의 법률가·법철학자이다. 법상대주의와 법실증주의를 주창한 대표적 인물이다. 쾨니히스베르크대학교(1914)·키일대학교(1919)·하이델베르크대학교(1926)에서 교수로 재직했으며, 바이마르 공화국의 비르트내각과 슈트레제만 내각에서 법무부장관(1921~22, 1923)을 지내기도 했다. 그의 법철학은 법이 도덕가치에 의해 규정되고 의존한다는 신칸트주의 원칙에서 출발한다. 그러한 체계에서는 법과 정의의 관념은 절대적인 것이 아니며, 시간과 장소 그리고 당해 법적 절차의 당사자들이 지니는 가치에 따라 상대적이다. 그러나 독일에서 나치 통치를 겪고 나자, 만년에 그의 생각은 크게 바뀌었다. 그는 상대주의를 포기하고, 법과 정의에 내재된 어떤 절대적이고 본질적인 특성을 인정하는 자연법철학에 귀의했다. 1948년 7월 13일에 하이델베르크대학에서 고별강연을 하고 은퇴한 라드브루흐는 1949년 11월 23일 하이델베르크에서 사망하였다. 주요저서로는 〈법학입문〉(1910)·〈법철학강요〉(1914)·〈영국법의 정신〉(1946)·〈법철학입문〉(1948) 등이 있다.

※ 참고사항: 법학공부

갖추어야 한다.

1) 법 이 론
- 정치한 이론을 정확히 이해
- 법전을 대조하면서 교수강의를 이해하도록 노력, 교과서 정독
- 법률문헌의 이용: 원서(原書)

2) 강 의
- 교과서에 적힌 것 이외에 강의를 통해 원리와 지혜를 얻고 근본정신을 이해하는 것이다.
- 수동적으로 임하지 않고 미리 예습을 해 와서 의문나는 점이 있으면 곧바로 질문하는 습관을 기른다.

3) 판 례
- 법학: 부단한 법원의 판결과 '대화'하는 가운데 발전한다.
- 판례의 내용을 아는 것이 중요하게 인식된다.
- 법원에서 직접 판결이 이루어지는 광경을 견학하는 것도 좋다.
- '법률공보', '판례월보', '오늘의 법률', '법률신문'
  〈판례의 인용방법〉
    대법원 1976. 11. 23. 선고, 76다342 판결 → 먼저 법원을 표시하고, 이어서 선고일자. 사건번호를 적으며, 마지막으로 재판의 종류를 적는다.

4) 토 론
- 언어의 학문: '정확한 질문과 답변', '토론과 논쟁' 훈련을 요한다.
  ('연습'과목) - 그룹 스터디 활용
- 법학도: 논리, 심리, 윤리의 3理

5) 법 생 활

- 법을 잘 이해하려면 법이 인간생활 속에서 어떻게 운영되고 있는지 생생하게 파악할 필요가 있다.

- 예컨대, 전통법과 관습법: 지방의 향약, 범죄문제: '달동네'의 실태

- 위대한 법률가의 전기를 읽는다.

6) 법률정보의 검색

- 국가법령정보센터(www.law.go.kr)

- 종합법률성보(glaw.scourt.go,kr)

- 헌법재판소 결정(www.ccourt.go.kr)

- 최신 법률(www.moleg.go.kr)

※ 최근 한국형 로스쿨제도의 출범이 우리나라의 법학교육의 방향성에 대한 제도적 명확성과 학문적 과정과 직업적 과정에 대한 분명한 구분점을 제시하여 줄 수 있다는 점에서 대학에서의 법학교육의 변화는 비교법학교육 측면에서뿐만 아니라 법학교육의 발전이라는 측면에서도 의미가 있을 것으로 기대된다.

❖ 확인평가

1. 법규범이란 무엇인가?

2. 라드브루흐의 법의 이념에 대하여 설명하시오.

❖ 출제예상문제

1. 다음 법규범에 대한 설명으로 틀린 내용은?

① 법은 규범이다.

② 법은 인간의 사회생활의 규범이다.

③ 법은 국가의 중심권력에 의하여 강제되는 규범이다.

④ 법은 존재를 강제하는 규범으로 파악한다.

〈해설〉   ④ 법은 당위규범이다.

2. 라드브루흐가 말한 법의 이념에 해당되지 않은 것은?

① 정의

② 합목적성

③ 법적 안정성

④ 법적 타당성

〈해설〉   ④

제 2 장
법과 다른 규범과의 관계

Ⅰ. 법과 도덕

법과 도덕의 문제는 바로 법이념 자체에 관한 문제이고 그 개념위에 놓여진 현실적인 사회현상으로서 양자간의 "내용적 관계"의 문제이며 법효력은 어느 정도로 도덕과의 일치에 의존하고 있는가의 문제이다. 가령 "타인의 물건을 훔치지 말라"는 법의 명령은 역시 도덕의 요청이기도 하다.

자연법론자에 따르면 인간이 만드는 법은 그보다 더 궁극적인 도덕에 기초하고 그에 합치되어야만 법으로서 효력이 있고, '부정당한 법'이란 있을 수 없다고 주장하여 법과 도덕을 일원적인 것으로 본다. 이에 반하여 실증주의에 따르면, 법의 내용이 도덕에 반하더라도 법은 법이라고 보아 법과 도덕을 이원적으로 구별한다. '악법도 법'(dura lex, sed lex)이기 때문에 아무리 사악한 법이라도 적법한 절차에 따라 제정되기만 하면 법으로서의 효력이 있다.

1. 법과 도덕의 구별

1) 법의 외면성과 도덕의 내면성

법이란 외부적 형태에 관심을 두고 인간의 외부로 나타난 행동에만 관계하고, 도덕이란 내부적 형태에 관심을 두고 사색에는 누구도 벌을 가할 수 없다. 다시 말하면, '마음속의 간음'도 가능하다. 법도 인간의 내면적 사항(예컨대, 고의, 선의, 책임)을 적지 않게 참작할 뿐만 아니라 도덕도 마음속으로만 갖고 있어서는 부족하고 외부적으로 적절히 표현되어야만 통용될 수 있다.

2) 법의 타율성과 도덕의 자율성

법이란 타율성(Heteronomie)의 규범을 말하고, 도덕이란 자율성(Autonomie)의 규범을 말한다. 법과 도덕이 얼마만큼 서로 독자적 영역을 지켜 나가느냐? 어느 사회에나 '지배적' 혹은 '건전한' 도덕이라는 것이 존재하는데, 이러한 지배적 도덕은 법적으로 강제될 수 있다고 보고 이를 '도덕의 강제'(enforcement of moral)라 부른다. 도덕의 강제의 예로는 ① 존속살해죄의 가중처벌, ② 동성동본 사이의 혼인금지, ③ 간통죄의 형사적 처벌 등을 들 수 있다. 그러나 사회가 다원화됨에 따라 법에서 도덕적 요소를 축소해가는 이른바 법의 탈윤리화(Entmoralisierung)가 주장되기도 한다.

3) 법의 책임윤리와 도덕의 심정윤리

법이란 합법성으로 충족하고, 도덕이란 도덕성으로 충족한다. 막스 베버(Max Weber)에 의하면, 법은 책임윤리적 인간상을 전제로 하지만 심정윤리적 태도도 수용할 줄 알아야 하고, 도덕은 어느 정도 공통적인 기준과 상호교환성이 있어야지 '심정윤리'(心情倫理)로서만 이해되어서는 곤란하고 어느 정도의 책임윤리의 수준에 이르면 사회적으로, 객관적으로 윤리적이라고 인정되는 차원이 있다.[1]

---

[1] 심정윤리와 책임윤리의 구별은 Max Weber가 한 것이다. 참고문헌은 최종고, 『법과 윤리』, 경세원, 2000, 16면.

| 표 2-1 | 도덕과 법의 차이 |

구 분	도 덕	법
목 적	공동선 구현	정의구현
규율대상	도덕성	합법성
위반시 제재	비강제성	강제성
법률관계	일면성(의무)	양면성
자율성	자율성	타율성

2. 법과 도덕의 관계

1) 밀접한 교섭관계

① 내용적인 면에서 예컨대, 살인하지 말라 — 도덕규범/법규범, ② 규정형식 적인 면에서 밀접한 교섭관계를 가질 수 있다. 예컨대, 사람을 죽이지 말라는 도덕 규범은 법규범에서는 형법 제250조에서 규정형식을 찾아볼 수 있다.

2) 법과 도덕의 중복

도덕과 내용적으로 중복되어 있는 법의 준수는 법과 도덕의 협동으로 유지되 고 있다. 예컨대, 형법의 범죄행위, 민법의 신분에 관한 부분을 들 수 있다. 그러나 행정법이나 상법은 도덕적으로 무색한 기술적인 성격의 법이다.

3) 착한 사마리아인의 조항(the Good Samaritan Clause)

'착한 사마리아인 법'이란 『성서』의 「누가 복음」 10장 30~33절에 나오는 착 한 사마리아인의 비유에서 연유된 이름이다. 즉 어떤 사람이 예루살렘에서 여리고 로 내려가다가 강도를 만났다. 상처를 입고 길에 죽게 버려져 있는데, 한 제사장이 그냥 지나가고, 레위 사람이 그냥 지나갔다. 그런데 한 사마리아인이 그를 보고 측 은한 마음에서 구조해 주었다는 것이다. 법의 새로운 윤리의 현상, 예컨대, 위난을 당해 구조를 필요로 하고 있는 사람을 구조해주지 않을 때 등이다. 착한 사마리아 인 조항을 반드시 형법에 삽입시켜야 하는 문제에 대해서는 학자와 실무자 사이에 일치된 견해를 보이고 있지는 않는 듯하다.

※ 참고사항(Luke 10:30-33)

30. In reply Jesus said: "A man was going down from Jerusalem to Jericho, when he fell into the hands of robbers. They stripped him of his clothes, beat him and went away, leaving him half dead."

31. A priest happened to be going down the same road, and when he saw the man, he passed by on the other side.

32. So too, a Levite, when he came to the place and saw him, passed by on the other side.

33. But a Samaritan, as he traveled, came where the man was; and when he saw him, he took pity on him.

34. He went to him and bandaged his wounds, pouring on oil and wine. Then he put the man on his own donkey, took him to an inn and took care of him.

35. The next day he took out two silver coins and gave them to the innkeeper. 'Look after him,' he said, 'and when I return, I will reimburse you for any extra expense you may have.'

36. "Which of these three do you think was a neighbor to the man who fell into the hands of robbers?"

37. The expert in the law replied, "The one who had mercy on him." Jesus told him, "Go and do likewise."

---

4) 상황윤리

윤리학에서 이른바 상황윤리(situation ethics)는 상황에 맞추어 적절히 판단해야 한다는 윤리이론이다. 간단히, 상황에 적합하게 하느냐 부적합하게 하느냐에 달려있다. ① 실용주의(pragmatism), ② 상대주의(relativism), ③ 실증주의(positivism), ④ 인격주의(personalism)에서 출발하여 새로운 결의론(決疑論 ; neo-casuistry―구체적 사건에 대하여 개별적인 해결책을 찾는 사고방식)을 이루는 것이다

이와 같은 출발점에서 미국의 상황윤리학자인 플레쳐(Joseph Fletcher)는 다음

과 같은 예를 들어서 설명한다. ① 베를린이 소련군에게 점령되기 직전 강제수용소의 독일의 한 여인이 수용소에서 나가는 길은 오로지 두 가지, 즉 중병에 걸리거나 임신하는 것 중 후자를 택하여 남편과 아들에게로 돌아간 사례, ② 인디언의 습격을 받고 있는 어느 여인이 세 어린이와 함께 숲에 숨었을 경우 한 갓난아기의 울음소리에 입을 막히게 하고 죽은 후 2명의 어린 아기와 산 경우를 들 수 있다. 이러한 경우 윤리적으로 비난받지 않는다고 하여 법적 책임을 모면할 수 없다. 형법에서는 의무의 충돌의 경우에 기대가능성이 없으면 책임이 면제된다는 이론도 가능하다.[2]

Ⅱ. 법과 관습

관습은 일정한 행위가 특정한 범위의 다수인 사이에서 반복적으로 발생하는 일종의 사회규범이다. 법이란 강제가능한 것이지만, 관습이란 상당한 비난과 강제가 따르는 경우를 말한다. 관습에 대하여는 다음과 같다. (i) 역사적인 관점에서 보면 법과 도덕이 채 분리되지 않은 전형태로서 존재하다가 내면적, 자율적, 개인적 측면은 도덕, 종교로, 외형적, 타율적, 공권적 측면은 법으로 분화, 발전되었다. (ii) 오늘날에는 관습법은 관습이 발전하여 법적 가치에 합치될 때 성립하는 것으로 법과 관습이 융화를 보여주는 것으로 민법 제1조는 관습법의 보충적 효력(補充的 效力)을 인정하고 있다.

Ⅲ. 법과 종교

종교란 '인간이 신의 존재 등 초인적인 것(Supreme being)을 신봉하고, 그것에 귀의하는 것'을 의미한다. 헌법상 종교의 자유(헌법 제20조 제1항)라 함은 자기가 원하는 종교를 자기가 원하는 방법으로 신봉할 자유를 의미한다. 종교의 자유는 개인의 내심의 작용인 신앙의 자유를 그 핵심으로 한다.[3] 따라서 개인의 내심에만

---

2) 최종고, 『법과 윤리』, 경세원, 2000, 30면 참조.
3) 권영성, 『헌법학원론』, 법문사, 2000, 458면 참조.

머물러 있는 한 외부적으로 아무런 영향이 없다. 그러나 사실적 사실에서 고찰할 때 종교가 사람의 사회생활을 규제하는 경우가 많으므로 사회규범의 일종이라 할 수 있다.[4)]

※ 참고사항: (1) 법과 신학 (2) 법신학

〈법과 신학의 관계〉

① 중세: 법학이 신학의 일부에 지나지 않았다.

② 근세: 법은 국가법을 의미하고 교회법은 종교내부에서만 적용되는 자치법으로서의 효력을 의미하였다.

③ 현대: 독일처럼 국가와 교회가 밀접하게 관계하면서 교회법이 적용되는 나라들이 있고, 이란과 같이 회교국가들도 있으며, 스페인, 이탈리아 등은 가톨릭 교회가 사실상의 국교로 되어 있고, 태국과 같은 불교국가도 있다.

〈법신학에 대하여〉

※ 법신학(Rechtstheologie)이라는 용어는 1913년 라파포르트(M. E. Rapaport)가 종교적 법리론이란 뜻으로 처음 사용하였다. 독립적인 학문분야로서 논의되기 시작한 것은 19세기의 루터주의에 있어서 직분논의(職分論議)에서 비롯되었다. 그러나 교회법학자 루돌프 조옴(Rudolf Sohm)의 반대견해, 즉 "교회법은 교회의 본질과 모순된다"고 하여 교회의 본질은 영적인 것이고, 법의 본질은 세상적인 것이라고 생각하였다. 그럼에도 불구하고 오늘날에 와서는 조옴의 이론은 법학적으로 조옴의 발상을 능가하여 형식적으로는 법신학적 방법에 대한 새로운 성찰이고, 실질적으로는 일종의 신법을 인정함으로써 법의 질적인 이원성을 긍정하는 것이다(최종고, 『법과 종교와 인간』, 삼영사, 1992, 224-226면 참고).

---

4) 김효진, 『법학입문』, 박영사, 2016, 15면 참조.

표 2-2 종교와 법의 차이

구 분	종 교	법
목 적	개인의 安心立命	정의구현
규율대상	초월성	현실성
법률관계	일면성(의무)	양면성
최종판단자	신	국가

Ⅳ. 법과 정치

법은 정치와 함께 국민을 복종케 하여 자기의 목적을 달성시키고자 한다. 법의 우위를 주장하는 것이 법치주의인데, 이에 의하면 아무리 법이 정치에서 발생하였다고 하더라도 정치는 그 법의 구속을 피할 수 없다. 법치주의는 민주주의와 통하며, 치자와 피치자는 동일체가 된다. 법에 의하지 않는 정치는 불법이며, 또 법에 의하지 않는 권력은 폭력이 된다. 정치주의는 법은 어디까지나 정치의 수단에 불과하여야 하고 정치가 법의 구속을 받아서는 안 되며, 법이 정치에 추종하여야 한다.

법과 정치 사이에 어느 일방의 타방에 대한 우위가 가능하다는 도그마(Dogma)와 법과 정치는 별개의 것이라는 도그마가 존재할 수 있다. 그러나 법과 정치는 별개의 것이 아니라 법이 정치의 우위에 있음으로써 정치가 법의 규범에 의하여 움직이는 질서있는 사회 아래서만 법과 정치가 일치될 것이며, 통일성과 안정성이 확고하게 되는 것이다. 정치와 법치는 본질적으로 긴장관계이면서, 서로 협력해야 할 관계이다.

Ⅴ. 법과 경제

법과 제도는 많은 경우 경제의 성장과 안정이라는 목표를 수행하는 도구로 이용되고 있다. 1960-1970년대에 경제성장을 이유로 법의 경제적 도구화의 시기를 엿볼 수 있고, 1980년대와 1990년대에는 법체계가 경제성원칙에 의하여 재편되는 형태로 작용하고 있다고 볼 수 있다. 경제결정론이라는 오명, 마르크스(Mark)의 참 의도는 물질적 및 경제적 토대야말로 역사와 사회에 대한 객관적 및 과학적 인식을 가능하게 하는 제1의 소재다. 경제에 대한 지나친 강조는 마르크스(Mark)주의 법이론을 황폐하게 만들었다. 토대/상부구조의 비유에는 그 메커니즘(Mechanism)에 관한 상세한 논증이 부족하고, 미래에 대한 마르크스의 예측도 다소 설득력을 잃어가고 있는 듯이 보인다. 사적 유물론이 제기한 경제의 선차성(先次性)에 대한 강조를 무시할 수 없지만, 법과 경제는 서로 영향력을 주고 받으며 발전한다고 파악해도 무리가 없다. 미국을 중심으로 전개되고 있는 '법에 대한 경제학적 분석(economic analysis of law) 내지 법경제학이다. 예컨대, 코어스의 공식(coase's theorem)5)은 효율성을 가늠하는 데에 법이 관여할 영역이 그리 크지 않음을 주장하고 있다.

---

5) 미국의 경제학자 로널드 코즈(R. Coase)에 의하여 처음 제기되었고, 그는 소유권이 잘 확립되어 있고 거래비용이 없다면 시장 참여자들 간에 자발적인 협상을 통해 외부성(externality)의 문제를 해결할 수 있다고 주장하였다. 그러나 소유권을 가진 이해당사자들이 거래를 통해 환경오염 등을 막을 수 있다는 이론이지만 현실에서는 거래비용이 늘거나 이해당사자들 간의 정보가 불명확해 이루어지기 힘들다는 비판이 제기되고 있다.

❖ 확인평가

1. 법과 도덕의 차이점에 대하여 설명하시오.

2. 착한 사마리아인의 조항에 대하여 설명하시오.

❖ 출제예상문제

1. 법과 도덕의 관련성에 대한 설명으로 틀린 것은?
    ① 도덕 – 비강제성, 법 – 강제성
    ② 도덕 – 도덕성, 법 – 합법성
    ③ 도덕 – 절대성, 법 – 상대성
    ④ 도덕 – 자율성, 법 – 타율성

    〈해설〉 ③

2. 법의 새로운 윤리현상, 예컨대, 위난을 당해 구조를 필요로 하고 있는 사람을 구조하여 주지 않을 때를 무엇이라 하는가?
    ① 착한 사마리아인의 조항
    ② 상황윤리
    ③ 유기죄
    ④ 사회윤리규범

    〈해설〉 ①

3. 법과 관습에 대한 설명으로 맞지 않는 내용은?

　① 법은 지역적인 특수성을 지닌다.

　② 법 위반시에는 국가권력에 의한 강제가 그 제재로 가하여진다.

　③ 관습을 위반하면 사회의 비난이 따른다.

　④ 법과 관습이 융화를 보여주는 것으로 민법 제1조를 들 수 있다.

〈해설〉　①

제 3 장
법의 연원

I. 머 리 말

법의 연원(Source of Law) 혹은 법원(法源 : Rechtsquelle)은 법의 형식 내지 종류이다. 성문법은 법규범이 문장의 형식으로 나타나는 것이고, 불문법은 사회생활에 관습으로서 행해지는 것이 당연히 법으로서 인정되고 있는 것이다.

II. 성 문 법

성문법이란 문서의 형식을 갖추고 일정한 절차와 형식에 따라서 권한있는 기관이 제정 공포한 법을 말한다. 독일, 프랑스, 이탈리아, 북유럽 및 라틴아메리카, 한국, 일본 등이다. 성문법의 내용은 목적적 및 의식적으로 제정되는 것이다. 예컨대, 살인죄(형법 제250조)는 윤리적 규범이다. 양자제도(민법 제866조)는 관습적 규범이다. 어음배서(어음법 제11조)는 기술적 규범이다. 쟁의행위의 제한(노동쟁의법 제12조)은 정책적 규정이다. 성문법의 장점으로는 법의 존재와 그 의미를 명확히 하는 것이기 때문에 법적 행동을 하는 데 매우 편리하다는 것이다. 성문법의 단점으로는 법문상 내용을 완전히 표현하지 못하거나 용어선택상의 어려움이 있다. 이는 법의 개정을 통하여 시정할 수 있다.

1) 헌   법

헌법은 국가의 기본법으로서 국가통치의 조직과 작용의 원리를 정하고 국민의 기본권을 보장하는 실정법이다. 1948년 7월 12일 제정, 7월 17일 공포되었으며, 9차에 걸쳐 개정되었다. 그 내용은 전문 및 본문(10장 130조)과 부칙으로 구성되어 있다. 헌법은 법률보다 상위의 법규범이며, 헌법은 모든 국가행위의 궁극적 근거가 된다. 영국을 제외하고는 많은 국가가 성문헌법을 가지고 있다.

2) 법   률

광의로는 법 그 자체를 말하는 것이고, 협의로는 국회에서 의결되어 제정되는 성문법이다. 형식적 의미의 법률을 의미한다. 법률은 헌법보다 하위에 있기에 헌법에 위배되는 법률은 무효이다.

3) 명   령

국회의 의결에 의하지 않고 대통령 이하의 행정기관에 의하여 제정되는 성문법규를 말하는데, 대통령령(헌법 제75조), 총리령 또는 부령(헌법 제95조) 등이 있고, 명령은 법률보다 하위에 위치하고 따라서 명령에 의하여 법률을 개폐하는 것을 불가능하다.

4) 자치법규(조례, 규칙)

헌법 제117조에서는 "지방자치단체는 주민의 복리에 관한 사무를 처리하고 재산을 관리하며, 법령의 범위 안에서 자치에 관한 규정을 제정할 수 있다"고 규정함으로써 지방자치단체에 자치법규의 제정권을 부여하고 있다.

자치법규란 지방자치단체가 제정하는 법령을 말하고, 조례와 규칙의 두 가지가 있는데, 조례는 지방자치단체가 그 자치권에 의해 지방자치단체의 의회의 의결을 거쳐서 제정한 것이고(지방자치법 제15조), 그 규칙은 지방자치단체의 장이 제정하는 것을 말한다(동법 제16조). 자치법규는 그 지방자치단체의 지방 내에서만 그 효력을 갖는다. 조례는 법을 집행함에 있어서 법령에 지방자치단체가 제정할 것을 위임하고 있는 경우에 제정할 수 있고, 또는 지방자치사무에 관하여 스스로 주민의 복리에 관한 사항을 제정하여 시행할 수 있다. 지방자치단체의 장이 제정하는 자치규칙은 조례의 집행을 위하여 제정되는 것이므로 조례의 내용에 반하는 것을 제정할 수 없다. 조례와 자치규칙이라면 이들 법규범 역시 사회복지법원으로서 역할을 하게 된다. 일반적으로 조례가 제정되면 조례의 시행에 관하여 필요한 사항을 규칙으로 정하고 있다. 즉 조례시행규칙 또는 조례운영규칙을 정한다. 조례의 특성은 위계적이고, 내용적 포괄성을 가지고 있고, 법질서·유지적 특성을 지니고 있으며, 지역제한적인 특성을 가진다(김귀환 외, 2009). 만일 법률의 규정이 흠결된 경우, 조례를 제정하여 그 흠결 부분의 보충이 가능한가에 대하여 대법원은 지방자치단체가 각 지역의 특성을 고려하여 그 고유사무와 관련된 사항에 관하여는 독자적으로 규율할 수 있는 것이므로 국가의 입법미비를 들어 지방자치단체의 자주적인 조례 제정권의 행사를 가로막을 수 없다고 판시하고 있다(대법원 1992. 6. 23. 선고 92추17).

5) 국제조약과 국제법규

국제조약이라 함은 국가간의 문서에 의한 합의를 의미하는 것이고, 국제법이란 국제사회 내에서 국가 간의 관계를 규율하는 법이다. 국가법의 법원은 국가 간의 합의라고 할 수 있다. 대한민국 헌법 제6조 제1항에서는 "헌법에 의해 체계 공포된 조약과 일반적으로 승인된 국제법규는 국내법과 같은 효력을 가진다"라고 규정함으로써 국제법을 국내법에 수용하고 이를 존중함을 분명히 하고 있다. 사회복지관련 국제법규는 주로 국제조약으로 구체화되고 있다. 이러한 조약은 협정(agreement), 협약(pact, convention), 의정서(protocol), 헌장(charter) 등 여러 명칭으로 사용되고 있다.

Ⅲ. 불 문 법

1. 관 습 법

관습법이란 사회생활상 계속·반복하여 행하여져서 어느 정도 일반인 또는 일정한 계층에 속하는 사람을 구속할 정도로 사회규범인 관습 중에서 특히 법적 확신, 법의식에 의하여 법적 가치를 취득한 불문법을 말한다. 관습법의 성립기초로서 첫째, 관행설: 관행이란 어떤 사항에 관하여 상당히 긴 기간 동안 동일한 행위가 반복되고, 그 사항에 관하여는 일반적으로 같은 행위가 행하여진다고 인정되는 상태이다. 둘째, 확신설: 법적 확신 또는 법적 인식을 가지게 되어야 한다. 이런 점에서 관습과 관습법은 구별된다. 셋째, 국가승인설(가장 정당한 설): 국가가 시인하는 규범인 관습이 성립한 때라고 하는 설이다.

우리나라는 성문법주의를 취하고 있기 때문에 보충적 효력을 인정하고 있다. 민법 제1조에 '민사(民事)에 관하여 법률에 규정이 없으면 관습법에 의하고 …'라고 한 것은 이러한 입법태도의 표현이다.

2. 판 례 법

판례법(case law)이란 일정한 법률문제에 동일취지의 판결이 반복됨으로써 방향이 대체로 확정된 경우에 성문법화되지 않고 법적 규범이 되는 법이다. 판례법은 관습법의 특수한 형태인데, 법원에서 형성된 것이라는 점에서 일반적 관습법과는 다르다.

영미법계에 의하면 상급법원이 어떤 법률문제에 관하여 판결을 내리면 그 법원이나 하급법원은 동일한 법률문제에 관해서는 앞선 판결과 다르게 판결할 수 없다고 한다. 영미법계에서는 이러한 선례구속의 원칙(binding force of the precedent)이 적용된다. 영미법계에서는 판례는 주요한 법원이 된다. 이에 반하여 대륙법계에서는 법전주의(法典主義)에 입각하기 때문에 법원은 동급 및 상급법원의 판결에 구속받지 않는 것이 원칙이다. 따라서 대륙법계는 판례의 법원성을 부인한다(다수설).

　　법원조직법 제8조에 의하면 상급법원의 재판에 있어서의 판단은 당해 사건에 관
하여 하급심을 기속한다는 규정이 있지만 이는 상급법원의 법령에 관한 판단이 하
급심을 구속하는 것은 오직 '당해 사건'에 한한다(곽윤직, 1989, 34면).

　　우리나라에서도 유럽 대륙식 법전주의를 수용하였지만 해방 후 영미법적 요소
도 가미되고 있어 판례법의 중요성은 점점 크게 인정되고 있다. 그러나 법적 안정
성 및 사법부의 독립과 관련하여 한국 판례법은 아직도 진통과 혼선을 겪고 있다.

The doctorine of binding precedent

　　The traditional view of the function of an English judge is that it is not to
make law but to decide cases in accordance with existing legal rules. This
gives rise to the doctrine of binding precedent whereby the judge is not merely
referred to earlier decisions for guidance; he is bound to apply the rules of law
contained in those decisions. The operation of the doctrine depends upon the
hierarchy of the courts. All courts stand in a definite relationship to one
another. A court is bound by decisions of a court above itself in the hierarchy
and, usually, by a court of equivalent standing. Given that the doctrine of
precedent has binding force within this framework the question naturally arises
of how the law may develop if cases are always to be determined according to
ageless principle. These are dealt with in detail below but it is sufficient to
note at this juncture two basic principles : first, that superior courts have
power to overrule decisions of inferior courts and, in certain cases, to overrule
their own earlier decisions, and, secondly, that any rule of law may be
changed by statute.

---

3. 조　　리

　　조리(條理)란 일반사회인이 보통 인정한다고 생각되는 객관적인 원리 또는 법
칙이다. 사회통념, 사회적 타당성, 신의성실, 사회질서, 형평, 정의, 이성, 법의 일
반원칙 등 법문상 용어로 대칭되고 있다. 어떤 사건에 관하여 그 재판의 기준이 되

는 현행법이나 관습법이 모두 존재하지 않는 공백상태가 되는 경우 조리를 법원으로서 인정할 것이냐의 문제는 실로 중요한 것이다. 따라서 법의 흠결시에 최후의 법원으로서 재판의 준거가 된다. 조리의 법원성에 대해서는 학설이 대립하고 있으나 긍정하는 것이 일반이다. 민법 제103조는 "선량한 풍속 기타 사회질서에 위반한 사항을 내용으로 하는 법률행위는 무효로 한다"고 규정하였다. 여기서 '선량한 풍속'이란 사회의 일반적 도덕(윤리)관념을 말하고, '사회질서'란 국가·사회의 공공적 질서 내지 일반적 이익을 가리킨다.

❖ 확인평가

1. 성문법과 관습법의 차이점에 대하여 설명하시오.

2. 판례법에 대해 설명하시오.

❖ 출제예상문제

1. 성문법주의의 장점이 아닌 것은?

① 사회의 변천에 적응하기 쉽다.
② 법의 통일정비가 용이하다.
③ 법질서의 안정을 도모할 수 있다.
④ 법의 존재가 명확하다.

〈해설〉 ① 단점이다.

2. 다음 법원에 대한 설명으로 옳은 내용은?

① 우리 민법 제1조는 조리의 법원성을 인정하고 있다.
② 판례법은 법적 안정성 및 예측가능성 확보에 유리하다.
③ 불문법은 시대의 변화에 즉각적으로 대처하지 못한다.
④ 관습법은 권력남용이나 독단적인 권력행사를 막는 장점이 있다.

〈해설〉 ①: ② 성문법에 대한 내용이다. ③ 불문법은 시대의 변화에 즉각적으로 대처한다.
④ 관습법은 성문법에 대한 보충적 효력을 인정하기 때문에 권력남용이나 독단적인 권력
행사를 막지 못한다.

제 4 장
법의 계통과 분류

Ⅰ. 법의 계통

1. 머 리 말

법계란 어떤 국가의 법질서가 어떤 법계보에 속하는가 하는 것이고, 법문화란 그 법계 속에서 당해 국가가 특성 혹은 법제도, 법학, 법사상을 구성하여 운영하고 있는가를 총체적으로 지칭하는 개념을 말한다(비교법학). 미국 예일대학 도날드 블랙(Donald Black) 교수는 '법의 행동'이라고 하는 책에서 법은 문화적 거리에 따라서 변한다고 표현하고 있듯이 각개의 집단에 대한 법적인 숙명은 상대적인 문화적 패턴과 함께 변하고 있다.

This even applies to the culture of law itself. As social control, law varies directly with its own culture, the quantity of its doctrines and rules. Where legal culture is richer, legal control is greater: Litigation is more likely, damages are heavier, sentences longer. This pattern appears across societies and across history, across areas of law, courts and cases. Wherever it is possible to compare the quantity of culture of any kind, it is possible to predict and explain the quantity of law.

※ 참고문헌: Black, D. 『The Behavior of Law』, Academic Press, 1976, pp. 64-65.

2. 대륙법계(로마·게르만 법계)

로마법을 기초로 발달하여 온 법계이다. 대체로 법을 올바른 행위규칙으로 생각하며, 따라서 정의·도덕관념과 깊은 연관을 맺고 있다. 이 법계는 법실무자보다 주로 법학자들이 이루어 온 특징을 갖고 있다. 주로 시민간의 관계를 규율하기 위하여 사법을 중심으로 발전하여 왔다. 12세기부터 유럽대학에서 유스티니아누스 황제(483-565)가 편찬한 '시민법대전'(Copus Juris Civilis)을 기초로 연구하기 시작하였다. 로마법을 주축으로 게르만족의 관습을 많이 포함한 관습법을 첨가하여 이룩한 점, 그리고 라틴지역 대학과 게르만지역 대학에서 동시에 연구하여 형성하였다. 성문법주의에 입각하고 있다.

3. 영미법계(코먼로 법계)

코먼로(普通法: common law)는 보통법 또는 일반법이라고 불리고, 이는 영미법계로서 13세기경부터 영국에서 지방적 관습법으로 형성되었는데, 코먼로 법원(common-law courts)이 운용해 온 판례에서 구체화된 관습법 체계를 지칭한다. 다시 말하면 코먼로는 별개의 형평법 법원이 운용했던 형평법(equity)[1]에 대하여 코먼로 법원이 운용한 판례법을 의미한다. 오늘날 그 식민지였던 미국·캐나다·오스트레일리아·뉴질랜드 등의 나라에서 보편화되어 대륙법에서 유래하는 법체계와는 대립되는 태도를 취하고 있다.

법관들이 법실무에서 개인들간의 분쟁을 해결하는 판결을 통하여 형성하였고, 구체적인 분쟁소송에서 해결책을 주는 데 중점을 두었다. 소송절차·증거절차 등에

---

1) 영미법상 보통법(common law)이나 성문법의 외부에 존재하는 법원의 관행으로 선례나 제정법이 적용될 수 없거나 적합하지 않은 경우에 구제수단을 제공할 목적에서 생겨났다.

관련된 절차법규가 법률관계의 내용을 규정하는 실체법규 이상으로 중요시되었다. 불문법주의에 입각하고 있다.

4. 사회주의 법계

구소련을 위시하여 동구권국가들의 법계를 말하고, 로마·게르만법의 요소들을 상당히 간직하고 있다. 정통 마르크시즘의 법이론에 수정이 가해지고, 실정법의 입법에서도 자본주의적 요소들을 가미하였다. 입수된 자료에 의하면 북한은 마르크스적 공산주의 법이론에 주체사상을 가미하여 사회주의 법무이론 등 독특한 법제도와 이론을 구축하고 있다.

5. 현대세계의 법문화

표 4-1 각 국가별 법문화

코 먼 로	로마·게르만
영국, 아일랜드 유럽의 공산권 캐나다 영국의 식민지	프랑스, 스페인, 포르투갈, 네덜란드 캐나다의 퀘벡 푸에르토리코 에티오피아 북아프리카 국가들 터키, 이집트 및 근동의 아랍국 이라크, 요르단 한국, 일본, 대만, 타이 인도네시아

미국의 경우에는 플로리다, 캘리포니아, 뉴멕시코, 애리조나, 텍사스 주 등지에서는 보통법(Common Law)을 따르고, 루이지애나 주에서는 대륙법(Civil Law)을 따르고 있다. 양 법계의 혼합형으로는 남아공, 이스라엘, 필리핀 등의 나라가 있다.

Ⅱ. 법의 분류

1. 법의 비교에 의한 분류

1) 실정법과 자연법

법학의 역사는 자연법과 실정법의 긴장과 대립, 자연법사상과 법실증주의의 대립이다. 실성법(positive law)은 특정한 시대와 특정한 사회에서 효력을 가지고 있는 법규범을 말한다. 국내법은 헌법을 정점으로 하여 법률, 명령, 규칙, 처분 등의 순서로 상하의 단계구조를 이루고 있다. 자연법(natural law)은 인위적인 법이 아니라 어떠한 선험적인 근거에서 시대·민족·사회 등을 초월하여 보편타당성을 지니는 이성에 의하여 인식되는 법이다. 이 세상의 모든 법질서가 정당하다고는 말할 수 없고, 이 정당성 여부에 대한 평가의 기준은 그것을 초월한 어떤 영원한 객관적 질서에 의하여 행하지 않으면 안 된다. 국가의 법이 준수하여야 할 법규범을 말한다. 오늘날 자연법의 역할은 법을 정립하는 권력에 대한 비판적 기능에 그치고 있다.[2]

※ 참고사항: 시대별 자연법의 개념

시대별로 법개념은 다소간의 차이를 나타낸다. 고대의 법개념은 삼라만상의 우주질서의 원리에서 연역된 개념을 말하고, 중세에는 신의 뜻에 따라 바르게 사는 원리라는 개념으로 통하였고, 근세에는 자연법은 신과는 관계없이 인간의 본성과 이성에 기초한 합리적인 질서를 의미하였다. 현대에 이르러서는 법이란 인간의 본성과 사물의 본성에 근거하여 시대와 민족, 국가와 사회를 초월하여 보편타당하게 적용되는 객관적 질서를 말한다.

롬멘 (Heinrich Rommen, 1897-)은 『자연법의 영구회귀』라는 책을 지어 자연법의 현대적 부활을 지적하였고, 길손(Etienne Gilson, 1884-1978)은 '자연법은 자기를 매장하려는 자를 매장시키고 만다'는 표현을 하여 자연법의 중요성을 환기

---

2) 김효진, 『법학입문』, 박영사, 2016, 31면.

시켰다. 에릭 볼프(Erik Wolf, 1902-1977)는 자연법의 의미에 대하여 다음과 같은 의미를 지닐 수 있다고 하였다. ① 법적 혹은 관습적 방식의 기본질서, ② 자연스런 권리(ius naturae), ③ 형평(ius aeguiem), ④ 법감정(sensus juridicus), ⑤ 정의(justitia), ⑥ 유용성(utilitas), ⑦ 안정성(securitas), ⑧ 유지력(probitas: 사회적 존재의 유지적 질서), ⑨ 사회성(socialitas), ⑩ 인간성(humanitas).

2) 성문법과 불문법(제3장 참조)

3) 국내법과 국제법

국내법이란 국가와 국민 또는 상호간의 권리·의무관계를 규정하는 법을 말한다. 국제사법(섭외사법)이란 한 국가 안에서의 국민과 외국인과의 법률관계를 정함에 있어서 자국법을 적용하느냐 그 외국인의 본국법을 적용하느냐를 정하는 법을 말한다. 국제법이란 국제사회에 통용되는 국가 상호간의 권리·의무와 국제기구에 관한 법을 말한다. 조약과 국제관습법이 있다. 조약은 국제법 주체간에 국제법상의 관계를 설정하기 위한 쌍방적 국제법률행위이고, 국제관습법이란 국가간 또는 국제사회에서 관행적으로 이루어지는 관습이 국제적으로 용인되고 법적 확신이 있는 것을 의미한다.

4) 실체법과 절차법

실체법은 권리·의무의 실체, 즉 권리·의무의 발생, 소멸, 종류, 내용, 효력 등을 규정한 법으로, 헌법, 형법, 민법, 상법 등을 들 수 있다. 절차법이란 권리·의무의 실현, 다시 말하면 권리·의무의 행사, 보전, 강제 등과 같은 절차를 규정한 법으로 예컨대, 형사소송법, 민사소송법, 채무자 회생 및 파산에 관한 법률, 공탁법 등을 들 수 있다.

2. 법의 횡적 관계에 의한 분류

1) 공법과 사법의 구별

공법과 사법의 구별기준에 대하여는 학설이 대립하고 있다. 첫째, 공익의 보호를 목적으로 하는 법이 공법이고, 사익을 보호하는 법은 사법이라고 한다(이익설 또는 목적설). 이는 로마법에서도 나타나고 있는 가장 오래된 공법과 사법의 구별에 관한 학설이다. 둘째, 불평등관계, 즉 권력 복종의 관계(수직관계)를 규율하는 법이 공법이고, 평등·대등의 관계(수평관계)를 규율하는 법이 사법이라고 하는 학설로 법률관계설 또는 효력설이라고 한다. 셋째, 국가 기타의 공공단체 상호간의 관계 또는 이들과 개인과의 관계를 규율하는 법이 공법이고, 개인 상호간의 관계를 규율하는 법이 사법이라고 한다(주체설). 넷째, 국민으로서의 생활관계를 규율하는 법이 공법이고, 인류로서의 생활관계를 규율하는 법이 사법이라고 하는 설이다. 공법은 헌법, 행정법, 형법, 형사소송법, 민사소송법 등과 같이 국가를 조직하고 유지하는 생활관계법이고, 사법은 민법, 상법 등과 같이 인간으로서의 생활관계를 규율하는 법이다(생활관계설).

2) 공사법과 법의 발전

① 역사적 배경

자본주의가 생성된 18, 19세기의 개인주의적 자유주의적 사회경제체제하에서였다. 20세기에 들어서면서 국가가 다시금 적극성을 띠고 사회적 강자는 누르고 약자는 떠받치는 법적 조치를 취하나 '사법의 공법화' 경향, 사회법이 등장하게 된다.

② 사법제도

프랑스, 독일 등 이른바 대륙법계의 국가에서는 사법재판소와 계통을 달리하는 행정재판소가 있어서 민사사건과 형사사건 이외의 다른 행정사건을 관할하게 되어 있기 때문에 공법과 사법의 구별이 필요하다. 영국, 미국과 같은 영미법계의 국가에서는 행정재판소는 원칙적으로 두지 않으며, 모든 법률상의 쟁송은 종국적으로 사법재판소의 관할에 속하기 때문에 공법과 사법의 구별이 불필요하다.

③ 행정소송사건

우리나라의 법은 대체로는 대륙법계에 속한다고 할 수 있지만 영미법계처럼 행정재판제도를 실시하고 있지 아니하고 행정사건도 사법재판소에서 재판하게 되어 있으며 고등법원이 제1심 법원이 되나, 우리나라 행정소송법 제1조는 공법상의 권리와 의무관계에 관한 소송만이 행정소송사건에 속한다.

3. 법의 종적관계에 의한 분류

국가법은 '헌법－법률－명령－조례－규칙'이라고 하는 계열적 상하관계로 되어 있다.

1) 헌   법

헌법은 국가의 기본법으로서 국가통치의 조직과 작용의 원리를 정하고 국민의 기본권을 보장하는 실정법이다. 1948년 7월 12일 제정, 7월 17일 공포되었으며, 9차에 걸쳐 개정되었다.

2) 법   률

광의로는 법 그 자체를 말하는 것이고, 협의로는 국회에서 의결되어 제정되는 성문법이다. 형식적 의미의 법률을 의미한다.

3) 명   령

국회의 의결에 의하지 않고 대통령 이하의 행정기관에 의하여 제정되는 성문 법규를 말하는데, 대통령령(헌법 제75조), 총리령, 부령(헌법 제95조) 등이 있고, 명령은 법률보다 하위에 위치하고 따라서 명령에 의하여 법률을 개폐하는 것이 불가능하다.

4) 자치법규(조례, 규칙)

지방자치단체가 제정하는 법령을 말하고, 조례와 규칙의 두 가지가 있는데, 조례는 지방자치단체가 그 자치권에 의해 지방자치단체의 의회의 의결을 거쳐서 제정한 것이고, 그 규칙은 지방자치단체의 장이 제정하는 것을 말한다.

4. 사 회 법

사회복지법의 이념이란 사회복지법이 추구하고자 하는 가치 또는 구현하고자 하는 목표를 의미한다. 현대 복지국가에서 사회복지법의 이념이 국민의 기본권 가운데 하나인 '생존권'의 보장이고, 사회복지법의 제정이나 사회복지정책의 수립과 실천에서 생존의 보장은 주요한 하나의 지도이념이 되는 것이다.

1) 사회복지법의 이념의 형성과정

시민법은 부르주아 혁명에 의해 탄생한 시민사회를 전제로 하여 출현한 법이다. 당시의 시민사회는 봉건사회의 신분질서를 타파하는 자본주의 사회를 확립한 시민계급(신흥 부르주아 계급)의 사회를 말한다. 르네상스와 종교개혁을 바탕으로 인본주의(휴머니즘)를 전제로 하고 개인주의, 자유주의라는 당시의 사상적 배경을 가진다.

시민사회라고 불리는 자유경제사회에서는 경제생활의 질서유지에 대하여 국가는 아무런 간섭을 가하지 않는다. 즉 시민법 체계는 사적 이익의 추구를 최대한도로 허용하고 이를 권리로서 보장하여 시민사회의 질서를 유지하고 발전시키려는 근대사법이었다. 그러나 자본주의 경제가 독점화되면서 많은 사회문제가 드러나고, 특히 극심한 불평등과 빈곤 문제가 발생하게 되자 그동안 방임적 입장을 취하고 있었던 국가가 새로운 조정자로서 개입하기 시작하였다.

첫째, 사회적 배경: 유럽의 산업혁명으로 인한 폐단과 반성으로부터 비롯되었다.

둘째, 경제적 배경: 극단적인 자본주의하에서 사회문제와 시장실패가 있었고, 개인의 능력으로 극복할 수 없는 사회적·구조적인 성격에 원인이 있다는 인식이 팽배하여 있었다.

셋째, 법사상적 배경: 자본주의와 자유주의 법질서의 모순이 대두하였고, 산업화·공장화·도시화로 인한 농촌의 피폐, 대가족구조의 해체와 핵가족구조의 일반화, 실업 및 저임금현상 등의 사회구조적 모순 발생, 부의 불평등에 대한 격렬한 시정요구와 소유권 절대사상에 대한 비판이 확산되었다.

따라서 이와 같은 배경하에서 근대민법의 기본원리는 새로운 국면을 맞이하게 되었다. 즉 계약의 자유라는 이름하에 경제적 강자에 의한 계약의 강제가 있게 되고, 소유권 절대의 원칙은 소유자의 이용권자에 대한 지배권의 성격을 가지게 되었으며, 기업자는 고의나 과실의 유무를 묻지 않고 배상책임을 져야 한다는 사상으로 변화되어 갔다.

시민법은 자본주의 사회를 유지·발전시키는 법적인 지주로 존재했으나, 그 현

표 4-2 19세기 자유주의 사상과 20세기 사회국가의 사상

	19세기 자유주의의 사상	20세기 사회국가의 사상
① 국가형태	자유주의국가, 시민적 법치국가	사회국가, 복지국가
② 사상과 그 성격	– 개인주의사상에 입각한 자유주의 강조 – 절대주의에 대한 항의적 이데올로기로 출발	– 단체주의 사상에 입각한 평등의 강조 – 극단적 자본주의에 대한 반성에서 출발
③ 인간상	완전한 인격과 능력을 지닌 자유·평등·독립의 추상적 인격이나 추상적인 인간상을 상정	사회의 구조적 모순 속에서 개인이나 가족단위로는 극복할 수 없는 위험을 지닌 보다 구체적인 인간 또는 현실적인 인간상
④ 사회문제에 대한 인식	개인의 나태와 무능력이 원인	개인의 능력으로는 극복할 수 없는 사회적·구조적인 성격의 문제
⑤ 정의	평균적 정의	배분적 정의
⑥ 권리	개인의 자유를 보장하는 자유권적 기본권을 중시, 개인의 소유권, 개인의 자유권 등	사회정의를 실현할 수 있는 사회적 기본권, 인간다운 생활을 할 권리 등을 중시, 노동의 권리, 노동자의 권리, 교육의 권리, 인간다운 생활을 할 권리 등
⑦ 법사상	계약자유의 원칙, 소유권절대의 원칙, 과실책임주의, 형식적 법치주의	계약의 공정성, 권리의 공정성, 무과실책임주의, 실질적 법치주의
⑧ 국가의 역할	공공의 안녕과 질서유지 외에 국가의 불간섭(권력의 중립성과 소극성)	국민의 생존권보장을 위해 국가의 사회에 대한 적극적 간섭
⑨ 경제주의	자본주의	수정자본주의
⑩ 행정법의 발달	질서행정, 경찰행정이 중시	급부행정, 복지행정이 중시됨

| 표 4-3 | 개인주의적·자유주의적 법사상의 변화 |

계약자유의 원칙에서	→	계약의 공정성의 원칙으로
소유권절대의 원칙에서	→	재산권의 공공성의 원칙으로
과실책임의 원칙에서	→	무과실책임의 확산3)

※ 참고문헌: 곽윤직, 『민법총칙』, 박영사, 1989, 67-73면 참고.

실적·역사적 한계로 인해 수정되지 않을 수 없었다. 사회법의 원리는 다음과 같다. 첫째, 계약의 공정성이다. 시민법상 계약자유의 원칙은 자본과 노동의 불평등을 심화시켰다. 상대적으로 열세에 있는 노동자가 자본가와 어느 정도 대등하게 계약을 맺기 위해서는 새로운 법영역이 필요하였다. 그 결과 계약자유의 원칙을 수정하고 계약의 공정성을 기하기 위해 사회법으로서의 노동법이 등장하게 된 것이다. 둘째, 소유권의 사회성이다. 소유권절대의 원칙에 대한 수정을 의미하며, 소유권의 행사는 절대적 자유가 아니라 사회적·국가적 견지에서 필요한 제한과 구속을 받아야 한다는 것이다. 예컨대, 조세법상 조세를 통한 통제, 이자의 상한선을 규제하는 법, 각종 경제활동의 규제에 관한 법 등이다. 셋째, 무과실책임(집합적 책임)이다. 자본주의의 구조적 모순의 심화와 그에 따른 사회문제의 대두·심화로 사용자(자본가)의 과실책임주의에서 집합적 책임주의로의 전환이 이루어졌다. 예컨대, 시민법하에서는 과실책임의 원칙에 따라 산업재해를 피해자(노동자)가 자신의 과실을 인정하였으나 산업재해보상보험법이 등장하면서 사용자가 산업재해에 대하여 공동부담하게 되는데 이는 집합적 책임을 인정한 것이다.

2) 사회복지법의 이념

독일에서 사회국가의 개념이 연원이 되고, 최초의 사회국가 헌법은 1919년 독일의 바이마르(Weimar) 헌법에서 연원을 가진다. 사회국가는 인간의 존엄과 가치 보장을 위해 모든 사회의 안전과 질서를 유지하고, 시민의 자유와 재산을 수호하는 차원을 넘어 적극적으로 사회정의 실현(사회복지를 실행)을 목적으로 하는 국가를 말한다. 사회국가의 원리는 다음과 같은 내용으로 볼 수 있다. 첫째, 사회국가는

---

3) 산업재해보상보험법이 대표적인 예이다.

인간의 존엄과 가치보장을 위해 실질적 자유와 평등을 실현하기 위한 국가의 구조적 원리이자 이념적 실현 수단이다. 모든 생활영역에 있어서 사회적인 약자를 보호하기 위해 보다 적극적으로 간섭하게 되고, 그 간섭의 기준과 준칙이 모두 법에 의하여 실행되도록 하며, 그 법이 실질적으로 불평등을 심화시키지 않도록 입법화된 것을 내용으로 실질적 법치주의를 바탕으로 행하게 된다. 둘째, 실질적 평등을 실현하기 위해 생존권의 보호를 국민의 기본권으로서 주된 내용으로 삼는다. 셋째, 자유의 조건으로서의 평등에 보다 역점을 둔다.

넷째, 근로권보장을 위한 강제적인 노동법의 실천, 균등한 교육을 받을 권리의 보장, 의무교육제도를 실현, 환경권의 보장 등 사회적인 생활환경의 조성과 사회보장을 받을 권리의 실현을 위한 각종의 사회복지청구권 보장을 그 내용으로 한다.

사회국가의 최고 이념인 인간의 존엄과 가치보장을 위해 사회정의(사회복지)를 실현한다. 사회정의는 사회연대성에 근거하고, 사회연대성은 상호존중을 바탕으로 상호의존과 상호원조를 내용으로 한다. 사회복지법의 기본이념은 생존권의 보장에 있다. 생존권은 인간이 생존 또는 생활에 필요한 여러 가지 조건의 확보를 요구할 수 있는 권리이다.

3) 사회복지법의 성질

① 공 법 성

사회복지법은 국가(또는 공공단체)와 개인 간의 관계를 규율하는 공법관계를 본질로 한다.

② 급부행정법

사회복지법은 행정영역 중에서 급부행정영역의 법률이고, 그 중에서 복지행정영역에 속하는 법제이다.

③ 입법의 재량성

사회복지법은 행정부의 재량행위하에서 행해지는 경우가 많아서 시행령, 시행규칙 등의 행정입법이 중시된다.

④ 권리의 불안정성

사회복지법에서 보장하고자 하는 사회복지수급권은 사회적 기본권에 속하는 권리로서 국가의 적극적 급부를 내용으로 하는 것이어서 자유권적 기본권과는 달리 구체적인 권리성을 확보하는 데에 어려움이 있다.

⑤ 능력규범성

공법, 즉 복지행정법으로서의 사회복지법은 다른 행정법들(특히 질서행정법)이 주로 행위규범성(작위·부작위와 같이 각 개인의 행위를 직접적으로 규율하려고 하는 사회규범)을 띠고 있는 것과는 달리, 능력규범, 재판규범성을 띠고 있는 경우가 많다. 능력규범이란 어떤 것을 법률관계의 성립요건으로 하는 규범을 말한다. 능력규범에 위반하는 법률행위는 무효이지만 명령규범에 위반하는 것은 단순한 의무위반에 불과하며 제재를 받는 일이 있다고 하더라도 그 행위의 효력에는 영향이 없다. 재판규범이란 재판의 준칙이 되는 법규범을 의미한다.

표 4-4 국가법의 체계

법	국내법	공법	실체법(헌법, 행정법, 형법)
			절차법(민사소송법, 형사소송법)
		사법	민법(일반법)
			상법(특별법)
		사회법	노동법
			경제법
			사회보장법(사회복지법)
			환경법
	국제법	조 약	
		국제관습법	

Lawyers are accustomed to classifying "the law" in various ways for various purposes. The reasons for the established classifications are historical and analytical.

The following well−known basic divisions may be identified:

* common law and civil law
* public law and private law
* civil and criminal law

* common law and equity
* common law and legislation
* case law and legislation
* substantive law and procedural law
* law and fact

These divisions are not mutually exclusive. All of the introductory texts attempts to explain most if not all of them in great or lesser detail.

❖ 확인평가

1. 실정법과 자연법의 차이점에 대하여 설명하시오.

2. 공법과 사법의 차이점에 대해 설명하시오.

❖ 출제예상문제

1. 다음 공법과 사법의 구별기준에 대한 학설의 내용으로 틀린 것은?

① 공익을 보호하는 것인지 사익을 보호하는 것인지에 따라 구별한다.
② 권력복종의 관계인지 평등·대등의 관계인지에 따라 구별한다.
③ 권리의무의 주체에 따라 구별한다.
④ 법규의 명칭에 따라 구별한다.

〈해설〉 ④

2. 법규의 형식적 효력순위가 옳게 배열된 것은?

① 헌법－법률－명령－조례－규칙
② 헌법－규칙－법률－조례－명령
③ 조약－헌법－법률－조례－명령－국회규칙
④ 헌법－법률－조례－규칙－명령

〈해설〉 ①

제 5 장
법과 도덕

I. 머리말

    법의 실질적 효력이란 법이 현실생활 속에 실현되는 근거가 무엇이냐를 규명하는 문제이다. 법의 형식적 효력이란 실정법은 시간적, 공간적, 인적으로 한정된 범위 안에서 효력을 가진다.

II. 법의 실질적 효력

    법의 효력은 타당성(법이 구속력을 가질 수 있는 정당한 자격 내지 권한)과 실효성(법이 현실로 지켜서 실현되는 근거)이 합치될 때 비로소 발휘되는 것이다. 규범적 타당성이 없는 법은 사실적 실효성이 있어도 악법에 불과하며 사실적 실효성이 없는 법은 규범적 타당성이 있더라도 현실을 규제하는 실정법의 소임을 다할 수 없다. 라드브루흐는 법효력의 문제란 복종에의 요청, 그 의무부과력(Verpflichtungs-kraft)에 관한 문제라고 하였고, 벨첼(Welzel)은 법의무와 법효력은 법을 통한 규범적 구속력이라는 동일한 사태의 두 개의 서로 다른 국면에 불과하다고 하였다.

Ⅲ. 법의 형식적 효력

1. 법의 시간적 효력

법의 시행기간 또는 유효기간이란 제정법 효력은 시행일로부터 폐지일까지 계속된다. 법의 주지기간이란 공포일로부터 시행일까지의 기간을 말한다.

1) 법의 폐지

첫째, 명시적 폐지: 법령이 그 시행기간(유효기간)을 정해 놓을 경우엔 그 기간의 종료로 그 법령은 당연히 폐지되고, 폐지 후에는 폐지 전의 사실에 대하여 제재를 할 수 없다. 신법에서 명시규정으로 구법의 일부 또는 전부를 폐지한다고 규정한 때에는 구법은 당연히 폐지된다. 둘째, 묵시적 폐지: 동일한 사항에 관하여 신법과 구법이 모순 및 저촉될 때에는 그 저촉의 한도에서 구법은 묵시적으로 당연히 폐지된 것으로 본다.

2) 법률불소급의 원칙

① 사후법 제정금지의 원칙

이것은 행위시에는 범죄로 되지 않는 것이 사후에 제정된 법률에 의하여 범죄가 될 수 없다는 이유에서 사후법의 제정이 금지된다는 원칙이다.

② 기득권존중의 원칙

구법에 의하여 취득한 기득권은 신법의 시행으로 소급하여 박탈하지 못한다는 원칙이다.

3) 경 과 법

법령의 제정, 개폐가 있었을 때 구법시행시의 사항에는 구법을 그대로 적용하고 신법시행 후의 사항에 대하여서는 신법을 적용하는 것이 원칙이다. 다만 구법시행시에 발생한 사항으로서 신법시행 뒤에도 계속 진행되고 있는 사항에 관하여는 구법과 신법 중 어느 것을 적용하는가? 이는 경과법이며, 법령을 개폐할 때 명문으로 규정한다.

2. 법의 장소적 효력

1) 속지주의

범죄인의 국적 여하(내국인/외국인)를 불문하고 자국영토 내에서 발생한 일체의 범죄에 대하여 우리나라 법을 적용할 수 있다는 원칙을 말한다. 헌법 제3조에 따르면 우리나라의 주권은 북한에도 당연히 미쳐야 하지만 사실상으로 현행법이 적용되지 못한다.

2) 속인주의

이것은 범죄지 여하를 불문하고 (외국에서의 행위라도) 자국민의 범죄에 대하여 우리나라 법을 적용한다는 원칙을 말한다.

형법 제3조는 "본법은 대한민국 영역 외에서 죄를 범한 내국인에게 적용한다"고 하여 형법의 적용 범위에 관한 속인주의를 규정하고 있고, 또한 국가 정책적 견지에서 도박죄의 보호법익보다 좀 더 높은 국가이익을 위하여 예외적으로 내국인의 출입을 허용하는 폐광지역개발지원에 관한 특별법 등에 따라 카지노에 출입하는 것은 법령에 의한 행위로 위법성이 조각된다고 할 것이나, 도박죄를 처벌하지 않는 외국 카지노에서의 도박이라는 사정만으로 그 위법성이 조각된다고 할 수 없다(대판 2004. 4. 23., 2002도2518).

3) 보호주의

범죄지 및 범죄인의 여하를 불문하고, 자국 또는 자국민의 법익을 침해하는 범죄에 대하여 우리나라 법을 적용할 수 있다는 원칙을 말한다.

4) 세계주의

범죄에 대한 사회방위의 국제적 연대성이라는 견지에서 범죄인 및 범죄지 여하를 불문하고 일체의 반인류적 범죄에 대하여 우리나라의 법을 적용해야 한다는 원칙을 말한다. 우리나라 현행법은 속지주의를 기본원칙으로 속인주의 및 보호주의를 가미하고 있다. 이 원칙에 대한 예외가 있다. 지방자치단체가 제정한 조례와 규칙은 그 목적상 그 지방에 한하여 적용되며, 도시계획법(1962년 법률 제983호)은 도시에 한하여 적용된다.

3. 법의 인적 효력

법의 사람에 관한 효력의 문제는 결국 예외로서 법률의 적용을 받지 않는 사람에 관한 문제에 귀착한다.

1) 국내법상의 예외

대통령은 내란 또는 외환의 죄를 범한 경우가 아니고는 재직 중 형사상의 소추를 받지 아니한다(헌법 제84조). 국회의원은 불체포의 특권이 있고(헌법 제44조), 또 국회에서 직무상 행한 발언과 표결에 관하여 외부에서 책임을 지지 아니한다(헌법 제45조). 가령 공무원법(1963년 법률 제1325호)은 국가공무원에게만, 근로기준법(1953년 법률 제286호)은 사용자 및 근로자에게만, 미성년자보호법(1963년 법률 제1448호)은 미성년자 및 그 친권자에게만 적용된다.

2) 국제법상의 예외

외국원수, 대통령, 국왕, 외교사절(대사, 공사 기타) 및 그 가족과 수행원, 외국에 주재하는 군대, 외국 영해상의 군함의 승무원 등은 속인법주의가 적용된다.

❖ 확인평가

1. 법률불소급의 원칙에 대하여 설명하시오.

2. 법의 인적 효력에 대하여 설명하시오.

❖ 출제예상문제

1. 다음 법의 형식적 효력에 대한 설명 중 잘못된 것은?

① 구법에 의하여 취득한 기득권은 신법의 시행으로 소급하여 박탈하지 못한다.

② 법령의 제정, 개폐가 있었을 때 구법시행시의 사항에는 구법을 그대로 적용하고 신법시행 후의 사항에 대하여서는 신법을 적용한다.

③ 동일한 사항에 관하여 신법과 구법이 모순 및 저촉될 때에는 그 저촉의 한도에서 구법은 묵시적으로 당연히 폐지된 것으로 본다.

④ 법령이 그 시행기간을 정해 놓을 경우엔 그 기간의 종료로 그 법령은 당연히 폐지되나 폐지 후에도 폐지 전의 사실에 대하여는 제재를 가할 수 있다.

〈해설〉 ④

2. 다음 중 법의 효력에 대한 설명으로 틀린 내용은?

① 타국의 영역내에 있는 선박·항공기에 대하여는 자국법이 적용된다.

② 우리나라는 속지주의를 원칙으로 하며, 속인주의를 예외적으로 인정하고 있다.

③ 대통령은 재직 중 민, 형사상 소추를 받지 아니한다.

④ 국제적 연대성의 견지에서 반인륜적 범죄에 대하여는 우리나라의 법을 적용한다.

〈해설〉 ③

제 6 장
법의 적용과 해석

Ⅰ. 법의 적용

법의 적용이라 함은 법의 내용을 사회생활의 구체적 사실에 실현시키는 것을 말한다. 법의 적용절차는 적용될 추상적 법규를 대전제로 하고, 현실로 발생한 구체적 사실(사건)을 소전제로 하여, 여기에 구체적인 법률효과를 부여하는 삼단논법의 형식을 취한다. 그러나 법이 규정하고 있는 내용은 일반적이고 추상적이기 때문에 구체적 사실에 대한 법률효과를 기대하기 위하여는 사실의 확정(사실문제)과 법의 해석(법률문제)이라고 하는 두 가지 단계를 거치지 않으면 안 된다.

1. 사실의 확정

1) 입   증

사실의 확정은 증거(재판에서 사실의 존부에 관하여 확신을 얻게 하는 자료)에 따른다. 당사자주의에 철저한 법정에서는 오로지 주장하는 당사자에게 거증책임이 있고, 직권주의 법제에서는 법관도 입증에 개입할 수 있다.

2) 추정(推定)

증거로 확정하지 못한 사실을 우선 있는 사실대로 확정하여 법률효과를 발생시키는 것을 말한다. 예컨대, 민법 제844조 제1항 "처가 혼인중 포태(胞胎)한 자는 부의 자로 추정한다"고 한다. 입증의 번거로움을 면하기 위해 우선 사실대로 확정하여 보자는 것을 말한다.

3) 의제(擬制: 간주)

민법 제28조에 의하면 "실종선고를 받은 자는 실종기간이 만료한 때 사망한 것으로 본다"고 규정한다. 간주는 '추정'과는 달리 반증을 들어서 당장에 그 효과를 전복시키지 못한다.

2. 법의 발견

A의 절도 사실이 증거로 확정되면 다음에는 그 사실에다 '적용'할 법을 발견해야 한다. 법을 발견하려면 먼저 법의 의미내용을 분명히 알아야 한다. 사실의 확정과 법의 해석은 법의 적용을 통하여 연결되는 일련의 과정이다.

II. 법의 해석

1. 의　　의

법의 구체적 적용을 위해 법규의 의미를 체계적으로 이해하고 법의 목적에 따라서 규범의 의미를 명확히 하는 이론적·기술적 조작을 말한다. 라드브루흐(Radbruch)는 '법의 해석은 작가에 의하여 실제로 사유된 사상을 그의 작품의 배후에서 탐구하는 문헌학적 해석'이라고 하였다.

2. 해석의 방법

유권해석(authentic interpretation)이란 국가의 권한있는 기관이 유권적으로 내리는 해석이고, 문제가 되는 것은 학리해석인데 이는 사인에 의한 해석, 특히 법학자가 학설로서 전개한 법해석을 말한다.

1) 유권해석

① 입법해석

민법 제98조 '물권'이란 용어 "본법에서 물권이라 함은 유체물 및 전기 기타 관리할 수 있는 자연력을 말한다"고 규정한다. 법규해석 혹은 법정해석을 말한다. 최근의 입법경향은 특히 선행하는 사회적 지반을 갖지 않은 신입법을 할 때 해석규정을 마련하는 경우를 말한다. 노동조합법 제3조에서 '노동조합', 제4조에서 '근로자' 제5조에서 '사용자' 등을 규정하고 있다. 민법 제18조 제1항은 "생활의 근거가 되는 곳을 주소로 한다"고 규정한다.

② 사법해석

사법해석은 법원에서 하는 것이므로 '재판해석'이라고도 부른다. 사법기관인 법원에서 형사절차에는 검사의 공소제기가, 민사절차에서는 원고의 제소가 있은 후에 구체적 소송사건의 해결을 위해 내리는 해석이며, 법원은 오직 판결의 형식으로만 법을 해석하여 당사자의 다툼에 답하고 판결 전에는 구체적 사건에 관하여 유권해석을 얻을 수 없다. 개별적으로 취급하는 당해 사건에 관한 한 원칙적으로 최종적인 구속력을 가지므로 법해석으로 중요한 의의를 가진다.

③ 행정해석

행정해석은 행정관청에서 법을 집행할 때, 또는 상급관청이 하급관청에 대한 훈령·지령 등을 내리면서 법을 해석하는 것을 말한다. 행정관청은 최종 구속력이 있는 해석은 하지 못하며, 그릇된 해석에 따른 법집행으로 위법한 행정처분이 행해졌을 때에는 최종적으로 법원의 해석으로 교정된다.

2) 문리해석

조문의 국어학적 해석 또는 문법적 해석(philogische Auslegung)을 말한다. 예컨대, 형법 제250조의 살인죄에 있어서 '사람'의 정의나 '살해'의 개념 등을 사전적으로 규정하는 것을 말한다. 문리해석은 법해석방법 가운데 가장 기초적이며 기본적인 해석방법이기는 하나, 단순히 문자 그대로의 해석방법으로는 구체적 타당성을 도출해 내기가 결코 쉽지 아니하여 논리적 해석을 해야 할 필요성이 생기게 된다.

3) 논리해석

논리해석(logical interpretation)은 법규의 문자나 문장의 문법적 의미에 구애받지 않고, 또 입법자의 심리적 의사에 관계없이 법문의 논리적 의미에 관심을 두는 해석을 말한다. 과도한 형식논리의 편중은 '개념법학[1]의 폐단'에서 보는 바와 같이 실제사회에 적합하지 않은 모순이 발생한다.

① 확장해석

확장해석은 법규의 문장의 의미를 확장하여 널리 이해하는 법의 해석의 한 방법을 말한다. 형법 제257조의 '상해'에서 법문의 의미로만 보아 생리적 절단에 국한하지 않고, 여성의 두발을 절단함으로써 외관상 손상을 초래한 경우에도 상해죄를 적용하도록 '상해'의 의미를 확장하여 널리 이해하는 경우를 말한다.

② 축소해석

축소해석은 법조문의 문구를 문리적으로 해석하여 법조문의 언어적 표현 자체보다 더 좁게 해석하는 것을 말한다(제한해석). 예컨대, 민법 제109조 제1항 "의사표시는 법률행위의 내용의 중요부분에 착오가 있는 때에는 취소할 수 있다." 민법 제109조 제2항 "전항의 의사표시의 취소는 선의의 제3자에게 대항하지 못한다." 여기에서 '선의의 제3자'는 당사자와 그 포괄승계인(타인의 모든 권리와 의무를 일괄하여 승계하는 자) 이외의 자로서 착오에 의한 의사표시로 생긴 법률관계에 의거하여 새로운 이해관계를 가지게 된 자를 의미한다.

③ 목적론적 해석

목적론적 해석은 법의 목적에 따라 행하는 해석의 한 방법을 말한다. 개개의 법규의 목적뿐만 아니라 널리 법의 목적이 고려되지 않으면 안 되며, 또한 법의 성립

---

1) 19세기 독일 「판덱텐」 법학의 극단적 법실증주의의 특징인 형식적 폐쇄성을 비난한 예링(Jhering)에 의해 처음으로 사용된 용어이다. 개념법학은 법전의 논리적 완결성과 법규의 무흠결성을 전제로 법률문제의 해결은 법규를 대전제로 하고, 구체적인 사건을 소전제로 하여 논리적으로 결론을 내리는 것이다.

당시의 목적뿐만 아니라, 법의 적용시에 요청되는 법의 목적도 고려되지 않으면 안 된다.

④ 물론해석

물론해석은 법조문이 일정한 사례를 규정하고 있을 경우에 다른 사례에 관하여도 사물의 성질상 당연히 그 규정에 포함되는 것으로 판단하는 해석방법을 말한다. 민법 제396조 과실상계(過失相計)의 규정에서 "채무불이행에 관하여 채권자에게 과실이 있는 때에는 법원은 손해배상의 책임 및 그 금액을 정함에 이를 참작하여야 한다." 법조문의 자구 속에 다른 사례가 당연히 포함되어 있다고 해석한다.

⑤ 반대해석

반대해석은 법문에 명시되지 않은 경우에는 그와 반대로 된다고 해석하는 방법으로, 유추해석에 대립한다. 부부의 일방이 일상의 가사에 관하여 부담한 채무에 대하여 다른 일방은 연대책임을 진다(민법 제832조). 반대해석은 현실적으로 당연한 것처럼 보이지만 반드시 절대적인 것은 아니며, 반대해석의 당부의 판단은 법의 일반적 목적에 의한 목적론적 해석에 의한다.

⑥ 유추해석

유추해석은 비슷한 갑과 을 두 개의 사실 중 갑에 관해서만 규정이 있는 경우에 을에 관해서도 될 수 있는 대로 갑에 근사한 결과를 인정하는 것을 말한다. 예컨대, '권리능력없는 사단'의 법률관계에 관해서는 민법에 규정이 없으므로 법인의 규정을 유추적용해야 한다.

가. 확장해석과의 차이

사례의 성질이 같지만, 전혀 다른 사례에 관하여 규정된 법규를 가져다 문제되는 사례에 적용한다는 점에서 유추는 확장해석과는 다르다.

나. 반대해석과의 차이

반대해석은 법조문의 언어적 표현과는 반대의 의미로 해석하므로, 그 법조문에 근거를 두고서 해석한다.

다. 준용(準用)과의 차이

민법 제10조에서 "제5조 내지 제8조의 규정(미성년자의 행위능력에 관한 규정들)은 한정치산자에 준용한다." 갑의 사례에 관한 규정을 갑의 사례와는 '본질이 다른' 을의 사례에다가 적용하는 것을 말한다(준용).

표 6-1　유추와 준용의 차이

유 추	준 용
법해석상의 방법	입법기술상의 방법
명문의 법규로 인정하지 않는 사례에 그와 비슷한 예에 관한 법규를 적용	명문의 규정이 있는 경우에 하는 것

라. 형법에서의 유추해석의 금지

형법에서는 유추를 허용하지 않는다는 것이 해석상의 원칙이다. 형법에서 "의심스러울 때는 피고인에게 유리하게(in dubio, pro reo)"라는 원칙을 인정한다.

표 6-2　유권해석, 학리해석의 정리

유권해석	입법해석, 행정해석, 사법해석	
학리해석 (무권해석)	문리해석	
	논리해석	확장해석, 축소해석, 물론해석, 반대해석, 유추해석

❖ 확인평가

1. 입증, 추정, 간주의 용어의 차이점에 대하여 설명하시오.

2. 유추해석에 대하여 설명하시오.

❖ 출제예상문제

1. 다음 법의 적용과 관련된 내용으로 타당하지 않은 것은?

① 법의 적용절차는 적용될 추상적 법규를 대전제로, 현실로 발생한 구체적 사실(사건)을 소전제로 하여, 여기에 구체적인 법률효과를 부여하는 삼단논법의 형식을 취한다.

② 사실의 존부는 증거에 의해 확정되며 이를 증거재판주의라고 부른다.

③ 민법 제28조에서 '실종선고를 받은 자는 실종기간이 만료된 때 사망한 것으로 본다'고 규정한 것은 추정의 예이다.

④ 명문의 법규로 인정하지 않은 사례에 그와 비슷한 예에 관한 법규를 적용하는 것을 유추라고 한다.

〈해설〉 ③ 간주의 예이다.

2. 다음 중 논리해석의 방법이 아닌 것은?

① 확장해석　　　　　② 축소해석
③ 유추해석　　　　　④ 문리해석

〈해설〉 ④

제7장
법률관계

I. 머리말

권리는 영어의 Right를 번역한 것인데, 중국에서 선교사 마틴(William A. P. Martin)이 휘이턴(Henry Wheaton)의 저서 『Elements of International Law(1836)』를 '만국공법'(1864)으로 번역, 출판할 때 처음 사용한 것이다.

II. 권리의 학설

1. 의사설(Willenstheorie)

사비니(Friedrich Karl von Savigny, 1779-1831), 빈트샤이트(Bernhard Windscheid, 1817-1892) 등이 주장하였다.

권리실현에 의사는 필요하다고 하겠지만, 가령 의사무능력자의 권리향유의 경우와 같이 의사가 권리실현에 반드시 수반되지 않는 경우이다.

2. 이익설(Interessentheorie)

의사설의 결함을 보완하고자 독일의 예링(Rudolf von Jhering, 1818-1912) 등

이 주장하였다. 이익이란 권리에 의하여 달성하고자 하는 목적 또는 권리의 행사로
인한 결과로는 될 수 있으나 권리의 본체는 아닌 것이다.

  3. 법력설(Rechtliche Machttheorie)

  에넥케루스 등이 주장한 설로 권리란 일정한 이익을 향수토록 하기 위하여 법이
인정한 힘이라고 한다. 현재의 통설의 태도이다.

III. 권리와 구별되는 개념들

1. 권리와 권능

  권능(權能)이란 권리 속에 포함된 개개의 작용을 말한다. 예컨대, 소유권이란
권리의 하나로서 사용의 권능, 수익의 권능, 처분의 권능을 말한다.

2. 권리와 권한

  권한(權限)이란 공법상 또는 사법상의 법인 또는 단체의 기관이 법령, 정관 등
에 의하여 행할 수 있는 일의 범위 내지 자격을 말한다. 예컨대, 공무원의 권한, 단
체간부의 권한, 회사 이사의 권한을 말한다.

3. 권리와 반사적 이익

  반사적 이익이란 법의 규정의 결과로 각 사람이 저절로 받게 되는 이익을 말한
다. 예컨대, 국민기초생활보장법의 결과로 보호대상자들이 받는 이익을 말한다.

Ⅳ. 권리의 종류

1. 공권의 종류

공권(公權)이란 국가 기타 공공단체가 가지는 공권으로 통치권을 말한다.

2. 사권의 종류

1) 권리의 내용에 의한 분류

① 인 격 권

권리자인 인격자와 분리할 수 없는 그 자신을 객체로 하는 권리 예컨대, 생명권, 신체권, 성명권, 정조권 등을 말한다.

② 신 분 권

가족법상의 특정한 지위에 기하여 갖는 권리를 말한다. ① 친족권(친권, 후견권, 부양청구권 등을 말한다)과 ② 상속권을 포함한다.

③ 재 산 권

경제적 이익을 내용으로 하는 권리로서 예컨대, 물권, 채권 및 무체재산권 등을 말한다. 유체물에 대한 배타적 지배권인 물권에 대비되는 무형의 재산적 이익의 배타적 지배권의 총칭이다. 즉 저작·발명 등의 정신적·지능적 창조물을 독점적으로 이용하는 것을 내용으로 하는 권리를 말하며 지적 소유권이라고도 한다.

2) 권리의 작용(효력)에 의한 분류

① 지 배 권

권리의 객체를 직접 지배하는 권리로서 예컨대, 물권, 무체재산권(특허, 저작, 상표권 등)을 말한다.

② 청 구 권

타인에게 작위 또는 부작위를 요구할 수 있는 권리를 말한다. (i) 물권적 청구권과 (ii) 채권적 청구권을 포함한다. 물권은 지배권, 채권은 청구권이라고 하지만,

이는 물권의 주된 내용이나 효력이 지배권이고, 채권의 그것은 청구권이라는 것을 의미할 뿐이지, 물권＝지배권, 채권＝청구권은 아니다.[1] 이에 반하여 물권적 청구권은 물권이 침해되거나 침해당할 염려가 있는 경우에 물권자가 침해자에 대하여 침해의 배제 또는 그 예방을 위하여 필요한 일정한 행위를 청구할 수 있는 권리를 말한다(물권적 반환청구권, 물권적 방해제거청구권, 물권적 방해예방청구권).

③ 형 성 권

권리자의 일방적 의사표시에 의하여 법률관계를 발생, 변경, 소멸시키는 형성적 작용을 하는 권리를 말한다. 형성권에는 (i) 취소권(민법 제140조, 제141조), (ii) 추인권(민법 제43, 130, 133, 139조; 민법상 추인은 요건을 갖추지 않은 불완전한 법률행위를 사후에 보충하여 요건을 갖춤으로써 확정적으로 유효하게 만드는 일방적 의사표시이다), ③ 해제권(민법 제544조)을 포함한다.

④ 항 변 권

청구권의 행사에 대하여 그 작용을 저지할 수 있는 권리를 말한다. 예컨대, 동시이행의 항변권(민법 제536조)이 그 예이다. 동시이행의 항변권은 쌍무계약에서 당사자 일방이 동시이행에 있는 상대방의 채무이행이 없음을 이유로 자신의 채무이행을 거절할 수 있는 권능이다.

3) 기타의 분류

---

① 절대권(절세권)과 상대권(대인권)
　가. 절대권: 물권
　나. 상대권: 채권
② 일신전속권과 비전속권
　가. 일신전속권: 인격권, 신분권
　나. 비전속권: 재산권

---

1) 곽윤직, 『민법총칙』, 박영사, 1989, 103면.

V. 의무의 개념

1. 작위의무와 부작위의무

작위의무란 일정한 행위를 해야 할 의무를 말하고, 부작위의무란 일정한 행위를 해서는 안 될 의무를 말한다.

2. 기 타

1) 권리가 대응하지 않는 의무

예컨대, 법인의 등기나 무능력자의 영업의 등기를 해야 할 의무(민법 제49조, 51조, 상법 제6조), 공고의무(민법 제88조, 93조), 감독의무(민법 제755조)를 말한다.

2) 의무가 대응하지 않는 권리

예컨대, 민법상의 취소권, 동의권, 해제권 등의 형성권을 말한다.

3) 동일한 사람의 권리이며 동시에 의무인 경우

예컨대, 친권자가 미성년자인 자를 보호·교양할 권리를 가지는 동시에 의무를 지는 경우를 말한다.

VI. 권리의무의 주체 및 객체

1. 권리 및 의무의 주체

권리의 주체는 권리를 가지는 그 특정인을 말하고, 의무의 주체는 의무를 부담하는 자를 말한다.

2. 자연인의 경우

자연인은 누구나 당연히 권리 및 의무의 주체가 되지만, 법인은 관청의 허가를 얻고 등기를 해야 비로소 권리·의무의 주체가 된다.

3. 권리의 목적과 객체

권리의 목적은 권리의 내용인 그 특정한 생활이익을 말하고, 권리의 객체란 목적이 성립하기 위하여 필요한 일정한 대상을 말한다.

> ※ 권리의 객체는 다음과 같다.
>
> (1) 물권: 물건
> (2) 채권: 사람의 행위
> (3) 친족권: 일정한 친족관계에 서는 사람의 지위
> (4) 인격권: 권리의 주체

Ⅶ. 법률관계

인간의 사회 생활관계 중에서 법이 규율하는 생활관계를 말하는데, 인간의 모든 사회생활을 법이 모두 규율할 수는 없다. 예컨대, 성인 남녀의 연애관계는 생활관계이지만 이를 법으로 규율할 수는 없다.

1. 의의와 내용

법률관계의 내용은 구체적인 권리와 의무를 의미한다. 예컨대, 매매관계에 의하여 매도인은 소유권이전의무, 매매대금을 청구할 권리를 가지게 되고, 매수인은 소유권을 청구할 권리, 매매대금을 지급할 권리를 가진다.

근대 민법은 권리본위로 구성되어 있으므로 법률관계는 흔히 권리에 의하여 표현되는 경우가 많다.

2. 인간관계

원칙적으로 법의 규율을 받지 않고 관습, 도덕, 종교의 교율을 받는 생활관계이다. 인간관계란 가족, 애정, 우의, 예의관계와 같은 생활관계를 말하고, 이러한 약속을 어겨도 그 이행을 청구한다든지 손해배상을 청구할 수 없다. 순수한 인간관계와 법률관계의 한계를 짓는 것이 쉽지 않는 경우에는 a. 여러 사람이 여행하기로 약정하여 그 중 한 사람이 여행에 참여하지 않는 경우, b. 혼인할 것을 전제로 하여 혼수를 수수했는데 이루어지지 않는 경우 ─ 이 경우 원상회복케 하는 것이 형평에 맞으므로 이 경우 부당이득반환에 기한 법률관계가 발생한다.

3. 호의관계

호의로 어떤 이익을 주고 받는 생활관계를 말한다. 과연 호의관계에 수반하여 손해가 발생한 경우 그 손해를 누구로 하여금 부담케 하는 것이 타당한가? 예컨대, 호의로 자동차를 무료로 태워주고 가다가 과실로 사고가 발생하여 탄 사람에게 상해, 사망이 발생한 경우 이러한 생활관계를 말한다. 법적 규율을 거부하는 것이 타당하다.

야간근무를 마친 운행자가 친구와 함께 기분전환하러 해수욕장에 가면서 자신의 권유로 동향의 선후배 사이이고 같은 회사 같은 부서에 근무하고 있던 피해자를 동승하게 하였다가 돌아오던 길에 교통사고가 발생한 것이라면 호의동승이라 하더라도 차량운행자의 손해배상책임을 감경할 만한 사유가 있었다고 보기는 어렵다 (대법원 1992. 6. 9. 선고 92다10586 판결).

4. 기타 법률관계

1) 신사약정

당사자가 어떤 약정을 하면서도 그 약정에 대한 법적 구속을 배제하기로 특약하는 것을 말한다. 예컨대, 특히 카르텔법 분야에서 중요한 기능을 담당한다. 법적 구속을 받지 않는 약정이라 하더라도 이행된 급부를 정당하게 보유할 수 있게 한다고 하는 점에서 이러한 약정관계는 법률관계이고 단순한 인간관계나 호의관계가 아니라 할 것이다.

2) 무효사유를 알고 한 계약체결

당사자가 무효사유가 있음을 알면서 계약을 체결하는 것은 법적 구속을 배제하는 약정과 성질을 달리한다. 당사자가 무효사유가 없음에도 불구하고 이것이 있다고 착오하고 있는 경우에도 동일하게 해석한다.

3) 호의지급의 상여금

법적 청구권을 배제하면서 지급하는 특별상여금도 문제로 된다. 상여금 또는 휴가비는 실질적으로 근로의 대가이고 특히 그 지급이 반복되면 근로자는 이에 대한 기대를 갖게 되므로 이러한 임금지급에 대한 기대는 보호되어야 할 것이다. 근로자는 특별상여금 또는 휴가비 등에 관한 법적 청구권을 갖는 것이므로 이에 의하여 정상적인 법률관계가 발생하게 된다.

5. 법률관계의 변동

법률관계는 법률에 의하여 규율되는 생활관계를 말한다. 법률효과로서 권리는 발생·변경·소멸한다. 법률요건은 법률효과를 발생하게 하는 원인이다. 법률사실은 법률요건을 구성하는 사실이다. 예컨대, 갑과 을간의 매매관계는 민법 제563조 이하의 규율을 받게 되는 전형적인 법률관계이다. 권리의 발생·변경·소멸은 이를 권리의 주체를 중심으로 보면 권리의 득실·변경으로 나타난다. 톨스토이(L. Tolstoi)는 인간과 인간의 관계가 사랑 없이 권리의무관계로 규정될 수 있다고 믿는 것이 법률가의 죄악이라고 하였다. 라드브루흐(Radbruch)는 법률가는 미묘한 빛깔의 영롱한 세계상을 오직 무지개의 일곱색으로만 바라본 것을 후회할 날이 올 것이라고 하였다. 법을 통한 분쟁해결이 불가피한 이상 이렇게 인간관계를 법률관계로 파악하면서 탐구해 나가는 것은 어쩔 수 없는 일이다.

※ 참고사항

　사회적 이슈가 되고 있는 다음 사안들에 대한 법적 접근과 쟁점사항은 무엇인지를 살펴볼 수 있다.

　1) 교사의 체벌을 어떻게 볼 것인가?

　2) 동성혼은 법적 보호의 대상이 되는가?

　3) 남성만의 병역의무는 성적 차별인가?

　4) 안락사는 허용되어야 하는가?

　5) 사형제도는 폐지되어야 하는가?

　6) 교통법규는 더 강화되어야 하는가?

　7) 경찰의 함정수사는 타당한가?

〈참고문헌〉

김일수, 『사랑과 희망의 법』, 교육과학사, 1992.

＿＿＿＿, 『법·인간·인권』, 박영사, 1996.

박선영, 『법학개론』, 동현출판사, 2006.

박영철, 『생활법률』, 담론사, 1997.

이영희, 『법학입문』, 법문사, 2000.

❖ 확인평가

1. 공권과 사권의 차이점에 대하여 설명하시오.

2. 법률관계, 인간관계, 호의관계의 차이점에 대하여 설명하시오.

❖ 출제예상문제

1. 다음 권리의 작용에 속한 분류가 아닌 것은?

① 지배권
② 청구권
③ 재산권
④ 형성권

〈해설〉 ③ 지배권, 청구권, 형성권, 항변권이다. 재산권은 권리의 내용에 따른 분류이다.

2. 다음 중 소송으로 구제를 받을 수 없는 것은?

① 지상권
② 임차권
③ 소유권
④ 반사적 이익

〈해설〉 ④

3. 다음 중 권리에 대한 설명으로 타당하지 않은 것은?

① 재산적 이익을 내용으로 하는 권리를 재산권이라 한다.

② 권리는 타인을 위하여 그 자에 대하여 일정한 법률효과를 발생케 하는
   행위를 할 수 있는 법률상의 자격이다.

③ 형성권이란 권리자의 일방적 의사표시에 의하여 법률관계를 변동시킬
   수 있는 권리이다.

④ 항변권이란 청구권의 행사에 대하여 그 작용을 저지할 수 있는 권리를
   말한다.

〈해설〉 ② 권한의 내용이다.

제8장

법과 국가

Ⅰ. 머리말

기르케(Gierke)는 '법은 국가 없이 또한 국가는 법 없이 완결될 수 없다'고 하였고, 자크 엘룰(Jacques Ellul)은 '국가가 자기 스스로를 법의 척도로 삼고 국가 자

표 8-1 ┃ 법과 국가에 대한 학자들의 견해

1. 법과 사회적 형성물로서의 국가
   ① 칸트: 국가는 법 밑에서의 다수인간의 결합이라고 하였다.
   ② 빈더: 국가는 그 법을 통해 일원체로 형성된 하나의 국민이라고 하였다.
   ③ 벨링: 국가란 법질서는 아니며, 국가는 법질서를 가지고 있다고 하였다.

2. 법과 정치적 형성물로서의 국가
   ① 스멘트: 국가는 최고의 실존적인 공동체라고 하였다.
   ② 베버: 국가란 실력성의 수단을 토대로 한 인간에 대한 인간의 통치관계라고 하였다.

3. 법과 실존적 공동체로서의 국가
   ① 엥귀시: 국가란 서로 실존적 관계에 서서 살고 사회, 경제, 문화 그리고 종교와 같은 물질적, 정신적 면에 걸쳐 같은 법적, 정치적 체계의 영역 안에서 일상적으로 서로 접촉하는 사람들의 공동체라고 한다.

신의 의사를 정의와 혼동할 때에는 이미 법은 존재하지 않는다'고 하였다. 국가는 법을 통하여서만이 존재할 수 있는 법적 조직체이다. 국가와 법은 각자의 존립을 위한 전제로서 서로 밀접하게 연관되어 있다.

Ⅱ. 국가의 개념

국가는 일정한 지역과 그것에 징주하는 사람을 지배하는 최고권력에 의하여 결합된 조직체이다.

1. 지역적 사회

국가는 일정 지역과 그 주변 영해와 그들의 상공인 영공(領空)을 그 존립의 기초로 한다.

2. 통치적 사회

국가는 강제력으로써 그 구성원의 의사 및 행위를 통제하고 그에 복종시켜 국가의 목적을 달성하는 지배권을 가지고 있다.

3. 최고 독립적 사회

통치조직을 가지는 지역적 사회의 특질은 국가 이외에 연방의 주, 식민지도 원칙적으로 구비하고 있다.

Ⅲ. 국가의 형태

1. 국체(주권을 누가 가지고 있느냐에 따른 국가형태)에 의한 구분

1) 군주국체

국가권력이 국가구성원(臣民) 속의 한 자연인(군주)에게 최후적으로 귀속하는 국체이다.

2) 귀족주체

국민 가운데서 일부 특권신분층인 귀족(귀족국체)에게 국가권력이 귀속하는 주체이다.

3) 계급주체

국가권력이 국민 중의 한 계급(예컨대 노동계급)에게 귀속하는 주체이다. 예컨대, 소련 및 그 위성국가를 들 수 있다.

4) 민주국체

국민 전체가 국가권력의 귀속자 내지 보유자라고 생각되는 국민주권의 국체를 말한다. '치자와 피치자의 동일성'의 원리이다.

2. 정체(주권을 어떻게 행사하느냐에 따른 국가형태)에 의한 구분

1) 군주정체와 공화정체

① 군주정체

통치권의 행사에 있어서 군주가 최고통치권 행사자인 정체인데, 전제군주정(다른 국가기관에 의하여 어떠한 제한도 받지 않는 형태임)과 제한군주정(통치권의 행사에 있어서 군주의 의사를 제한할 수 있는 국가형태임)으로 나눈다.

② 공화정제

가. 입헌공화정(미국, 프랑스)

나. 계급독재공화정(소련)

다. 귀족적 공화정(고대)

라. 행정부 독재적 공화정(Nazi 독일)

2) 간접민주정치와 직접민주정치

① 간접민주정치

국민은 대통령 내지 국회의원과 같은 공무원을 선거할 권리 내지 피선거권 및 공무담임권을 가질 뿐이고, 입법·행정·사법과 같은 통치권은 대통령, 국회 등의 민간기관 기타의 통치기관에 의하여 행사하게 된다.

② 직접민주정치

가. 국민표결제(referendum): 국민에게 의안 기타에 대하여 최종적 결정권을 주는 제도이다.

나. 국민발안제(initiative): 국민에게 능동적으로 어떤 의안을 발의할 수 있도록 하는 제도를 말한다.

다. 국민소환제(recall): 국민이 대통령 기타의 정부직원, 국회의원 기타 공무원을 파면할 수 있는 제도를 말한다.

3) 연방제와 단일제

① 연 방 제

통치권이 처음부터 중앙정부와 지방정부 사이에 분할되는 국가이다. 외교, 군사, 화폐 등 전국을 통하여 통일을 요하는 사항만을 연방정부가 관할하고, 기타의 일반사무는 주정부, 지방이 관할한다.

② 단 일 제

통치권이 원칙적으로 중앙정부에 의하여 통일적으로 행사되고 지방정부는 중앙정부가 그에게 수권한 범위 안에서만 통치권을 행사할 수 있는 국가이다.

Ⅳ. 국가의 구성

옐리네크(G. Jellinek)는 국가는 국민, 주권, 영토의 3요설로 구성된다는 설을 주장한다. 옐리네크(Jellinek)의 국가 3요설로서 국가가 저절로 이루어지는 것이 아니고, 오히려 국가를 국가로서 운영해나가기 위하여는 스멘트(Rudolf Smend, 1882−1975)가 주장하듯 사회적 통합(Integration: 국가를 사회속에서 발견, 헌법을 정당하고도 완전하게 해석하는 하나의 법이론임)이 계속 이루어져야 할 것이다.

1. 주   권

주권이란 최고독립성, 국가권력 자체, 국가의사결정의 최고원동력, 정치형태의 최종결정권 등이다. '국가에는 주권이 있다', '국가는 주권적이다', '처음에는 방어적인, 그러나 후에는 공격적인 성질을 가지게 된 투쟁적 개념'이었다(J. Bodin, 1530−1596).

1) 주권에 관한 학설

① 군주주권설

고대 전제군주국가에서는 국가권력이 최후적으로 군주에게 귀속한다는 군주주권의 사상이 지배하게 된다. 주장자로서는 (i) 보댕(J. Bodin), (ii) 영국의 스튜어트(Stuart) 왕조의 왕권신수설, (iii) 프랑스의 루이 14세(Louis XIV: "짐이 국가이다")가 있다.

② 국민주권설

근대적 중앙집권적 전제군주정에 대한 반동세력의 일종이라고 볼 수 있는 16세기 프랑스의 '폭군방벌론'(Monarchonachie)의 이론에 이어서 독일의 알투지우스(J. Althusius: 국가계약의 창시자임), 프랑스의 루소(J. J. Rousseau: 사회계약론)에 이르러 근대적 의미의 국민주권의 개념을 갖게 된다.

③ 국가주권설

역사적, 정치적 배경에서 보면 전제군주정과 극단적 민주정의 타협인 입헌군주정의 이론이다. 19세기 후반기의 독일 보통법학에서 많이 주장되었고, 게르버 (Carl F. von Gerber, 1823 – 1881), 라반트(Paul Laband, 1838 – 1918), 옐리네크 등의 유력한 지지자를 가지고 있다.

2) 대한민국의 주권

헌법 제1조 제2항에서는 '대한민국의 주권은 국민에게 있고 모든 권력은 국민으로부터 나온다'고 규정하고 있다.

2. 국   민

1) 국민의 개념

국민이란 국가의 항구적 소속원으로서 영토 안에 있거나 영토 밖에 있거나 국가의 통치권에 복종할 의무를 가진 자이다. 국적(nationality)이란 국민이 되는 자격이다.

2) 국민의 요건

① 국적의 취득

선천적 취득은 혈통주의(속인주의)와 출생지주의(속지주의)로 나뉜다. 후천적 취득은 배우자가 대한민국의 국민인 외국인은 귀화(歸化, naturalization)절차를 거쳐 대한민국의 국적을 취득한다. 귀화란 보통귀화(보통의 외국인의 경우 5년 이상 계속하여 대한민국에 주소가 있을 것 등의 조건을 요구함)와 특별귀화(한국과 특별한 관계가 있을 것으로 조건을 완화함)로 나뉜다.

② 국적의 상실

국적상실의 원인으로서 혼인, 양자,[1] 혼인의 취소 혹은 이혼, 2중 국적, 인지 (認知)[2] 등이 있다. 그 밖에 영토의 변경에 의하여도 국적의 취득 및 상실이 발생한다.

---

[1] 입양(혈연관계가 아닌 일반인들 사이에서 법률적으로 친자관계를 맺는 행위)을 통해 자식으로 인정받는 법적 친자를 말한다.
[2] 생부나 생모가 혼인 외의 출생자를 자기의 자녀로 인정하는 것을 말한다.

3) 국민의 지위

① 헌법상 국민의 지위

가. 주권자로서의 국민

헌법 전문의 국민은 헌법제정권자로서의 국민을 말하며, 헌법 제1조 제2항과 제7조 및 제8조 제2항의 국민은 주권자로서의 국민을 말한다. 헌법제정권 내지 주권의 주체로서의 국민은 국민 전체를 하나의 이념적 통일체로서 파악한 것을 의미한다. 주권이 국민에게 있다고 할 때 국가의사를 최종적으로 결정하는 원동력이 국민 전체에게 있다는 것을 의미하고, 국민이 헌법제정권력을 가진다고 할 때 실제로 헌법제정은 제헌국회에서 할지라도 그 헌법은 국민 전체의 의사에 따라서 국민 전체를 위하여 제정한다.

나. 헌법상 국가기관으로서의 국민

국가기관으로서의 국민은 주권자로서의 전체 국민과는 다르며, 주권자인 전체 국민 중에서 일정한 연령에 도달하고 특별한 결격사유가 없는 개개 국민이 국가기관으로서의 국민으로 구성된다. 대통령 선거권, 국회의원, 국가의 중요정책에 대한 국민투표권, 헌법개정안에 대한 국민투표권 등이다.

다. 기본적 인권의 주체로서의 국민

국가구성원으로서의 개개의 모든 국민, 헌법 제2장의 국민을 의미한다. 기본권 보장의 대상으로서의 국민개념 중에는 법인도 포함하게 된다.

라. 통치대상으로서의 국민

국가구성원으로서의 국민을 의미한다. 통치대상으로서의 국민에는 모든 자연인은 물론이고 법인도 포함되며 국외에 있는 국민도 포함한다.

② 국가에서의 개인의 지위

가. 소극적 지위

국민이 국가권력으로부터 침해를 받지 아니하는 자유로운 영역을 말한다. 자유권이 발생하게 된다.

나. 적극적 지위

국민이 자신의 이익을 위하여 적극적으로 국가에 대하여 어떤 것을 청구할 수 있는 지위를 말한다. 수익권이 발생하게 된다.

다. 능동적 지위

국민이 국가기관으로서 능동적으로 국가의사의 형성에 참여할 수 있는 지위를 말한다. 참정권이 발생하게 된다. 예컨대, 공직선거법(2020. 1. 14. 개정) 제15조 제2항에서 '18세 이상'의 국민으로 제한하고 있다.

라. 수동적 지위

국민이 국가의 통치권에 복종하는 지위를 말한다. 국민의 공의무가 발생하게 된다.

3. 영   토

1) 영역의 개념

국가의 통치권이 행사되는 공간, 영토, 영해 및 영공을 포함하게 된다. 그러나 영해란 영토의 주변해역이고, 영공도 영토, 영해의 상공이므로, 영역의 기본은 영토이다. 헌법 제3조는 "대한민국의 영토는 한반도와 그 부속도서로 한다"고 규정하고 있다. 국가의 영토는 불변하는 것이 아니고 새로운 영토의 취득 또는 영토의 상실로 변경이 생길 수 있다. 영토가 일부변경이 되더라도 국가의 동일성에는 영향이 없고 다만 통치권행사의 범위에 신축이 있다.

2) 영토변경의 원인

① 국제조약에 의한 변경

국제조약에 의한 새 영토의 취득에는 타국으로부터 영토의 일부를 할양받을 경우와 타국을 병합하는 경우를 말한다. 평화시에는 매매, 교환, 병합 등에 의하며, 전쟁시에는 강화조약에 의하여 새영토를 취득한다.

국제조약으로 인한 영토의 상실에는 타국에 영토의 일부를 할양하는 경우와 국내의 지역이 독립하여 새 국가를 형성함을 승인하는 경우를 말한다.

② 자연조건 내지 사실행위로 인한 변경

자연조건 내지 사실행위로 인한 새로운 영토의 취득에는 무주지의 선점, 자연적 영토형성 등이 있고, 영토상실의 원인으로서는 화산의 폭발 등으로 지역의 일부가 바다 속에 몰입하는 경우 등이 있다.

3) 영토변경의 효과

국가병합의 경우에 모든 주민은 당연히 병합국의 국적을 취득하게 되나 일부 할양의 경우에는 할양지의 주민은 당연히 국적의 변경을 일으키는 것이 아니고 할양조약에 의해 결정하게 된다. 할양지의 법은 영토의 변경에 의해 당연히 그 효력을 상실하는 것은 아니고 신법에 의해 변경될 때까지 그대로 계속 시행하게 된다. 이것은 구영유국의 법으로서 시행되는 것이 아니고 신영유국의 법으로서 인계 및 시행되는 것이다.

V. 법치주의

1. 법치주의의 의의

법치주의란 법의 지배(Rule of Law)를 말한다. 법치주의의 목적은 국민의 자유와 권리의 보장이고, 법치주의의 기초는 권력분립(separation of power)이며, 법치주의의 내용은 법률의 우위, 법률에 의한 행정, 법률에 의한 재판을 포함한다.

※ 법치주의

1) 2가지 기능
① 국가권력 발동의 근거(법의 제1차적 기능)— 적극적
② 국가권력 제한의 근거(법의 제2차적 기능)— 소극적

2) 구성요소
① 성문헌법주의
② 헌법에서 기본권보장의 선언
③ 권력분립의 확립
④ 위헌법률심사제의 채택
⑤ 집행부에 대한 포괄적 위임입법의 금지
⑥ 행정의 합법률성과 행정의 사법적 통제

⑦ 국가권력행사에 대한 예측가능성의 보장

2. 법치주의의 이론

1) 영국에서 '법의 지배

법의 우위(supremacy of law)라고도 한다. 다이시(A. v. Dicey, 1835‑1922)는 「헌법학 입문」에서 영국헌법의 기본원리로서 '의회주권', '헌법적 관습', '법의 지배'(개인의 자유와 권리를 확보하기 위한 절차법적 측면임)의 원칙을 들었다.

2) 독일에서의 법치국가론

법치국가의 개념은 경찰국가나 관료국가에 대립하는 개념으로 성립하였다. 고전적 법치국가론을 의미하는 시민적 및 형식적 법치국가론은 18세기 말에 모올(R. v. Mohl), 슈타인(L. v. Stein), 벨커(K. T. Welcker), 베르(O. Bähr), 오토 마이어(O. Mayer: 법치국가를 "법률우위의 원칙," 특히 행정의 법률적합성을 바탕으로 하는 국가), 슈탈(F. J. Stahl : 법치국가를 시민적 자유를 보장하기 위한 방법 내지 법기술로 이해) 등에 의하여 다양하게 전개하게 되었다. 칼 슈미트(C. Schmitt)는 법치국가의 구성요소는 국가권력의 제한과 통제의 원리이며, 시민적 자유의 보장과 국가권력의 상대화체계라고 언급하였다.

3. 법치주의의 위기와 실질적 법치주의

1) 형식적 법치주의

행정과 재판이 의회가 제정한 법률에 적합하도록 행해질 것을 요청할 뿐, 그 법률의 목적이나 내용을 문제로 삼지 아니하는 형식적 합법주의이다. 형식적 법치주의를 억압의 수단으로 악용하게 된다면 법률을 도구로 이용한 '합법적 독재'가 된다.

2) 실질적 법치주의

오늘날에는 국가가 국민의 자유와 권리를 제한하거나 국민에게 새로운 의무를 부과하려 할 때에는 반드시 의회가 제정한 법률에 의하거나 그에 근거가 있어야 한다는 형식적 법치주의뿐만 아니라, 법률의 목적과 내용도 정의에 합치되는 정당한 것이 아니면 안 된다고 하는 실질적 법치주의가 요청되고 있다.

4. 한국헌법에서 법치주의의 구현

1) 법치주의의 구성요소와 구현방법

① 성문헌법주의

헌법의 개정곤란성과 더불어 형식적 의미의 헌법을 국가의 최고법규로 간주하는 성문헌법주의에서는 헌법규정은 국가기관의 조직과 국가권력발동의 근거가 되며, 국가권력을 제한하고 통제하는 기능을 가진다.

② 기본권보장의 선언

법치주의의 목적을 선언한다.

가. 헌법 전문

모든 영역에서 기회균등의 보장과 균등한 생활향상을 규정한다.

나. 헌법 제10조

모든 국민은 인간으로서의 존엄과 가치를 가지며, 행복을 추구할 권리를 가진다. 국가는 개인이 가지는 불가침의 기본적 인권을 확인하고 이를 보장할 의무를 진다.

다. 헌법 제11조

모든 국민은 법 앞에 평등하다.

라. 헌법 제34조 제1항

인간다운 생활을 할 권리를 의미한다.

마. 헌법 제37조 제2항

국민의 모든 자유와 권리는 국가안전보장, 질서유지 또는 공공복리를 위하여 필요한 경우에 법률로써 제한할 수 있으며, 제한하는 경우에도 자유와 권리의 본질적인 내용을 침해할 수 없다.

③ 권력분립주의의 채택

현행 헌법은 권력분립주의를 채택하여 입법권은 국회에(헌법 제40조), 행정권은 대통령을 수반으로 하는 정부에(헌법 제66조 제4항), 사법권은 법원에(헌법 제101조 제1항) 속하게 하고 있다.

④ 위헌법률심사제의 채택

행정과 재판뿐만 아니라 법률도 그 내용과 목적이 정당한 것이 되도록 하기 위하여 위헌법률심사권을 법원(선심권)과 헌법재판소(종심권)에 부여하고 있다. 헌법 제107조 제1항은 "법률이 헌법에 위반되는 여부가 재판에 전제된 경우에는 법원은 헌법재판소에 제청하여 그 심판에 의하여 재판한다"고 규정하고 있다.

⑤ 집행부에 대한 포괄적 위임입법의 금지

현행헌법은 현대국가의 행정국가화 경향에 따라 집행부에 광범위한 행정입법권을 부여하고 있다. 그것은 '법률에서 구체적으로 범위를 정하여 위임받은 사항'에 관해서만 명령을 발하게 하는 것일 뿐(헌법 제75조), 법치주의의 원칙에 반하는 포괄적 위임입법은 금지된다.

⑥ 행정의 합법률성과 행정의 사법적 통제

현행헌법은 제107조 제2항에서 "명령·규칙·처분이 헌법이나 법률에 위반되는 여부가 재판의 전제가 된 경우에는 대법원은 이를 최종적으로 심사할 권한을 가진다"고 하여 이를 명시하고 있다.

⑦ 국가권력행사의 예측가능성의 보장

헌법 제96조에서는 "행정각부의 설치·조직과 직무범위를 법률로 정한다"고 규정하고 있고, 헌법 제89조에서는 국무회의 심의사항의 형식으로 규정되고 있기는 하지만 집행부의 권한사항을 열거하고 있고, 헌법 제102조 제3항에서는 "대법원과 각급 법원의 조직은 법률로 정한다"고 규정하고 있다.

2) 법치주의의 제한

한국헌법은 법치주의 내지 법치주의의 원리를 광범위하게 채택하고 있지만, 국가가 위기나 비상사태에 처한 경우에는 일정한 범위 안에서 법치주의가 제한적으로 적용된다. 헌법상 법치주의의 제한으로 긴급명령권(헌법 제76조)과 계엄선포권

(헌법 제77조) 등을 들 수 있다. 비상사태하의 법치주의의 제한은 매우 한정된 경우에 국한되어야 하고, 그것도 헌법적 질서를 유지하기 위해 최소한에 그쳐야 한다.

VI. 법치국가의 철학

1. 국가가 법에 우선한다고 하는 견해

국가는 법의 근원에 지나지 않고 그 자신이 법적 조직체(Rechtsgebuilde)로서, 국가는 국가법의 소산이라는 사실이다.

2. 법이 국가에 우선한다고 하는 견해

국가 이전의 법이란 자연법 내지 관습법에 지나지 않는 것이어서 적어도 실정법은 아니라고 할 것이다. 국가의 우위와 국가에 대한 법의 구속력을 조화시키려는 또 하나의 시도이다.

> ※ 참고사항 : 법치국가의 본질
>
> 법치국가는 우리에게 있어서 하나의 정치적 개념일 뿐만 아니라 문화적 개념이기도 하다. 그것은 질서에 대하여 자유를, 이성에 대하여 생명을, 규칙에 관하여 우연을, 형식에 대하여 실질을 지키는 것, 요컨대 목적과 가치 자체를 단지 목적과 가치를 위한 수단에 대항하여 지키는 것이다(라드브루흐(Radbruch)).

VII. 저항권의 문제

저항권(Widerstandsrecht)은 자연법에 위배되어, 잘못된 권력행사에 의해 헌법적 가치질서가 완전히 무너지는 것을 저지하기 위한 예비적 헌법보호수단이다. 저항권은 기본권적 성격과 헌법보호 수단으로서의 성격을 함께 가지고 있는 양면적인 것을 말한다. '무기경쟁의 중단', '미사일배치의 반대' 등의 저항권을 그 예로들 수 있다.

1. 저항권의 초실정법성

1) 홉스: 인간의 성악설(性惡說)에서 출발하여 국가란 인간 각자가 타인에 대한 자기 보호의 필요에서 만들어진 것을 말한다.
2) 칸트: 인간의 이성을 강조하여 성선설(性善說)을 바탕으로 하기 때문에 국가는 법치국가일 수밖에 없고 따라서 저항권은 무용한 것을 말한다.
3) 로크: 저항권을 인정한 것처럼 저항권의 문제는 인간성에 대한 세계관과 반드시 비례하는 것은 아니다.

독일의 법철학자 카우프만(Arthur Kaufmann)처럼 저항권을 정신적 영역으로 끌어들여 일종의 국가권력에 대한 '복종의 자세'로 이해하는 경우에도 자연법적 저항권을 부정할 수 없다. 권력에 대한 '비판적 복종'을 통해서 권력행사를 수시로 통제하는 것이 저항권의 행사라 볼 때에는 그것은 혁명권과는 구별된다.

2. 저항권의 행사요건

1) 의　　의

독일 기본법 제20조 제4항은 '법에 규정된 기본권이 현저하게 침해될 때에는 모든 국민은 저항할 권리가 있다'고 규정하고 있다. 그러나 우리나라 헌법에는 저항권에 관한 명문규정을 두고 있지 않으나 다음과 같은 저항권 행사요건을 설정할 수 있다.

2) 행사요건

① 국가기관 또는 공권력의 담당자에 대하여 다른 법적 구제수단이 더 이상 없을 경우에(저항권의 보충성), ② 주권자로서의 국민이 법치국가적 질서를 유지하

고 회복하기 위해 최후의 비상수단으로서(최후 수단성), ③ 그 국가기관이나 공권력의 담당자에 대하여 저항할 수 있는 권리(성공가능성)를 말한다.

저항권은 다른 모든 헌법적 수단을 총동원해서도 국가권력에 의한 헌법침해를 막을 길이 없는 경우에 보충적 및 예비적으로만 행사되어야 하고, 저항권의 행사는 헌법적 가치질서가 무너지기 시작하는 초기에는 허용되어서는 안 되고 최후순간까지 기다려 보고 헌법적 가치질서가 완전히 무너지기 직전에 그것을 구제하기 위한 최후수단으로 허용되어야 한다. 힘의 행사로서의 저항권의 행사의 현실적 딜레마, 달리 표현하면 "성공하지 못한 저항권의 행사는 저항권이 아니고 범죄이다"라고 함축할 수 있다.[3]

VIII. 양심의 문제

양심의 자유가 저항권의 마지막 근거로 등장할 수 있다. 행해진 저항의 합헌성 여부는 후일 법원에서 판정한다. 합헌적인 저항임에도 불구하고 헌법 적대자가 국가권력을 완전히 장악했을 경우는 저항행위 자체가 처벌되는 위험을 가진다.

문제는 양심의 자유를 근거로 자기에게만 어떤 법률의 적용의 예외를 인정해 줄 것을 요구할 수 있는지, 아니면 더 나아가 자기의 양심과 상충되는 법률의 개정을 목적으로 여론에 영향을 끼치는 행위까지도 할 수 있는지가 문제된다. 다수설은 부정설로서 양심의 자유를 이유로 법에 대한 준수를 거부하는 것도 개인적 허용과 금지의 일이지 법의 일반적 유효성을 부정하는 것은 아니라고 하고 있다. 소수설은 긍정설로서 양심의 자유를 개인적 양심의 결정의 침해에 대한 방어뿐만 아니라 양심에 위배되는 법의 개정을 위해 동조자를 얻기 위한 목적으로 하는 행위까지도 보호되어야 한다고 하고 있다.

민주주의는 다수의 의견에 따라 운영되는 국가영역이기 때문에 양심의 자유와 민주주의 원칙의 충돌은 '실천적 조화의 원칙'에 따라 해결할 수 있다. 이 원칙을 적용하면 양심의 자유는 국가영역에서는 단지 부수적이고 사소한 문제에 한해서만 인정될 뿐이고 원칙적으로 민주주의의 원칙이 양심의 자유보다 우선한다.

---

3) 최종고, 『법학통론』, 박영사, 2003, 101면.

❖ 확인평가

1. 간접민주정치와 직접민주정치의 차이점에 대하여 설명하시오.

2. 국가의 3요소에 대하여 요약하여 설명하시오.

3. 헌법상 국민의 지위에 대하여 설명하시오.

4. 형식적 법치주의와 실질적 법치주의에 대하여 설명하시오.

5. 저항권에 대하여 설명하시오.

제2편 ___ 각 론

제 9 장
헌 법

Ⅰ. 머 리 말

1. 헌법의 개념과 분류

1) 헌법의 개념

헌법(憲法; Constitution, Verfassung)이란 국민의 기본권을 보장하고 국가의 통치조직과 통치작용의 원리를 정하는 근본법이다. 정치적 사실로서의 측면과 법규범으로서의 측면이라는 2중성을 갖는다. 법규범으로서의 헌법에 관하여 살펴보면 다음과 같다.

① 고유의 의미의 헌법

국가가 있는 이상 어떤 국가도 가지고 있다. 헌법이란 원래 국가의 영토, 국민, 통치권에 관한 기초적인 사항을 규정하는 법이다.

② 근대 입헌주의적 헌법

국가권력의 조직에 관한 근본적 규범과 국민의 국가권력으로부터의 지위보장에 관한 근본적 규범도 갖추고 있는 헌법을 말한다. 전통적인 근본법의 사상에서 유래한다. 1776년의 버지니아 헌법, 1787년의 미국 연방헌법, 1791년의 프랑스 헌법 등이 그 예이다. 자유권보장, 삼권분립, 의회제도, 법치주의, 성문주의 등을 그 내용으로 한다.

③ 현대 복지국가적 헌법

근대입헌주의적 헌법의 특성에 더 나아가서 실질적 국민주권, 생존권적 기본권, 국제평화주의의 요소를 가미하고 있다. 자유주의는 국민주권사상과 결합하여 정치적으로는 자유민주주의로 발전하였으나, 20세기에 이르러서는 1919년의 바이마르(Weimar) 헌법을 시초로 국민의 기본권은 자본주의 경제제도의 모습으로 야기된 사회적, 경제적 약자의 생활문제를 해결하기 위해서 자유권 이외에 생존권이라는 기본권이 등장하였다.

④ 실질적 의미의 헌법과 형식적 의미의 헌법

그 내용에 있어서 국가의 조직, 작용의 기본원칙을 정하는 법규범의 전체를 말하고, 국가가 있는 곳에는 언제나 존재하는 것이며, 성문법으로 되어 있는지 불문법으로 되어 있는지 상관없다. 형식적 의미의 헌법은 헌법전이라는 법전의 형식을 갖추고 있는 것이다. 형식적 의미의 헌법은 헌법전은 일반법률과 형식, 효력, 개정방법 등에 있어서 다르다.

2) 헌법의 특성

① 헌법의 정치성, 역사성, 이념성

헌법은 그 제정과 개정 자체가 '정치적인 것'이다. 헌법은 그때그때의 역사적 발전단계에 따라 상응하는 이념 또는 가치를 그 내용으로 한다.

② 최고규범성

최고규범이란 한 나라의 법체계 중에서 최고의 단계에 위치하며, 가장 강력한 형식적 효력을 가진 법을 말한다.

③ 조직규범성과 수권규범성

헌법은 통치의 기본구조를 정하는 조직규범이고, 입법권, 집행권 및 사법권이 각각 어느 기관에게 귀속하는 것인가를 정하는 것이다.

④ 기본권보장(권력제한)규범성

헌법은 기본권을 보장하기 위한 규범이다.

3) 헌법의 분류

① 존재형식에 따른 분류

불문헌법과 성문헌법으로 구분된다. 불문헌법을 가지고 있는 나라로는 영국, 1978년 이전의 스페인, 현재의 이스라엘 헌법 등이다.

② 개정절차에 따른 분류

연성헌법이란 그 개정절차가 일반법률과 동일하거나 유사한 헌법으로서 영국, 1948년 이탈리아, 1947년 뉴질랜드 헌법 등이 그 예이고, 경성헌법이란 그 개정절차가 일반법률보다 엄격하고 까다로운 헌법으로서 대부분의 성문헌법이 그 예이다.

③ 제정주체에 따른 분류

흠정헌법(欽定憲法)이란 제정주체가 군주이고, 군주주권의 사상을 바탕으로 하는 헌법이고(1814년 프랑스, 1889년 일본 메이지 헌법 등), 협약헌법(協約憲法)이란 군주와 국민의 합의에 의하여 제정되는 헌법(1689년 권리장전(Bill of Rights), 1830년 프랑스 헌법 등), 민정헌법(民政憲法)이란 국민이 국민투표 등의 방법으로 직접 제정하거나 국민의 대표로 구성된 제헌의회가 제정한 헌법(미국의 각주, 1791년의 프랑스 헌법 등)을 말한다.

④ 새로운 분류방법

가. 독창적 헌법과 모방적 헌법

독창적 헌법이란 새로 창조되고 다른 것에서 유래되지 아니한 원천적인 헌법으로서 영국의 의회주권주의 헌법, 미국의 대통령제헌법, 프랑스 나폴레옹 헌법, 1918년 노송소비에트 연방헌법, 1931년 중화민국의 5권분립[1] 헌법 등이다. 모방적 헌법이란 규정의 대부분을 국내외의 기존헌법을 그 국가의 정치적 현실에 맞게 재구성한 헌법으로서 우리나라를 비롯한 아시아 국가와 남미국가의 대부분의 헌법을 의미한다.

나. 존재론적 분류

뢰벤슈타인(K. Leowenstein)은 헌법규범이 헌법현실을 규율하고 있는 정도에

---

[1] 중화민국의 국부인 쑨원이 서양 각국에서 실행되고 있던 입법권, 행정권, 사법권의 삼권분립의 장점을 채택하되 결점을 보완하여, 감찰권과 고시권을 독립하는 오권분립의 권력체계를 세웠다.

따라 다음과 같이 헌법을 분류한다.

(i) 규범적 헌법

영국, 미국 등과 같이 헌법규정과 권력행사의 현실이 일치하는 헌법을 말한다.

(ii) 명목적 헌법

아시아, 남미헌법과 같이 헌법규범이 아직까지 현실을 규율하지 못하고 교육적인 효과만을 갖는 헌법을 말한다.

(iii) 가식적 헌법

공산주의나 독재주의의 헌법처럼 헌법이 현실을 규율하는 것이 아니라 단지 이를 과시하기 위하여 형성된 형식적 헌법을 말한다.

2. 헌법의 제정과 개정

1) 헌법의 제정

'정치적 통일체의 종류와 형태에 관하여 헌법제정권력자가 내린 근본적인 결단을 규범화하는 것'으로서 형식적으로는 이를 법전화하는 것을 말한다.

① 헌법제정권력의 의의와 성격

헌법제정권력(constituent power)이란 국가법질서의 근본법인 헌법을 창조하는 힘과 권위로서 현대민주국가에서는 국민이 그 주체이며 시원적(始原的)인 창조성과 자율성, 항구성을 가지며 단일불가분성, 불가양(不可讓)적 성격을 갖는다.

② 헌법제정의 한계

헌법제정권력은 절대적이 아니라 일정한 한계를 가지는데, 자연법적 근본규범에 의한 제한을 받는다. 구체적으로는 인격불가침의 기본가치, 자치국가의 원리, 민주주의 등이다.

> ※ 참고사항: 법률의 제정
>
> 우리나라 법률은 통상적으로는 법률안의 제안(국회의원과 정부가 제출), 법률안의 심의(소관상임위원회에 회부하여 심사), 법률안의 의결(재적의원 과반수의 출석과 출석위원 과반수의 찬성), 의결된 법률안의 정부에의 이송, 대통령의 서명과 공포(15일 이내에 공포)라고 하는 절차를 거치게 된다.

2) 헌법의 개정

① 헌법개정의 개념

헌법개정이란 헌법에 규정된 개정절차에 따라 그 기본적 동일성을 유지하면서 특정조항을 의식적으로 수정 및 삭제하거나 새로운 사항을 증보하는 것으로서 헌법의 제정, 파괴, 폐지, 파훼, 정지, 변천 등이다.

② 헌법개정의 한계

헌법이 규정하는 개정조항의 절차에 따르기만 하면 헌법의 조항도 개정할 수 있느냐 또는 개정할 수 없는 어떠한 한계가 있느냐를 말한다.

성문헌법이 규정하는 헌법개정권은 헌법의 동일성과 계속성을 해치지 않는다는 것을 전제로 하고 헌법의 어떤 조항을 수정 및 변경하는 권한이므로 헌법의 자동성을 읽게 하는 정도의 개정은 헌법의 자살행위로서 법논리적으로 불가능한 것이므로 한계를 인정하는 것이 타당하다.

③ 우리 헌법의 개정절차

우리 헌법은 경성헌법에 속한다. 국회의원 재적 과반수의 찬성 또는 대통령이 국무회의의 심의를 거쳐 헌법개정안을 제안할 수 있다. 국회의원 발의를 재적의원 과반수로 한 것은 사안의 중대성에 비추어 그 발의 정족수를 정해 놓은 것이다. 제안된 헌법개정안은 대통령이 20일 이상의 기간 동안 공고(헌법 제129조)하고, 이 헌법개정안은 공고된 날로부터 60일 이내에 국회에서 의결하여야 하며, 국회의 의결에는 재적의원 3분의 2 이상의 찬성을 얻어야 한다(헌법 제130조 제1항). 국회의 의결을 거친 헌법개정안은 국회가 의결한 후 30일 이내에 국민투표에 붙여야 하며, 국민투표에 붙여진 헌법개정안은 국회의원 선거권자 과반수의 투표와 투표자 과반수의 찬성을 얻으면 헌법개정이 확정된다. 헌법개정안이 확정되면 대통령은 즉시 이를 공포하여야 한다.

3. 대한민국 헌법

1) 헌법제정과 개정경과

헌법만큼 역사성을 띠고 있는 국법도 없다고 하겠는데, 우리나라 헌법의 변천

과정도 그 역사적 흐름을 파악할 필요가 있다. 우리나라 헌법은 그 후 9차에 걸친 개정을 거치면서 많은 변화를 겪었다. 우리나라 헌법은 경성헌법임에도 정치적 목적에 의하여 자주 개정되었고, 특히 같은 시기에 제정된 이웃 일본헌법이 50년이 지나도록 한번도 개정된 일이 없다는 사실과 비교할 때 헌법의 권위와 호헌의식을 심각히 생각나게 한다.

2) 우리 헌법의 기본원리

① 국민주권주의

주권은 국가의 정치적인 최고, 최종적인 결정권이 국민에게 있다는 것을 의미한다. 우리 헌법 제1조 제2항은 "대한민국의 주권은 국민에게 있고, 모든 권력은 국민으로부터 나온다"고 규정하고 있고, 우리 헌법 제1조 제1항은 "대한민국은 민주공화국이다"고 규정하고 있다. 우리나라는 간접민주제적인 대의제도를 원칙으로 하면서 국민투표제도를 채택함으로써 직접민주적인 요소를 가미하고 있다.

② 기본권 존중주의

기본권 보장은 근대입헌국가의 이념이며, 그 내용적 기본요소인데 우리 헌법은 기본권보장주의를 그 전문에서 선언하고, 제2장에서 이를 개별적으로 규정한다. 한국헌법상 기본권은 헌법 제10조의 인간의 존엄·가치, 행복추구권의 대원칙하의 평등권, 자유권, 생존권, 참정권, 청구권 등으로 분류되고, 제37조 제2항에서 기본권제한의 방법과 한계를 규정한다.

③ 법치주의

법치주의는 자의적·폭력적 지배를 배제하고 국민의 의사에 따라 제정된 법에 의한 '이성적 지배'를 요구하는 통치원리로서, 헌법과 법률에 의한 국가권력의 제한을 의미한다. 여기에서 중요한 것은 법률의 지배, 권리의 사법적 보장 그리고 법치행정의 원칙이라고 할 수 있다.

④ 권력분립주의

국민의 자유를 확보하고 국가권력의 남용을 방지하기 위하여 입법, 행정, 사법의 각 작용을 분리시켜 각각의 독립된 기관에 담당케 함으로써 기관상호간의 견제와 균형으로써 권력을 통제하는 통치조직에 관한 원리를 말한다. 이 원리의 가장 이상형은 3권분립이라고 할 수 있다.

⑤ 문화국가주의

헌법 제9조에서는 국가에 대하여 전통문화의 계승 및 발전과 민족문화의 창달에 노력할 의무를 부과하고, 헌법 전문과 대통령의 취임선서에서도 이를 요구하고, 또한 평생교육을 통한 국가의 문화책임을 강조한다.

⑥ 복지국가주의

복지국가란 기본적으로 자유주의에 입각하면서 국가가 적극적으로 관여하여 경제적 자유경쟁의 제모순을 해소하여 모든 국민의 '인간다운 생활'을 목적으로 하는 국가를 말한다. 우리 헌법은 생존권을 보장하고 사회적 시장경제질서를 채택하여 개인의 재산권이나 경제활동을 규제하고 적극적인 사회 및 경제정책을 실시한다.

⑦ 평화통일주의

전문에서 "조국의 … 평화적 통일에 입각하여"라고 표현하고 있고, 헌법 제4조에서는 "대한민국은 통일을 지향하며, 자유민주적인 기본질서에 입각한 평화적 통일정책을 수립하고 이를 추진한다"고 규정하여 평화통일주의를 선언하고 있다.

⑧ 국제평화주의

헌법 제5조에서는 "대한민국은 국제평화의 유지에 노력하고 침략적 전쟁을 부인한다"고 규정하고 있고, 전문은 "밖으로는 항구적인 세계평화에 이바지한다"고 규정하고 있고, 헌법 제6조 제1항에서는 "이 헌법에 의하여 체결, 공포된 조약과 일반적으로 승인된 국제법규는 국내법과 동일한 효력을 가진다"고 규정하고 있으며, 헌법 제6조 제2항 "외국인은 국제법과 조약이 정하는 바에 의하여 그 지위가 보장된다"고 규정하여 국제평화주의를 선언하고 있다.

3) 우리 헌법의 기본질서

① 자유민주적 기본질서

모든 폭력적 지배와 자의적 지배를 배제하고 그때그때 다수의 의사에 따른 법치국가적 통치질서로서 자유, 평등 및 정의를 이념으로 하는 법치국가적 기본질서를 말한다. 헌법 전문에서는 "자유민주적 기본질서를 더욱 확고히"라는 표현을 사용하고 있고, 헌법 제4조에서는 "자유민주적 기본질서에 입각한 통일을 지향하며"라는 법문을 사용하고, 헌법 제8조 제4항에서는 정당의 목적이나 활동이 민주적 기본질서에 위배되면 해산할 수 있게 하는 규정을 두고 있다.

② 정당제도

가. 정당의 의의

헌법 제8조 제2항에서는 "정당은 국민의 정치적 의사형성에 참여하는 데 필요한 조직을 가져야 한다"고 규정하고 있고, 정당법 제2조 "정당이라 함은 국민의 이익을 위하여 책임있는 정치적 주장이나 정책을 추진하고 선거의 후보자를 추천 또는 지지함으로써 국민의 정치적 의사형성에 참여함을 목적으로 하는 국민의 자발적 조직이다"라고 하여 정당의 정의를 명시하고 있다.

나. 정당의 헌법상 지위

우리 헌법에서는 정당설립의 자유가 보장되고, 복수정당제가 보장되며 국가에 의한 특별한 보호가 인정된다는 면에서 헌법적 기능을 가진 헌법상 제도보장으로 보는 것이 타당하다.

다. 정당설립의 자유와 복수정당제도

정당의 설립에 있어서 사전의 허가제는 위헌이나, 질서유지를 위하여 필요한 최소한의 등록제는 헌법상의 설립의 자유와 양립될 수 없는 것은 아니다.

라. 정당의 목적, 조직, 활동에 대한 제한

정당은 그 목적, 조직과 활동이 민주적이어야 하며, 정당의 목적이나 활동이 민주적 기본질서에 위배될 때에는 헌법재판소의 심판에 의하여 해산된다. 여기에서 '민주적'이라 함은 우리 헌법의 기본이념인 자유민주주의를 말한다.

마. 헌법재판소의 심판에 의한 해산

정당의 목적이나 활동이 민주적 기본질서에 위배될 경우에는 정부는 일반결사와 같이 해산할 수 없고, 정부는 헌법재판소에 그 해산을 제소할 뿐 헌법재판소의 심판에 의하여만 해산할 수 있다(헌법 제8조 제4항).

③ 선거제도

가. 선거의 의의

선거란 다수의 선거인에 의한 공무원의 선임행위로 국민 자신의 대표기관의 선출을 통하여 참정권을 행사하고 정부의 책임을 묻고 그 정당성을 부여하는 기능을 말한다.

나. 선거제도의 기본원리

보통선거(제한선거에 반대용어임), 평등선거(1인 1표), 직접선거, 비밀선거(용지 비밀투표 등), 자유선거(강제선거에 반대용어임)를 원칙으로 한다.

다. 대표제(의원정수의 배분방법을 의미)

(ⅰ) 다수대표제

1선거구에서 다수의 득표자만을 당선자로 하는 제도이다. 본 제도는 소선거구제와 결탁하여 다수당에게 유리한 결과를 초래하게 된다.

(ⅱ) 소수대표제

1선거구에서 2인 이상의 당선자를 내는 제도로서 이를 대선거구제에 사용하면 소수당에게 유리하게 된다.

(ⅲ) 비례대표제

다수대표제나 소수대표제의 단점을 보완하기 위하여 고안된 제도로서 정당의 존재를 전제로 하고 각 정당의 득표수에 비례하여 당선자를 결정하는 선거제도이다.

※ 비례대표제의 방법에는 다음과 같다.

(ⅰ) 단기이양식

유권자의 선택에 중점을 두는 방법으로 영국계통, 단기투표제의 일종, 대선거구제를 전제로 하고 거기에다 이양을 인정하고 만약 투표가 제1후보자만으로서는 불충분하다고 생각될 때에는 이것을 다른 후보자에게 이양하기 위해서 자기가 원하는 순위에 따라 제2, 3의 후보자를 지명하는 방법이다.

(ⅱ) 명 부 식

정당중심의 선거에 중점을 두는 방법으로서 유럽대륙 및 우리나라에서 이용하는 방법이다. 선거인이 주로 어느 정당을 지지할 것인가에 관심을 두며, 지지받는 정당은 그 지지도에 비례하여 의석을 받아야 한다는 전제 위에 기초한 것이다.

라. 선거구제도(선거인단을 분할하는 지역을 의미)

(ⅰ) 소선구제도

선거구에서 1인의 당선자를 선출하므로 선거인은 반드시 후보자 중의 1인에게만 투표하고 투표의 다수를 얻은 자가 당선자가 된다. 장점으로는 지역이 협소하므로 선거운동이 쉽고 경비가 절약되며 입후보자 적부에 일반선거인이 정통하나, 다수당에게 절대 유리하게 되는 맹점이 존재한다.

(ii) 대선거구제도

1선거구에서 다수인을 선출하는 제도이다. 투표방법에 따라 다수당이 유리하기도 하고 또는 소수당이 유리하기도 하다. 본 제도는 소수대표가 가능하고 소선거구제에 비하여 사표가 적어지며, 인물선택의 범위가 넓기 때문에 국민대표에 적합한 후보자를 선택할 수 있으나, 선거구역이 광대하므로 선거운동과 그 경비에 막대한 비용과 불편이 수반되고 또 입후보자에 대한 적부판단의 어려움이 존재한다.

④ **직업공무원제도**

가. 의   의

정당국가에서의 정권교체에 관계없이 행정의 독자성을 유지하기 위하여 공무원의 신분이 보장되는 공무원제도이다. 공무원의 과학적 직급제, 성적주의,[2] 인사의 공정성 등을 그 내용으로 하고 있다.

나. 공무원의 신분보장

법률이 정하는 바에 의하여 보장된다. 엽관주의(spoil system)[3]의 폐단을 없애고 공무원이 정권교체에 관계없이 국민전체에 대한 봉사자로서의 의무를 다할 수 있게 하려면 공무원의 신분은 보장되어야 한다.

다. 공무원의 정치적 중립성

공무원의 정치적 중립성(political Neutrality)은 법률이 정하는 바에 의하여 보장된다(헌법 제7조 제2항).

라. 국민에 대한 책임

헌법 제7조 제1항에서 "공무원은 국민전체에 대한 봉사자이며 국민에 대하여 책임을 진다"고 규정하고 있는데, 공무원은 주권자인 국민에 대한 봉사자라는 것을 의미한다. 이것은 이념적 책임이지 법적 책임은 아니다. 법적 책임이 되려면 헌법과 법률상에 구체적 규정이 있어야 하는데 국민소환과 같은 규정은 아니다.

---

2) 성적주의는 공무원의 임면·승진을 본인의 성적을 기준으로 하는 제도로 영국에서 1870년의 글래드스턴(Gladstone)의 개혁에 의해서 처음 채택된 것인데, 그 후 미국에서 1883년의 연방공무원법의 제정에 영향을 주게 되어 모든 국가에 공통된 공무원제도로 되어 있다.

3) 엽관주의는 공직의 임면을 개인적 능력에 두는 것이 아니고 정당관계 내지 인사권자의 개인적 충성, 혈연, 지연 및 학벌관계 등을 기준으로 하는 것으로 미국에서 1883년 펜들턴법이 통과되기 전까지 성행한 제도이다.

> ## ※ 국민에 대한 책임의 제도적 구현
>
> (i) 선거직공무원의 임기제
> (ii) 국회가 가진 고급공무원에 대한 탄핵소추권
> (iii) 임명권자가 가지고 있는 공무원의 해임권
> (iv) 불법행위를 한 공무원의 손해배상책임
> (v) 국민은 청원권을 통해서 국가기관에 대하여 공무원의 파면을 청구할 수 있다.

⑤ 사회적 시장경제질서

가. 경제헌법

헌법 제199조에서는 "대한민국의 경제질서는 개인과 기업의 경제상의 자유와 창의를 존중함을 기본으로 한다"고 규정하고 있다. 재산권의 보장, 자유재산제의 보장과 함께 자유주의 경제제도를 원칙으로 하면서도 실질적 평등과 자유를 확보하기 위하여 재산권의 상대성, 경제에 대한 규제와 조정을 인정하는 사회적 시장경제주의를 채택하고 있다.

나. 우리 헌법에서의 경제조항

헌법 전문에서는 "국민생활의 균등한 향상을 기하고"라는 법문을 사용하고 있고, 헌법 제10조에서는 인간의 존엄, 가치 및 행복추구권을 선언하고 있고, 헌법 제34조의 인간다운 생활권 등 생존권적 기본권을 규정하고 있으며, 헌법 제119조 제2항에서는 국가는 균형있는 국민경제의 성장 및 안정과 적정한 소득의 분배를 유지하고, 시장의 지배와 경제력의 남용을 방지하며, 경제주체간의 조화를 통한 경제의 민주화를 위하여 경제에 관한 규제와 조정에 관한 규정을 명시하였다.

> ## ※ 경제질서에 관한 구체적 규정으로 다음과 같다.
>
> (i) 재산권의 보장(헌법 제120조)
> (ii) 천연자원의 개발이용(헌법 제120조 제1항)
> (iii) 국토개발계획의 수립(헌법 제120조 제2항)
> (iv) 농지 등 국토의 효율적 이용(헌법 제122조)
> (v) 농지소작제금지(헌법 제121조)

(vi) 농어촌 개발, 지역사회의 균형있는 발전, 농수산물의 수급균형, 유통구조의 개
　　선, 가격안정, 중소기업의 보호 및 육성과 경제적 약자의 자조조직의 육성(헌법
　　제123조)

(vii) 소비자보호운동의 보장(헌법 제124조)

(viii) 대외무역의 육성과 규제 및 조정(헌법 제125조)

(ix) 사영기업의 국·공유화와 통제·관리의 금지(헌법 제126조)

(x) 국민경제의 발전과 과학기술의 혁신(헌법 제127조)

⑥ 지방자치제도

가. 자치제도

　　지방자치란 일정한 지역을 기반으로 하는 지방자치단체가 지방적 이해에 관한
행정을 자기의 책임 아래서 자기의 기관으로 처리하는 것을 말한다. 아래로부터의
민주주의(풀뿌리 민주주의)를 고무하고 중앙집권주의를 견제하기 위한 지방분권주
의의 실현이 지방자치의 이념이다.

　　지방자치의 본질에 대해서는 고유권설과 자치위임설이 대립하고 있다. 전자는
지방자치는 지역주민이 국가성립 이전부터 가지고 있는 고유의 권리라고 보는 설
이고, 후자는 지방자치권은 국가가 위임한 것이며, 국가가 승인하는 한도 안에서만
행사할 수 있다는 설(다수설)이 대립하고 있다. 자치의 형태에는 크게 주민자치와
단체자치로 나누어진다. 주민자치(영국)란 민주주의 원리에 따라 지방적인 국가행
정사무를 지방주민으로 하여금 담당시키는 제도이고, 단체자치(독일, 프랑스)란 국
가 안에 일정한 지역을 토대로 하는 독립된 단체가 존재하는 것을 전제로 하여 그
단체의 의사와 기관으로 그 단체의 사무를 처리하는 것을 말한다. 국가의 감독방법
으로서는 입법부가 자치행정사무의 운용에 관하여 법률로써 그 방법이나 절차를
규정할 수 있고(입법적 통제), 사법부가 법률에 의거하여 자치행정사무에 관하여
법률적합성 여부의 사법적 심사를 할 수 있으며(사법적 통제), 중앙행정기관이 법
률적 감독의 방법으로 자치행정사무에 관하여 행정적 통제를 가할 수 있다.

나. 지방자치에 관한 헌법규정

　　지방자치단체의 기관으로는 지방의회(의결기관)가 있으며, 지방의회의 조직,
권한, 의원선거는 법률로 정한다. 지방자치단체의 권한으로서는 (i) 고유사무처리

권, (ii) 위임사무처리권, (iii) 자치입법권(조례)·규칙제정권, (iv) 자치재정권·재산
관리권이 있다.

Ⅱ. 대한민국의 구성요소 및 국가형태

1. 국　　가

옐리네크의 국가양면설은 오늘날 가장 널리 채택되고 있는 학설로서, 국가를
정의하여 본다면, 국가란 일정한 지역을 지배영역으로 하는 고유의 통치권력하에
결합된 인류의 단체라고 한다.

2. 국가의 구성요소

국가는 일정한 지역을 존립요건으로 하고, 주민을 지배하는 통치단체이므로
국민과 영역과 주권을 필수적인 요소로 하는데, 이를 국가의 3요소라고 한다.

3. 대한민국의 국가형태

우리 헌법 제1조 제1항에서는 「대한민국은 민주공화국이다」라고 규정하여 우
리나라의 국호가 '대한민국'이라는 것과 대한민국의 국가형태가 민주공화국임을
선언하고 있다. 대한민국의 국가형태의 특색으로서는 간접민주정치를 원칙으로 한
직접민주정치의 가미, 정당제민주정치의 도입, 민주주의를 말살하려는 적으로부터
민주주의를 수호하기 위하여 방어적 민주정치4)를 채택하고 있다.

---

4) 방어적 민주주의(streitbare Demokratie)의 사상적 기원은 프랑스혁명 당시의 생 쥐스트
(Saint Just)의 「자유의 적에게는 자유가 없다」라는 명제에서 구하고 있지만, 현대적 의미의
방어적 민주주의론은 민주주의의 상대주의적 가치중립성에 대한 자제론 내지 한계이론으로
서 1930년대 후반에 와서 등장하였다. 그 최초의 시도가 1930년대 말부터 칼 뢰벤슈타인(K.
Loewenstein)이나 칼 만하임(K. Manheim) 등에 의하여 주창된 전투적 민주주의론(militant
democracy)이다.

Ⅲ. 국민의 기본권

1. 기본권의 일반이론

기본권(基本權)이란 '헌법이 보장하는 국민의 기본적 권리'를 말한다. 한국헌법상 기본권의 분류로서 첫째, 포괄적인 기본권으로서는 ① 인간의 존엄과 가치·행복주구권, ② 평등권, 둘째, 개별적 기본권으로 자유권적 기본권, 사회권적 기본권, 청구권적 기본권, 참정권적 기본권 등으로 분류한다.

1) 기본권의 발전과정

① 고전적 기본권

중세 자연법학설에서 싹트기 시작하여 근세의 영국에서 전제군주와 평민과의 항쟁과정에서 발생하였다. 국가권력에 대하여 군주의 영향하에 군주권력 행사에 일정한 제약을 하려는 것이었지 현대 헌법에서와 같이 국민의 국가에 대한 어떤 주관적 권리를 인정한 것이 아니었다.

② 근대적 기본권

18세기 후반에 미국, 프랑스에서 일어난 개인주의, 자유주의 사상을 배경으로 한 자유획득의 투쟁 결과 이루어진 몇 가지 권리선언에서 발견된다. 1776년 버지니아 주의 권리장전 및 미국의 독립선언과 1789년 프랑스의 인간과 시민의 권리선언에서 찾아볼 수 있다. 자연법사상을 기반으로 한 천부불가양의 권리, 자연법적 국가계약설의 영향을 받았다.

③ 현대적 기본권

정치적 자유를 기초로 하여 특히 경제사회에 있어서의 자유경쟁을 육성하였기 때문에 극도의 자본주의 사회로 발달하게 되고, 기본권의 성격에 대한 변화는 자유권적 기본권으로부터 생존권적 기본권으로, 또는 19세기적 기본권으로부터 20세기적으로 탈바꿈하게 된다.

2) 기본권의 법적 성격

주관적 공권으로서 국가권력을 제한하는 초국가적 자연권적 성격이 있다. 특히 제2차 대전 후 세계 각국은 독재국가, 전체주의의 억압으로부터의 교훈으로 기본권의 자연권성을 헌법에 규정하는 입장에 서게 된다.

우리 헌법 제10조와 제37조 제1항의 해석에 비추어 볼 때 기본권을 자연권으로 인정하고 있다. 헌법에 규정된 기본권은 개인의 주관적 권리일 뿐 아니라 공동사회의 객관적 질서로서 2중적 성격을 가지며, 객관적 법규범으로서의 제도적 보장과는 구별된다.

3) 기본권의 주체

헌법상 보장된 기본적 인권의 향유자이다. 원칙상 모든 국민이 그 주체이며 성질에 따라 법인, 외국인의 경우에는 제한할 수가 있다. 다만, 특별권력관계에 의하여 예외적으로 합리적인 범위 내에서 제한할 수 있다.

4) 기본권의 효력

① 대국가적 효력

입법부는 기본권보장에 위배되는 법률을 제정할 수 없고 행정부는 권력행위는 물론 관리행위, 국고행위도 기본권에 구속되며 사법부도 재판절차나 판결내용으로 기본권을 침해할 수 없다.

② 대사인적 효력

국민의 기본권은 국가권력뿐만 아니라 개인 또는 사회적 집단에 의한 침해의 가능성이 커짐에 따라 기본권의 효력확장이 주장되었다. 독일에서는 기본권의 제3자에 대한 적용부인설, 직접적용설, 간접적용설으로 나누어진다. 미국에서는 국가유사설(theory of lookslike government)[5]로 이론구성하게 되었다. 우리나라의 경우에는 기본권의 성질상 직접 제3자에 대한 효력을 전제로 하는 경우를 제외하고

---

5) 미국에서는 사정부이론의 관점에서 사인의 특별한 행위를 국가행위로 간주하는 헌법판례이론을 가지고 헌법규정(수정 제14조: 평등보호조항 등)을 사법관계에 직접 적용하는 이론구성을 하고 있는데, 이는 국가행위론(state action doctrine)이라고 한다.

는 간접적용설에 따라 사법상 일반원칙(민법 제103조)을 통하여 간접적으로 적용된다.

③ 기본권의 경합과 충돌

동일한 기본권의 주체가 둘 이상의 기본권을 주장하거나 상이한 기본권의 주체가 상충하는 기본권을 주장하는 경우이다. 기본권의 실질적 보장의 측면에서 가장 효과적이고 규범조화적(規範調和的)으로 판단하여야 한다. '규범조화적 해석'이란 두 기본권이 상충하는 경우에도 이익형량에 의해 어느 하나의 기본권만을 타기본권에 우선시키지 않고 헌법의 통일성을 유지하기 위해서 상충하는 기본권 모두가 최대한으로 그 기능과 효력을 나타낼 수 있는 조화의 방법을 찾으려는 것을 의미한다.

5) 기본권의 제한

헌법직접적인 제한(헌법 제21조 제4항, 제8조 제4항, 제23조 제2항), 법률유보에 의한 제한(헌법 제12조 제1항, 제23조 제1항, 제27조, 제28조, 제29조, 제33조 제2항), 헌법내재적인 한계 등이 존재한다. 헌법 제37조 제2항의 일반적인 법률유보조항인데 여기서는 절대적 기본권(신앙 및 무신앙의 자유, 종교선택 및 개종의 자유, 양심상의 결정과 침묵의 자유, 연구와 창작의 자유)을 제외한 "국민의 모든 자유와 권리"는 "국가의 안전보장, 질서유지, 공공복리를 위하여," "필요한 경우에 한하여" 법률로써 제한할 수 있다. 법률은 국회에 의하여 제정된 일반적, 구체적, 형식적인 법률을 의미하며, 그 제한이 불가피한 경우에만(필요성의 원칙) 최소한으로(비례의 원칙) 제한되어야 한다. 제한하는 경우에도 자유와 권리의 본질적인 내용을 침해할 수 없게 하고 있다. 예외적인 제한으로서는 긴급명령, 긴급재정·경제명령에 의한 경우(헌법 제76조 제1항, 제2항), 비상계엄에 의한 경우(헌법 제77조), 특별권력관계에 의한 경우가 있다.

6) 기본권의 침해와 구제

기본권의 침해에 대한 사전적인 예방조치와 현실적인 침해의 경우에 침해의 배제와 사후의 구제절차가 충분히 뒷받침되어야 한다. 기본권의 침해와 구제에는 ① 입법, 행정, 사법의 각 국가기관에 의한 경우, ② 사인에 의한 경우로 나누어 볼

수 있다. 전자의 경우에는 그에 대한 헌법적 구제수단으로는 청원(제26조), 손실보
상청구(제23조 제3항), 국가배상청구(제29조) 등의 방법과 위헌법령심사제(제107조
제1항, 제2항), 행정심판(제107조 제3항), 행정소송(제107조 제2항) 등 재판의 청구
(제27조), 헌법소원(제111조 제1항 제5호) 등의 방법이 있다. 후자는 사인에 의하여
기본권이 침해된 경우에 자구행위, 저항권행사에 의한 구제방법도 생각할 수 있다.

2. 인간으로서의 존엄과 가치 및 행복추구권

헌법 제10조는 "모든 국민은 인간으로서의 존엄과 가치를 가지며 행복추구의
권리를 가진다. 국가는 개인이 가지는 불가침의 기본적 인권6)을 확인하고 이를 보
장할 의무를 진다"고 규정하고 있다. 전국가적인 자연권으로서의 국가의 근본규범
을 이룬다. 제10조는 새로운 인권으로서 생명권, 평화적 생존권, 휴식권, 건강권,
일조권, 알권리, 액세스(access)권7) 등을 포함한다.

3. 평 등 권

헌법 제11조 제1항 "모든 국민은 법 앞에 평등하다"고 규정하고 있어, 법 앞의
평등(equality under law)을 보장한다.

1) 의   의

근대에는 주로 신 앞에 평등이란 중세의 그리스도교의 교리와 봉건사회에서의
신분적·계급적 권력지배를 부정하고 인간의 본성에 따른 생래의 자유와 평등을 주

---

6) 법무부, 『한국인의 법과 생활』, 2017, 11면: 인권과 기본권이라는 표현은 자주 혼용되고 있
   으며, 내용적으로도 그 종류, 범위와 한계 등이 매우 유사하므로 학술적인 목적이 아니라면
   굳이 양자를 구별하지 않아도 좋을 것이다. 그것은 오늘날 민주주의 국가의 헌법 속에는 국
   민 내지 시민으로서의 권리뿐만 아니라 인간으로서의 권리 또한 포함되어 있다.
7) 액세스권이라는 개념을 처음 사용한 것은 1967년 미국 헌법학자 배론이다. 배론 교수는 언
   론의 자유의 헌법적 정당성을 사상의 자유시장이 아닌 민주주의에서 찾고, 현실의 언론시장
   에서 주권자인 국민은 정치적 의사를 형성하는 데 필요한 정보를 얻거나 자신의 의견을 피력
   하지 못하고 있다고 진단하고, 언론의 민주적 의견형성기능을 회복하기 위하여 언론사에 대
   한 접근권, 즉 액세스권이 필요하다고 주장한다.

장한 자연법적 사상이 지배하고 있다. 현대에 이르러서는 배분적 정의에 입각한 실
질적 평등을 지향하고 있어 사회현실 속의 구체적 불평등과 경제생활에서의 생활
약자를 보호하여 모든 사람에게 인간다운 생활을 보장하려는 의미를 가진다.

2) 성   질

전국가적인 자연권적인 주관적 공권으로서 이에 터잡아 불평등한 입법에 대하
여 위헌심사를 요청하고 불평등한 행정처분이나 재판에 대하여 행정소송 또는 상
소할 수 있다.

3) 내   용

"모든 국민은 법 앞에 평등하다"는 것은 법의 정립, 집행 및 적용에 있어서 불
평등하여서는 안 된다는 뜻이다. 이것은 행정·사법기관뿐만 아니라 입법기관까지
도 구속한다. "법"은 국회에서 제정된 법률뿐만 아니라 자연법의 원리까지도 포함
한다. 여기에서의 "국민"은 자연인인 개인의 처분불가양의 권리를 전제로 한 것이
며 법인에 대한 불평등은 결국 자연인에 대한 불평등을 가져올 것이므로 법인도
포함한다. 그리고 "평등"은 '같은 것은 같게, 같지 않은 것은 같지 않게' 하는 자의
의 금지, 혹은 합리적인 차별을 뜻하는 상대적 평등을 의미한다.

4) 특권제도의 금지와 평등권의 구체화

헌법 제11조 제2항에서 "사회적 특수계급의 제도는 인정되지 아니하며 어떠한
형태로도 이를 창설할 수 없다"고 규정하고 있고, 헌법 제11조 제3항 "훈장 등의
영전은 이를 받은 자에게만 효력이 있고 어떠한 특권도 이에 따르지 아니한다"고
규정하고 있다. 기타 헌법상 평등권을 구현하는 제도로서는 다음과 같다. 평등선거
의 원칙(헌법 제41조 제1항, 제67조 제1항), 교육의 기회균등(헌법 제31조 제1항), 존
엄과 가족생활에서의 양성평등(헌법 제36조), 여성근로자의 차별대우금지(헌법 제
32조 제4항), 경제적 복지의 평등(헌법 전문 제9장) 등을 들 수 있다.

4. 자유권적 기본권

1) 성   질

자유권은 국민이 일정한 범위 안에서 국가의 간섭을 받지 아니할 수 있는 권리, 자유권적 기본권을 말한다. 인류보편의 원리와 국법의 최고가치로서 초국가적인 자연법적 권리 내지 인간의 권리인 동시에 국가로부터의 자유, 국가권력에 대한 방어적, 소극적 권리를 말한다. 헌법에 열거되지 아니한 이유로 경시되지 아니하는 (헌법 제37조 제1항) 포괄적인 권리이면서 직접적인 효력을 갖는 기본권이다.

2) 신체의 자유

누구든지 법률에 의하지 아니하고는 체포, 구속, 압수, 수색 또는 심문을 받지 아니하며, 법률과 적법절차에 의하지 아니하고는 처벌, 보안처분 또는 강제노역을 받지 아니한다.

① 법률주의와 적법절차

신체의 자유를 제한하는 경우에는 형식적 의미의 법률에 의한다. 처벌의 법률주의는 죄형법정주의이다. 미국의 헌법의 적법절차조항(due process of law: 수정 제5조, 제14조 제1항)이 도입되어서 "적정한 법률"에 의한 "적정한 절차"의 원칙을 인정한다(헌법 제12조 제1항).

② 영장제도

체포, 구속, 압수, 수색에는 적법한 절차에 따라 검사의 신청에 의하여 법관이 발부한 영장을 제시하여야 한다. 불법한 체포로부터 개인의 신체의 자유를 보호하기 위한 것이다.

사전영장을 원칙으로 하나, (i) 현행범인 경우 (ii) 장기 3년 이상의 형에 해당하는 죄를 범하고 도피 또는 증거인멸의 염려가 있는 자의 경우에는 영장없이 체포, 구속, 수색, 압수하고 사후에 영장을 받아도 좋다(헌법 제12조 제3항).

③ 변호인의 조력

누구든지 체포, 구속을 당할 때에는 즉시 변호인의 조력을 받을 권리를 가지며 형사피고인이 스스로 변호인을 구할 수 없을 때에는 법률이 정하는 바에 따라 변호인을 붙인다(헌법 제12조 제4항). 구속적부심사에 있어서도 일정한 경우에는 국선변호인를 선임한다(형법 제214조의 2 제6항).

④ 체포, 구속에 대한 통지의무(헌법 제12조 제5항)

누구든지 체포 또는 구속의 이유와 변호인의 조력을 받을 권리가 있음을 고지 받지 아니하고는 체포 또는 구속을 당하지 아니한다.

⑤ 적부심사청구권(헌법 제12조 제6항)

누구든지 체포 또는 구속을 당한 때에는 적부의 심사를 법원에 청구할 권리를 가진다.

⑥ 고문금지

고문 등의 방법으로 얻은 자백에 대하여 증거능력을 제한하고 또 자백이 불리 한 유일한 증거일 때에는 이를 이유로 처벌하지 못한다(헌법 제12조 제7항).

⑦ 불리진술거부권

모든 국민은 형사상 자기에게 불리한 진술을 강요당하지 아니한다(헌법 제12조 제2항). 불리진술거부권 또는 묵비권이라고도 한다.

⑧ 형벌불소급의 원칙과 일사부재리의 원칙

모든 국민은 행위시의 법률에 의하여 범죄를 구성하지 아니하는 행위로 사후 입법에 의하여 소추되지 아니한다. 동일한 범죄에 거듭하여 처벌되지 아니하여 이 를 일사부재리의 원칙 또는 이중처벌금지의 원칙이라고 한다(헌법 제13조 제1항).

⑨ 연좌제의 금지

모든 국민은 자기행위가 아닌 친족의 행위로 인하여 불이익한 처우를 받지 아 니한다(헌법 제13조 제2항).

⑩ 무죄추정의 원칙

형사피고인은 유죄의 판결이 확정될 때까지 무죄로 추정된다(헌법 제27조 제4항).

3) 사회적 및 경제적 자유

① 거주·이전의 자유

모든 국민은 거주·이전의 자유를 가지는데 이는 국내에서의 거주 및 이전의 자 유뿐만 아니라 국외로의 거주 및 이전의 자유나 국적이탈의 자유까지도 포함한다.

② 직업의 자유

모든 국민은 법률에 의하지 아니하고는 직업선택(Berufswahl)의 자유를 제한받지 아니한다. 자기가 종사하는 직업을 스스로 선택할 수 있는 자유와 선택한 직업에 종사하는 자유, 즉 영업의 자유가 포함되며 전직의 자유 및 무직업의 자유도 포함한다.

③ 주거의 자유

모든 국민은 법률에 의하지 아니하고는 주거의 자유를 침해받지 아니한다. 주거에 대한 수색이나 압수에는 검사의 요구에 의하여 법관이 발부한 영장을 제시하여야 한다. 단순한 행정상의 목적을 위하여 주거에 들어갈 때나 방화 및 위생 등의 이유로 법률에 근거가 있을 때에는 영장없이 들어갈 수 없다.

④ 사생활의 자유와 비밀

제6공화국 헌법은 모든 국민은 사생활의 비밀과 자유를 침해받지 아니한다는 규정을 두고 있다. 프라이버시의 비밀을 보장하는 것이므로 이에는 도청·비밀녹음·비밀촬영·초상도용 등으로 사생활을 본인의 의사에 반하여 파악하게 된다.

본인이 사적으로 행하고 싶은 것을 못하게 하는 것으로 결혼·이혼·불임·장발 등의 자유는 본인이 원하면 사생활의 자유에 해당한다.

⑤ 통신의 자유

모든 국민은 법률에 의하지 아니하고는 통신(Koresspondenz)의 비밀을 침해받지 아니한다. '통신'이란 서신·전신·전화·소포 그 밖의 모든 우편물이다. '통신의 비밀보장'은 ① 통신사무에 종사하는 국가기관이 우편물의 내용을 뜯어보지 못한다는 것, ② 관계공무원이 직무상 취득한 사항을 타인에게 누설하지 못한다는 것 등의 의미이다.

⑥ 재산권의 자유

모든 국민의 재산권은 보장되고, 그 내용과 한계는 법률로 정한다. 재산권의 행사는 공공복리(公共福利)에 적합하도록 하여야 하고, 공공의 필요에 의한 재산권의 수용·사용 또는 제한 및 그 보상은 법률로써 하되, 정당한 보상을 지급하여야 한다. 이는 근대 초기의 소유권절대의 원칙에서 20세기의 사회국가화의 경향으로 그 원칙이 수정되면서 재산권의 상대화에 따른 것이다.

4) 정신적 자유

① 양심(사상)의 자유

양심이란 인간의 내심을 포함한 사상의 자유(Gedankensfreiheit)로서 종교·학문·언론·출판의 자유의 전제가 되며 양심의 형성 및 이것을 강제당하지 않을 자유와 또 마음 속 의사의 발표를 강제당하지 않을 자유와 자기의 양심과 사상에 반하는 행위를 강제당하지 않을 자유를 포함한다.

② 종교의 자유

국교는 인정되지 아니하며 종교와 정치는 분리된다. 신앙의 자유, 종교선택의 자유, 무신앙의 자유와 개종의 자유를 비롯하여 종교적 고백, 행위의 자유, 종교교육, 선전의 자유, 종교적 집회·결사의 자유 등을 포함한다. 공서양속(公序良俗: 공공의 질서와 선량한 풍속)을 파괴하는 행위, 국민의 기본적 의무를 회피하는 행위, 미신적 치료행위는 종교의 자유에 포함되지 아니한다.

③ 학문·예술의 자유

학문과 예술의 자유를 가지며, 저작가·발명가·과학기술자·예술가의 권리는 법률로 보호한다(헌법 제22조). 창조적 인간정신의 귀중한 성과로서 문화발전의 선구적 역할을 할 뿐만 아니라 특수한 전문가로서 새로운 지식을 개척하는 학문활동의 기본조건이자 국가기관으로부터 독립성의 요청이 특히 강한 학문활동의 필요조건이므로 사상·양심의 자유와 별도로 헌법이 규정하고 있는 것이다. 학문의 자유에는 연구의 자유, 연구성과의 발표의 자유, 교수의 자유 및 이를 위한 집회·결사의 자유나 대학의 자치를 포함한다. 예술이란 미의 추구의 자유, 예술창작의 자유, 예술표현의 자유, 예술적 집회·결사의 자유를 내포한다.

대학의 자치는 제도보장의 성격이 강한데 그 헌법적 근거는 학문의 자유규정, 대학의 자율성 규정(헌법 제31조 제4항)에서 찾을 수 있다. 대학의 자치에 학생의 자치가 포함되는가에 대하여 견해의 대립이 있으나, 일률적으로는 말할 수 없고 교수회의 지도 아래 과외활동, 공동생활의 자치는 인정하여야 할 것이다. 대학의 자치와 경찰권에 대하여는 1차적으로 대학당국이 처리하고, 그러하지 않으면, 경찰권이 2차적으로 개입되어야 할 것이나 그 한계는 시대적·사회적 환경에 따라 일정치 않으며 국법질서를 크게 문란하게 하거나 공공복리를 현저하게 해치는 행위까지

대학자치에서 인정되는 것은 아니다(헌법 제37조 제2항).

5) 표현의 자유

현대 대중민주정치에서 필수불가결한 정치적 자유로서 특히 경제적 자유권에 비하여 그 우월적 지위가 보장된다. 즉 사전검열·허가제의 금지, 명확성의 원리, 명백하게 현존하는 위험의 원칙에 따라 그 제한을 엄격한 요건하에서만 인정한다.

① 언론 및 출판의 자유

사상표현의 자유를 말하며 외부적 표현의 자유를 보장한다. 언론이란 담화·토론·연설·연극·방송·음악·영화 등 구두를 통한 사상의 발표를 말하고, 출판이란 문서·도서·사진·조각 등 문자 및 상형에 의한 사상의 발표를 의미한다.

언론 및 출판의 자유에는 알권리, 액세스(Access)권 등 정보의 권리와 언론기관의 자유, 특히 보도의 자유가 포함된다. 언론 및 출판은 타인의 명예나 권리 또는 공중도덕이나 사회윤리를 침해할 수 없고, 침해한 경우 피해의 배상을 규정한 것은 언론 및 출판의 사회적 책임과 제3자적 책임 및 한계를 설정한다.

② 집회 및 결사의 자유

단체적 성질(cf. 언론 및 출판 — 개인적 권리)을 가진다. '집회'란 일정한 공동목적을 위한 일시적 회합을 말하는데, 시위도 움직이는 집회로서 여기에 포함하고, '결사'란 일정한 공동목적을 위하여 다수인이 계속적인 단체를 조직하는 것이다. 집회 및 결사의 자유의 제한은 구체적으로 '집회 및 시위에 관한 법률'과 '사회단체등록에 관한 법률'에 의하여 시행한다.

5. 생존권적 기본권

생존권적 기본권이란 국민이 인간다운 생존을 누리기 위해서 국가의 배려·시책·봉사 등을 요구할 수 있는 적극적인 성질을 가지는 권리를 말한다. 자유권적 기본권과 이율배반적인 성질을 가지며 생존권의 보장은 불가피적으로 자유권의 제한을 수반한다. 법적 성격은 프로그램적 규정으로 보는 견해와 법적 권리로 보는 견해로 나누어진다.

1) 교육을 받을 권리

헌법 제31조에서는 '모든 국민은 능력에 따라 균등하게 교육을 받을 권리를 가진다'고 규정하고 있다. '균등하게 교육을 받을 권리'라 함은 헌법 전문에서 명시한 '모든 면에서 기회의 균등'이라는 정신과 같이 국가는 계급·인종·종교·성별 또는 사회적·경제적 신분 등에 의하여 교육을 받을 기회에 차별을 두지 않고 국민을 교육하는 의무를 지며, 국민은 능력에 따라 국가에 대하여 교육을 받을 권리를 인정한다. 헌법은 외부로부터의 독립성을 보장하기 위하여 교육의 전문성을 보장하고 정규적인 학교교육 외에 사회교육·직업교육 등 평생교육을 위한 국가의 문화책임을 부과하게 된다.

2) 근로의 권리

좁은 의미로 해석하면 '취업권'을 말하지만 넓은 의미로 해석하면 근로에 관한 모든 권리를 의미하게 된다. 19세기 후반 사회주의 사상의 대두와 생존권적 기본권의 요구로 1919년 바이마르(Weimar)헌법에서 최초로 규정한다.

① 성   질

자유권적 기본권이라는 해석과 생존권적 기본권이라는 해석이 존재한다. 20세기적 생존권에 속한다.

② 내   용

근로능력을 가진 자가 취업하지 못할 때 국가 또는 공공단체에 대하여 근로의 기회를 제공하고 그것이 불가능할 때에는 상당한 생활비를 청구할 수 있는 권리이다. 우리 헌법에서는 생존권적 기본권으로서의 근로권을 그 사상기반으로 하며, 국가는 근로기회의 확보에 필요한 강력한 조치를 해서 완전고용을 기한다는 헌법상의 책임을 지는 것이다. 헌법 제32조 제1항에서는 "국가는 사회적·경제적 방법으로 근로자의 고용증진과 적정임금의 보장에 노력하여야 하며"라고 규정하고 있다.

③ 근로조건의 법정

근로조건이란 근로계약의 내용을 이루는 여러 가지 조건, 보수와 그 지급방법·노동시간·휴식시간·고용기간 및 해고방법을 의미한다. 근로자와 기업주의 자유계약에 방임하면 경제적 약자인 근로자는 대단히 불리한 조건에도 굴복하게 되므로 이 근로자의 인간다운 생활을 최소한도로 보장하여 줄 수 있는 근로조건의 기준을 국가가 법률로 규정하게 된다. 헌법 제32조 제1항에서는 국가는 적정임금의 보장에 노력할 것과 최저임금제를 시행할 것을 규정하고 있다.

④ 여자 및 연소자의 근로보호

여자의 근로는 특별한 보호를 받으며 고용·임금 및 근로조건에 있어서 부당한 차별을 받지 아니한다. 연소자의 근로는 특별한 보호를 받는다(헌법 제32조 제4항 및 제5항). 근로기준법에서는 15세 이상 18세 미만의 자를 '연소근로자'라고 하여 특별히 보호하는 규정을 두고 있다. 그리고 동법에서는 여성근로자를 보호하는 규정을 두고 있다. 여성은 임신, 출산, 보육이라는 특유한 모성기능을 가지고 있는 동시에 이에 부수되는 생리적인 특질을 가지고 있으므로 국가적인 측면에서 반드시 필요한 규정이다.

[참고사항: 여성 관련 기관 및 단체]

한국여성단체협의회: http://www.kncw.or.kr
한국여성민우회: http://womanlink.or.kr
한국성폭력상담소: http://www.sisters.or.kr
서울여성노동자회: http://www.equaline.or.kr
한국여성노동자회: http://www.kwwnet.org
한국여성의전화: http://www.hotline.or.kr
한국여성상담센터: http://www.iffeminist.or.kr
한국여성정책연구원: http://www.kwdi.re.kr
한국여성단체연합: http://www.women21.or.kr
한국여성장애인연합: http://www.kdawu.org

3) 근로자의 단결권·단체교섭권·단체행동권

근로자란 사용주에 대하여 근로의 의사와 능력을 가지면서 자기의 생산수단을 가지지 않기 때문에 피용자로서 임금·급료에 의하여 생활하는 자를 말한다. 단결이란 사용주와 대등한 입장에서 조합을 조직하는 것을 말하고, 단체교섭이란 단체의 대표자가 단체를 배경으로 하여 사용주와 교섭하는 것을 말하며, 단체행동이란 근로자가 근로조건을 유지 및 개선하기 위하여 단체적으로 파업·태업·시위운동을 함을 의미한다. 공무원은 국법상 특별한 지위에 있으므로 법률상 인정된 자에 한하여 노동3권이 인정된다. 법률이 정하는 주요방위산업체에 종사하는 근로자는 법률에 의하여 이를 제한하거나 인정할 수 없다. 노동3권을 보장하기 위하여 노동조합법, 노동쟁의조정법 등이 있다.

4) 인간다운 생존을 위한 권리

바이마르 헌법 제151조의 '인간다운 생존'에서 유래하였다. 국가는 구체적으로 노력하여야 하며, 생활능력이 없는 국민은 법률이 정하는 바에 의하여 국가의 보호를 받도록 규정하고 그 구체적 내용은 법률로 결정되는데, 이에 관한 법률로서 국민기초생활보장법이 있다.

5) 환 경 권

헌법 제35조에서는 모든 국민은 건강하고 쾌적한 환경에서 생활할 권리를 가지며, 국가와 국민은 환경보전을 위하여 노력하여야 한다고 규정하고 있다. 환경권의 범위는 자연적 환경(물, 해양, 하천, 하수 등), 인공적 환경(공원, 도로, 상·하수도), 사회적 환경(문화적, 경제적 환경 등) 등이 있다.

6) 혼인의 순결과 보건을 보호받을 권리

국민의 인간다운 생활을 구체화하기 위하여 그 혼인의 순결과 보건에 관해서도 국가의 보호를 받을 권리를 규정하고 있다. 혼인의 순결이란 남녀평등을 기본으로 하고 남녀의 자유로운 합의에 의한 일부일처를 원칙으로 한 혼인을 말한다. 예컨대, 축첩제, 강제결혼, 차별적 부부재산제는 허용되지 않으나, 미성년자가 부모 동의하에 결혼한다든지, 여자에 대한 재혼금지 기간을 두는 것은 허용된다.

국가는 모성의 보호를 위하여 노력하여야 한다. 보건에 관해서도 국가의 보호를 받게 되는데, 관계법률로서는 식품위생법, 의료법, 환경보전법, 전염병예방법 등이다.

6. 참 정 권

1) 의   의

헌법 제24조에서는 '모든 국민이 법률이 정하는 바에 의하여 선거권을 가진다'고 규정하고 있고, 제25조에서는 모든 국민은 법률이 정하는 바에 의하여 공무담임권을 가진다고 규정하고 있다. 민주적 및 정치적 권리이고, 개별적인 국민의 능력적인 공권의 성격을 가진다.

참정권은 소급입법에 의하여 제한당하지 아니한다. 예컨대, 과거 반민족행위자처벌법(제헌국회)·반민주행위자공민권제한법(4·19 당시)·정치활동정화법(5·16 당시)·정치풍토쇄신을위한특별조치법(1980. 11. 신군부집권 당시) 등 소급입법에 의하여 국민의 참정권을 제한하던 사례에 비추어 금지(헌법 제13조 제2항)한다.

2) 내   용

① 공무원선거권

모든 국민은 18세가 되면 법률이 정하는 바에 의하여 공무원선거권을 가진다. 국가기관으로서의 국민이라는 선거인단에 당연히 참여하는 국민의 기본권으로 대통령과 국회의원, 지방의회의원과 지방자치단체장의 선거권이 인정된다.

② 공무담임권

국민은 정부라는 국가기관에 참여할 수 있는 기본권을 가진다는 것을 의미하는데 법률에 의하여 피선거권자의 거주요건·연령요건 등의 제한이 있다.

③ 국민투표권

직접민주주의의 한 형태로 대통령이 회부한 국가안위에 관한 중요정책과 헌법개정안에 대하여 국민투표권을 인정한다.

7. 기본권을 보장하기 위한 기본권

1) 청 원 권

청원이란 국가기관에 대하여 의견이나 희망을 진술할 권리이며, 국가기관이란 입법·행정·사법은 물론이고 지방자치단체의 기관까지 포함한다. 반드시 문서로 하여야 하며 국가는 청원에 대하여 심사를 하여야 할 의무를 지며 국가기관은 청원에 대하여 성실, 공정, 신속히 검사, 처리하고 그 결과를 청원인에게 통지하여야 한다. 정부는 행정기관의 위법, 부당하거나 소극적인 처분 및 불합리한 행정제도로 인한 권리·이익의 침해뿐만 아니라 불편·불만사항이 있을 때에 속 시원히 털어놓을 수 있는 행정옴부즈맨(ombudsman) 역할을 수행하는 '국민신문고'를 운영하고 있다(http://www.epeople.go.kr).

2) 사법절차에 있어서의 기본권

① 정당한 재판을 받을 권리

모든 국민은 헌법과 법률이 정한 법관에 의해 법률에 의한 재판을 받을 권리를 가진다.

> ※ 참고사항: 다음의 경우에 위헌인지의 여부
>
> ① 배심재판은 위헌이 아니다.
> ② 재정법에 대한 국세청장, 세무서장, 전매서장, 세관장 등의 벌금 또는 과료 의 통고처분은 위헌이 아니다.
> ③ 행정심판전치주의[8]는 위헌이 아니다.

영미법 국가에서 실시하고 있는 배심재판(jury system)이란 판사와 배심원에 의한 재판을 의미한다. 판사는 법률관계(question of law)대한 판결을 내리고, 배심원은 사실(question of fact)에 관하여 판단을 내리도록 하는 제도이다. 배심원들은 법률가가 아니나, 법적 판단에서 중요한 역할을 하고 있다. 배심제의 기원에 관해

---

8) 구행정소송법 제18조 제1항은 "취소소송은 법령의 규정에 의하여 당해 처분에 대한 행정심판을 제기할 수 있는 경우에는 이에 대한 재결을 거치지 아니하면 이를 제기할 수 없다"라고 규정하여, 행정심판전치주의를 채택하고 있었으나, 1994. 7. 27. 일부개정에 의하여 "취소소송도 법령의 규정에 의하여 당해 처분에 대한 행정심판을 제기할 수 있는 경우에도 이를 거치지 아니하고 제기할 수 있다. 다만, 다른 법률에 당해 처분에 대한 행정심판의 재결을 거치지 아니하면 취소소송을 제기할 수 없다는 규정이 있는 때에는 그러하지 아니하다"라고 규정하고 있다.

서는 기원전 5-6세기경 아테네에서 시작되었다는 주장이 있으나, 정확한 것은 없
으며, 다만 근대 배심제도의 모태는 영국에서 시작되었음이 입증되었다. 영국에서
배심제도가 막 정착할 무렵에는 배심원은 단지 국왕의 재판 진행상의 보조자 역할
을 하는 데 불과하였으나 현재에 이르러 배심제는 영국을 비롯하여 미국, 벨기에,
오스트리아 및 남미의 여러 나라에서 시행되고 있을 정도로 우수한 재판절차라고
평가 받고 있다. 우리나라는 '국민의 형사재판 참여에 관한 법률'이 2007년 4월 30
일에 국회를 통과하여 2008년 1월 1일부터 한국형 배심재판이 시행되었다.

② 신속한 공개재판을 받을 권리

공개재판이란 공정한 재판을 보장하기 위하여 재판의 심리와 판결을 공개하는
것을 의미한다. 국가의 안전보장 또는 안녕질서를 방해하거나 선량한 풍속을 해할
염려가 있을 때에는 법원의 결정으로 재판의 심리만은 공개하지 아니할 수 있다.

③ 형사보상청구권

형사피의자 또는 형사피고인으로서 구금되었던 자가 법률이 정하는 불기소처
분을 받거나 무죄판결을 받은 경우에는 법률이 정하는 바에 의하여 국가에 보상청
구할 수 있다. 신체의 자유에 대한 자유권적 기본권을 보장하기 위한 기본권으로
국가의 무과실손실보상책임을 인정한 것이다. 무죄판결이란 당해 절차에 의한 무
죄판결이 아니고 재심 및 비상상고에 의한 무죄판결도 포함한다.

형사보상의 대상이 될 수 있는 불기소처분은 협의의 불기소처분 중에서 형사
보상이 인정되는 무죄, 면소 또는 공소기각의 판결의 경우에 준하는 경우이다.

④ 형사피해자의 권리

형사피해자는 법률이 정하는 바에 의하여 당해 사건의 재판절차에서 진술할
수 있다(헌법 제27조 제5항). 범죄에 대한 투쟁의무와 형사소추권을 가진 국가는 피
해를 보상할 책임이 있고, 국가가 잠정적으로 피해보상을 맡음으로써 행위자의 사
회복귀에 도움이 된다(범죄피해자보상제도).

3) 공무원의 불법행위로 인한 손해배상청구권

① 법적 성질

근대 초기에는 공무원 자신이 개인적 책임을 진다는 것이었으나, 점차적으로

국가측의 입장에서 공무원의 공무집행을 보장하려는 생각으로 국가가 책임을 지는 방향으로 이해하게 되었다. 피해자는 국가 또는 공공단체에 대해서도 당해 공무원에 대해서도 선택적으로 손해배상을 청구할 수 있다.

② 성립조건

(i) 공무원의 행위, (ii) 직무상의 행위로서 내용은 공권력 행위와 비권력적 관리행위와 직무에 관련된 사법행위도 포함된다. 소극적 부작위도 고의 및 과실이 있는 한 배상책임이 있다. (iii) 불법행위로서 공무원의 고의 또는 과실이 있다.

③ 피해자에 따른 특혜

헌법 제29조 제2항에서는 군인, 군무원, 경찰공무원 기타 법률이 정한 자가 전투, 훈련 등 직무집행과 관련하여 받은 손해에 대하여는 법률이 정한 배상 이외에 국가 또는 공공단체에 공무원의 직무상 불법행위로 인하여 일어난 배상은 청구할 수 있다.

8. 국민의 기본의무

1) 납세의 의무

국민은 고전적인 2대 의무의 하나로서 납세는 국가경비를 조달하기 위한 재산의 제공을 의미한다. 모든 국민에게 그 능력에 따라 공평하여야 하며 행정부의 일방적인 자의로 세금을 부과하는 것을 금한다. 이에는 반드시 국회가 제정하는 법률에 의하여야 한다는 조세법률주의의 원칙이 있다.

2) 국방의 의무

국방의 이름 밑에서 국민에게 각종 의무를 부과하는 것을 금하고 반드시 법률로 규정하여야 된다는 법률주의를 채택하였다. 종전에는 단순한 병력제공의 의무만을 의미하였으나, 현대와 같은 고도로 복잡한 전쟁에 있어서는 병력의 제공만으로는 도저히 국방을 완수할 수 없으므로 이에 필수적으로 따르는 방공, 방침, 방첩, 전시근로 등도 포함한다.

3) 교육의 의무

모든 국민은 보호하는 어린이에게 초등교육과 법률이 정하는 교육을 받게 할 의무를 진다. 의무교육은 무상으로 한다. 현대헌법의 생존권적 기본권으로서 교육을 받을 권리를 인정해 줌과 동시에 문화국가를 지향하는 현대국가가 어린이를 보호하는 친권자 또는 후견인에게 초등교육만은 취학케 할 의무를 부과한 것이다.

4) 근로의 의무

근로의무의 내용과 조건을 민주주의 원칙에 따라 법률로 정하도록 하였다. 민주주의 원칙을 전제로 하고 있으므로 그 내용과 조건이 사회주의 국가에서와 같은 강제노동의 의미는 아니다.

5) 환경보전의 의무

국민은 환경을 오염시키지 아니하고 공해방지시설을 설치할 의무를 지며 이를 위반한 경우에는 행정적·사법적인 제재를 진다.

6) 재산권행사의 공공복리의무

국가는 공공복리를 위하여 법률로써 재산권의 행사를 제한할 수 있다.

Ⅳ. 통치구조

1. 권력분립의 원리

국민주권국가에서는 국가권력을 제1차적으로 양분하여 국가기관으로서의 국민과 정부에 부여하고 통치권을 받은 정부는 다시 이 권한을 제2차적으로 입법부·행정부·사법부 및 헌법재판소에 부여한다.

1) 권력분립제도

① 의   의

로크(J. Locke)와 몽테스키외(Montesquieu)에 의하여 완성되었는데, 당시의 자유주의 사상을 기반으로 시민의 정치적 자유를 보장하기 위한 정치기술적인 원리를 의미한다.

② 내   용

국가권력의 일방적 집중을 방지하고 권력의 남용을 방지하려는 소극적 원리를 말한다. 몽테스키외의 권력의 억제와 권력상호간의 균형의 원칙은 근대자유주의국가 및 입헌주의 국가의 모든 헌법 기본적 구조원리로서 채택하게 된다.

③ 현대적 변용

국민주권사상, 복지국가적인 적극국가화, 정당국가화의 경향에 따라 그 실질적인 기능을 제대로 발휘하지 못하게 되자, 뢰벤슈타인은 국가기능의 분리로서 정책결정, 정책집행, 정책통제의 분리를 주장하였다.

2) 정부형태

권력분립의 원리가 권력구조에 어떻게 적용되는가 하는 것이다. 전통적으로 입법부와 행정부의 관계를 중심으로 하여 대통령제, 의원내각제, 제3의 유형으로 분류하였으나 오늘날에는 주로 권력통제의 여부에 따라 전제주의적 정부형태와 입헌주의적 정부형태로 분류한다.

① 대통령제

대통령제는 1789년 미국 필라델피아 헌법회의에서 유래하였다. 그 제도적 내용에 대해서는 다음과 같다.

> 가. 입법부와 행정부를 서로 독립시켜 국무위원의 국회의원 겸직이 금지되고, 국무위원의 국회출석발언권과 행정부의 법률안 제출권이 없으며, 대통령의 법률안 거부권이 인정된다.
>
> 나. 행정부의 일원성인데, 대통령은 국가원수인 동시에 행정부의 수반이며, 국무회의는 자문기관이다.

표 9–1	대통령제의 장·단점
장 점	**단 점**
① 임기 중 정국의 안정	① 대통령 독재의 위험성
② 정책의 계속적 보장	② 국정의 통일적 수행의 방해
③ 소수자의 이익보호	③ 입법부와 행정부의 충돌시 그 해결방법의 어려움
④ 국회의 졸속입법방지 등	

　　다. 양원제(상원, 하원)가 대부분이고 부통령제가 있다.

　　② 의원내각제

　　의원내각제는 1688년 영국의 명예혁명 후 특수한 상황에서 출발하였다. 그 제도적 내용은 다음과 같다.

　　가. 국가원수의 국정에 대한 초연성, 정부의 이원성
　　나. 내각의 성립과 존속의 국회의존
　　다. 국회의 내각불신임권과 정부의 국회해산권
　　라. 각원의 의원겸직
　　마. 내각의 의결기관성 등

　　단점으로는 다음과 같은 점을 들 수 있다.

　　가. 국회와 내각이 같은 정당에 의해 독점될 경우 이에 대한 견제장치가 없다.
　　나. 다수정당이 난립될 때에는 정부의 불안정 우려가 있다.
　　다. 국회가 정권획득을 위한 정쟁장소의 우려가 있다.

　　③ 이원정부제(또는 이원집정부제)

　　그 제도적 내용은 다음과 같다.

| 표 9-2 | 이원정부제의 장·단점 |

장 점	단 점
① 평시에는 의원내각제적으로 운영되므로 국회와 행정부의 마찰을 회피할 수 있고 ② 국가가 위기에 처한 때 대통령의 강력한 통치로 신속하고 안정적으로 국정을 처리할 수 있다.	내각과 국회의 대통령에 대한 견제력이 약화되어 독재화할 우려가 있다.

가. 의원내각제의 요소와 대통령제의 요소가 결합, 평시에는 내각수상이 행정권을 행사하고 국회에 대하여 책임을 지지만 위기에 있어서는 대통령이 행정권을 행사한다.

나. 대통령은 의회에서 독립하고, 위기시에는 대통령에게 국정의 영도자적 지위가 부여된다.

④ 의회제 정부형태

입법부가 모든 권력을 독점하고, 집행부는 입법부에 종속되어 있는 정부형태를 의미하는데, 국회는 단원제가 원칙이고, 국가에 원수를 두지 않는 것이 보통이다.

3) 우리나라의 정부형태

우리나라의 정부형태는 엄격히 말하면 대통령제, 의원내각제, 이원정부제의 절충적 형태이다. 국가의 중요권력을 국가원수의 대통령에게 집중시키는 권력집중의 원리와, 견제와 균형의 원리에 입각한 입법·행정·사법의 삼권분립의 원리를 동시에 채택하여 절충한다. 부통령제9)의 부재, 견제수단의 불균형 등이 문제점이다. 정부형태의 문제는 각국의 정치환경 등 역사적 조건에 의하여, 특히 권력담당자와 국민의 민주적 운용 여부에 따라 그 성패가 좌우된다.

---

9) 부통령은 대통령제를 실시하는 국가 중 일부에서 채용하고 있는 직위로서 대통령이 유고시 부통령이 직무를 대행하거나 대통령직을 승계한다. 우리나라에서는 1948년 부통령제가 도입되었으나, 1960년 제2공화국 수립과 함께 부통령제가 폐지되었다.

2. 국   회

1) 국회의 지위

① 국민대표기관으로서의 국회

이에 대해서는 4가지 견해, 즉 가. 법적 위임관계설, 나. 법정대표설, 다. 정치적 국민대표설, 라. 헌법적 국민대표설이 대립하고 있다.

② 입법기관으로서의 국회

가장 본질적이고 역사적인 권한이다. 국회가 입법부라고 하지만 입법권이 국회에 전속되고 다른 기관이 입법에 관여하지 못하는 것은 아니며, 또 국회가 입법권 이외의 다른 권한이 없는 것도 아니다.

국가행정이 고도로 기술화됨에 따라 실질적인 입법권은 국회로부터 행정부로 옮아가고 있다는 주장이 거세지고 있다.

③ 국정감시·비판기관으로서의 국회

국회가 국민의 대표기관으로 민의를 반영시켜 입법 기타 중요한 국가의사구성에 참여하는 동시에 행정부를 운영하는 데 있어서 진실한 의미에서 주권자인 국민의 의사에 따른 정치를 하는가를 감시하는 권한이 있다.

2) 국회의 구성

① 양원제와 단원제

우리 헌법에서 최초 단원제를 채택하였다가 1차 헌법 개정에 의하여 양원제로 되고 제3공화국 이후부터 다시 단원제로 환원하게 된다.

※ 양원제의 장점과 단점은 다음과 같다.

가. 장   점
(ⅰ) 행정부에 대한 입법부의 지나친 우월을 견제
(ⅱ) 국회의 심의를 신중히 하여 경솔한 의결과 과오를 방지
(ⅲ) 상원은 국회와 정부간의 충돌을 완화하는 장소
나. 단   점
(ⅰ) 국회기능이 지연되고 막대한 비용을 요한다.

(ii) 국회의 책임소재가 불분명하고 국회가 양원으로 분열되므로 행정부에 대한 국회 지위가 저하된다.

② 국회의원의 선거

가. 선거와 선거권

선거란 다수인의 복수의사에 의하여 국가기관에 취임할 사람을 결정하는 합성행위이다. 선거권이란 국민이 법률의 규정에 의하여 누구든지 선거인으로 국가기관에 당연히 참가할 수 있는 권리이다.

나. 선거제도

국회는 국민의 보통, 평등, 직접, 비밀선거에 의하여 선출된 의원으로 구성되며 국회의원의 임기는 4년이다. 우리나라의 선거제도는 소선거구제와 다수대표제, 비례대표제를 병행하고 있다.

③ 국회의 운영

가. 회기 및 집회, 폐회, 휴회

(i) 회   기

회기는 입법기 내에서 국회가 실제로 활동능력을 가지는 일정한 기간을 말한다. 헌법 제47조 제2항에서는 정기회의 회기는 100일을, 임시회의 회기는 30일을 초과할 수 없다고 규정하고 있다.

(ii) 국회의 회의 종류

정기회	매년1회 정기적으로 소집되는 국회를 말한다.
임시회	임시 긴급한 필요가 있을 경우에 집회되는 회의로서, 대통령 또는 국회의 재적의원 1/4 이상의 요구에 의하여 소집될 수 있다.

(iii) 휴회 및 폐회

휴회란 회기 중 일시 국회의 활동을 중지하는 것을 말하고, 폐회란 회기의 종료에 따라 스스로 행함을 말한다.

나. 의사절차

(i) 정 족 수

의사능력에 관한 정족수란 국회가 의사를 하는 데 필요한 수를 말하고, 의결능력에 관한 정족수란 의결을 하는 데 필요한 수를 말한다. 국회는 헌법 또는 법률에 특별한 규정이 없는 한 재적의원 과반수의 출석과 출석의원 과반수의 찬성으로 의결하게 된다.

(ii) 의사공개의 원칙

국회제도의 본질의 하나로서 요청되는 국사의 공개토론과 국민의 국사비판에 절대로 필요한 것을 말한다.

(iii) 회기계속의 원칙

회기 중에 의결하지 아니한 의안도 폐기되지 아니하고 다음 회기에 계속하여 심의할 수 있는 것을 말한다. 우리나라에서는 회기불계속의 원칙을 인정하지 않고 국회에 제출된 법률안 기타의 의안은 회기 중에 의결되지 못한 이유로 폐기되지 아니한다.

(iv) 일사부재리의 원칙

회기 중에 부결된 안건은 그 회기 중에 다시 제출하지 못하는 것이 원칙이다. 소수파의 의사방해를 방지하는 데에 효과가 있다.

④ 국회의 권한

가. 입법에 관한 권한

(i) 입법권의 개념

헌법 제40조에서는 입법권은 국회에 속한다고 규정하고 있다. 원래 국가권력을 입법권, 행정권, 사법권의 셋으로 분류하여 이를 각각 상이한 독립기관에 부여한 것은 국민의 자유와 권리를 보장하려는 자유주의적, 입헌주의적 정치상의 기술 요청에서 유래한다.

우리 헌법에서는 대통령의 법률안거부권, 정부의 법률안제출권, 국회출석 발언권을 인정하고 있다. 그 예외로서 대통령의 긴급명령권 등과 위임명령, 집행명령을 발할 수 있게 하고 있다.

(ii) 입법절차

- 법률안 제출: 국회의원과 정부가 제출할 수 있다.
- 법률안의 심의: 법률안이 제출되면, 국회의장은 이를 인쇄하여 의원에게 배부하고, 본회의에 보고하며, 소관상임위원회에 회부하여 심의하게 한다.
- 법률안의 의결: 재적의원 과반수의 출석과 출석의원 과반수의 찬성으로써 한다.
- 법률안의 정부에의 이송: 법률안이 본회의에서 의결되면 정부에 이송한다. 정부는 국무회의 심의에 회부하여 공포할 것인가 환부거부할 것인가를 결정한다. 환부거부란 국회가 의결하여 정부에 이송한 법률안을 지정된 기일 안에 대통령이 이의서를 붙여 국회에 환부하고 재의를 요구하는 방식이고, 보류거부란 대통령이 법률안을 거부하기 위하여 법률안을 공포하지 않은 채 그대로 가지고 있으면, 법률안이 자동적으로 폐기되는 방식을 말한다.
- 대통령의 서명 및 공포: 정부가 법률안에 대하여 이의를 가지지 아니하면 대통령이 이에 서명하고 국무총리와 관계국무위원이 부서한다. 대통령은 법률안이 정부에 이송된 날로부터 15일 이내에 공포하여야 한다.

(iii) 입법권의 한계

일반적, 구체적 법률의 제정으로서 헌법에 위반되거나 헌법개정의 내재적 한계를 벗어난 입법은 할 수가 없다.

나. 재정에 관한 권한

(ⅰ) 조세법률주의

조세란 국가 또는 공공단체가 그 경비에 충당하기 위하여 국민으로부터 무상으로 강제적으로 징수하는 재화이다. 입법방식으로 1년세주의(국가나 지방자치단체가 조세를 부과 및 징수하기 위해서는 국회가 그에 관한 법률을 연도마다 새로이 제정하여야 하는 방식)와 영구세주의(국회가 일단 법률을 제정하면, 그 법률에 따라 국회나 지방자치단체가 몇 년간 계속하여 조세를 부과 및 징수할 수 있는 방식)가 있으나 우리나라는 법률의 효력은 별도의 규정이 없는 한 영구적이므로 1년세주의를 명문으로 규정하고 있지 않는 이상 후자를 규정한 것이라고 보아야 한다.

(ii) 예산심의확정권

● 예산의 개념

예산(豫算, budget)이란 한 회계연도에 있어서 국가의 세입, 세출의 예산준칙을 내용으로 하고 국회의 의결에 의하여 성립하는 국법형식을 말한다.

● 예산의 심의

－ 예산안의 제출

예산은 정부가 매 회계연도마다 편성하여 매년 개시 90일 전까지 국회에 제출해야 한다. 예산안의 제출권은 정부에만 있고, 국회에는 없다.

－ 예산안의 심의 및 수정

국회의 의결로 성립, 회계연도 개시 30일 전까지 하여야 한다.

－ 임시예산

정부는 예산안을 회계연도개시 90일 전까지 국회에 제출하고, 국회는 회계연도 개시 30일 전까지 이를 의결하여야 한다.

－ 계속비의 의결

정부는 특별히 한 회계연도를 넘어 계속하여 지출할 필요가 있을 때에는 연한을 정하여 계속비로서 국회의 의결을 얻어야 한다.

－ 추가경정예산

정부는 예산이 성립한 뒤에 생긴 사유로 인하여 예산에 변경을 가할 필요가 있을 때에 제출한다.

● 예산의 효력

예산은 1회계연도에 한하여 효력을 가진다. 그리고 예산은 관계국가기관만을 구속하고, 국민에 대해서는 구속력이 없다.

● 기채동의권

정부가 국채(國債)를 모집하려 할 때에는 국회의 의결을 얻어야 한다(헌법 제58조 전단). 예산외에 국가부담이 될 계약체결에 대한 동의권, 예비비의 설치에 대한 의결권과 그 지출에 대한 승인권, 결산심사권, 국가 또는 국민에게 재정적 부담을 지우는 조약체결, 비준에 대한 동의권 등이 있다.

다. 일반국정에 관한 권한

(ⅰ) 국무총리, 국무위원해임건의권

대통령의 국회해산권 폐지와 균형을 이루는 제도로 해임건의는 국회재적의원 1/3 이상 발의에 의하여 국회재적의원 과반수의 찬성이 있어야 한다.

(ⅱ) 탄핵소추권

- 탄핵대상

대통령, 국무총리, 국무위원, 행정 각부의 장, 헌법재판소 재판관, 법관, 중앙선거관리위원회 위원, 감사원장, 감사위원 기타 법률이 정한 공무원이 그 대상이 된다.

- 탄핵사유

탄핵대상자가 그 직무집행에 있어서 헌법이나 법률을 위배한 경우이다.

- 탄핵절차

국회가 하고 탄핵심판은 별도로 구성되어 있는 헌법재판소가 담당한다.

국회의 탄핵소추의 발의는 국회재적의원 1/3 이상의 찬성이 있어야 하고, 그 의결은 재적의원 과반수의 찬성이 있어야 한다.

- 탄핵심판의 효과

당해 공직자를 공직으로부터 파면함에 그친다. 이는 징계적 처벌이므로 민사 및 형사재판 간에는 일시부재리의 원칙이 적용되지 아니한다.

라. 국정조사·감사권

제5공화국 헌법 제97조 "국회는 특정한 국정사안에 관하여 조사할 수 있다"고 규정하고 있었다. 제6공화국 헌법 제61조에서는 "국회는 국정을 감사하거나 특정한 국정사안에 대하여 조사할 수 있으며, 이에 필요한 서류의 제출 또는 증인의 출석과 증언이나 의견의 진술을 요구할 수 있다. 국정감사 및 조사에 관한 절차 기타 필요한 사항은 법률로 정한다"고 규정하고 있다.

표 9-3　　국정조사권과 국정감사권 비교

구 분	국정조사권	국정감사권
주 체	특별위원회 또는 상임위원회	소관상임위원회
공 개 성	공개	공개
범 위	특정의 국정사안	국정전반
시 기	부정기적	정기적으로(매년 9월 10일부터 20일간)

마. 국회내부사항에 대한 자율적 권한

의사규칙제정권·의사진행에 관한 자율권·내부경찰권·국회가택권·내부조직권·의원신분에 관한 권한 등이다.

3) 국회의원의 지위

① 의원의 헌법상 지위

국회가 헌법상 국민의 대표기관인 것과 같이 국회의원도 헌법상 국민의 대표기관이다.

② 의원 자격의 발생과 소멸

직선이건 비례대표제에 의하건 당선되면 헌법과 법률이 정한 임기개시와 동시에 의원자격이 발생한다. 소멸이란 임기만료, 사직, 퇴직, 제명, 자격심사를 말한다.

③ 의원의 임기

국회의원의 임기는 4년이다.

④ 의원의 의무

공무원으로서 국민의 권리를 위해 행동하여야 할 의무를 당연히 진다. 국회의원은 청렴의 의무를 지닌다. 법률이 정하는 직을 겸할 수 없다.

⑤ 의원의 특권

면책특권(발언 및 표결의 자유)(헌법 제45조), 불체포특권(헌법 제44조)이 있다.

3. 행 정 부

1) 대 통 령

민주공화국에 있어서 국가의 원수는 일반적으로 대통령이다.

① 대통령의 지위

가. 국가원수로서의 지위

헌법 제66조 제1항은 "대통령은 국가의 원수이며, 외국에 대하여 국가를 대표한다"고 규정하고 있다. 대외석으로 국가를 대표하고 대내적으로는 국가기관의 기능을 중립적 입장에서 조정한다.

다음과 같이 요약할 수 있다.

(i) 외국에 대하여 국가를 대표한다.

(ii) 국내외에서 국민을 대표한다.

(iii) 국가와 헌법의 수호자이다.

(iv) 평화적 통일의 책임자이다.

(v) 국정조정자로서의 지위를 가진다.

나. 행정부수반으로서의 지위

(i) 행정권의 실질적 수반

행정권을 가진 정부의 최고책임자이며 고유한 행정권 행사는 물론이고 모든 행정기관을 지휘·감독하는 지휘에 있는 자라는 뜻이다.

(ii) 행정기관의 조직권자

(iii) 국무회의의장

② 대통령의 선거

가. 선거기관

국민의 직접선거에 의하여 선출된다.

나. 피선자격

국회의원의 피선자격이 있고, 선거일 현재 40세에 달하여야 한다.

다. 선거권자

(ⅰ) 입 후 보

정당의 추천 또는 법률이 정하는 수의 대통령선거인의 추천을 받아야 한다.

(ⅱ) 선 거

최고득표자를 당선자로, 최고득표자가 2인 이상인 때에는 국회의 재적의원 과반수가 출석한 공개회의에서 다수표를 얻은 자를 당선자로 한다.

(ⅲ) 선거기일

임기만료 70일 내지 40일 전에 후임자를 선거한다.

(ⅳ) 보궐선거제도의 폐지

대통령이 궐위된 때 또는 대통령 당선자가 사망하거나 판결 기타의 사유로 그 자격을 상실한 때에는 60일 이내에 후임자를 선거하고 임기는 그때부터 5년이 시작된다.

라. 대통령의 임기

대통령의 임기는 5년이며 중임할 수 없다.

마. 권한대행

1차적으로 국무총리가, 2차적으로 법률이 정한 국무위원의 순으로 권한을 대행한다.

③ 대통령의 권한

가. 행정에 관한 권한

행정의 최고결정권

(ⅱ) 법률집행권

(ⅲ) 외교권

(ⅳ) 군통수권

(ⅴ) 긴급명령권, 긴급재정·경제처분명령권

(ⅵ) 계엄선포권

(ⅶ) 공무원임명권

(ⅷ) 영전수여권

(ix) 정당해산제소권

(x) 재정에 관한 권한

나. 입법에 관한 권한

(i) 법률안제출권

(ii) 법률공포권

(iii) 법률안거부권

(iv) 헌법개정에 관한 권한

(v) 임시국회집회요구권

(vi) 명령제정권

(vii) 국회에 대한 의견발표권

2) 행 정 부

① 국무회의의 지위

행정부의 최고심의기관이고, 헌법상의 필수기관이며, 정부의 중요정책심의기관이다.

② 국무회의의 구성

대통령 및 국무총리와 15인 이상 30인 이하의 국무위원으로 구성된다.

③ 국무총리·국무위원

국무총리는 대통령을 보좌하고 국무회의의 부의장이 되며 행정에 관하여 대통령의 명을 받아 행정각부를 통할하며, 법률이나 대통령의 위임 또는 직권으로 총리령을 발할 수 있다. 또한 대통령의 국법상 행위에 대해서 부서의 의무가 있으며, 국무위원의 임명에 대한 제청권과 해임건의권을 갖는다.

가. 국무총리의 지위와 권한

(i) 국무위원의 임명에 관한 권한이 있다.

(ii) 대통령 권한 대행권이 있다.

(iii) 그 외 국무회의에서의 심의권·부서권·국회출석발언권·행정각부통할권·총리령을 발하는 권한이 있다.

나. 국무위원의 지위와 권한

(ⅰ) 국무위원의 임명

국무회의의 구성원이며 국무총리의 제청에 의하여 대통령이 임명한다.

(ⅱ) 권   한

국무회의에서의 심의권·대통령의 권한대행권·부서권·국회출석발언권 등이
있다.

④ 대통령의 자문기관

국가안전보장회의, 국가원로자문회의. 민주평화통일정책자문회의, 국민경제자
문회의, 국가과학기술자문회의를 두고 있다.

3) 행정각부

① 성   질

대통령에 속하는 행정권을 그 하부기관으로서 헌법과 법률이 정하는 바에 의
하여 집행하는 기관을 말한다.

② 행정각부장관의 지위

행정각부의 장은 국무위원이어야 하며 국무총리의 제청으로 대통령이 임명한
다. 국무위원이 아닌 자는 행정각부의 장이 될 수 없다. 행정각부의 장이 아닌 자
라도 국무위원은 될 수 있다.

③ 행정각부의 조직 및 직무범위

정부조직법, 행정각부의 장은 소관사무에 관하여 법률이나 대통령령의 위임
또는 직권으로 부령을 발할 수 있다.

4) 감 사 원

① 감사원의 지위

국가는 세입·세출의 결산, 국가 및 법률이 정한 단체의 회계심사와 행정기관
및 공무원의 직무에 관한 감찰을 하기 위하여 ① 국가 또는 법률이 정한 단체에 대
한 재정적 감사, ② 행정기관 및 공무원의 직무에 관한 감찰을 담당하기 위하여 대
통령에 직속한다.

② 조직과 권한

원장을 포함한 5인 이상 11인 이하의 감사위원으로 구성된다. 감사원의 원장은 대통령이 국회의 동의를 얻어 임명되고, 임기는 4년이다. 감사위원은 원장의 제청에 의하여 대통령이 임명하고, 임기는 4년이며, 1차에 한하여 중임할 수 있다. 헌법이나 법률을 위배한다면 국회의 탄핵소추의 대상이 된다. 감사원의 권한은 (i) 국가의 세입·세출의 결산과 국가 및 법률이 정한 단체의 회계검사를 하는 권한과 (ii) 공무원의 직무에 관한 감찰을 하는 권한이 있다. 세입 및 세출의 결산을 매년 검사하여 대통령과 차년도 국회에 그 결과를 보고하여야 한다.

5) 선거관리위원회

① 의　의

선거와 국민투표의 공정한 관리 및 정당에 관한 사무를 처리하기 위하여 설치하고, 그 독립성과 정치적 중립성이 보장된다(헌법 제114조). 각급 선거관리위원회의 조직과 직무범위는 법률에 위임되어 있다.

② 조　직

중앙선거관리위원회는 대통령이 임명하는 3인, 국회가 선출하는 3인, 대법원장이 지명하는 3인의 위원으로 구성되고, 위원장은 위원중에서 호선(互選)한다. 위원은 6년의 임기로, 탄핵 또는 금고 이상의 형의 선거에 의하지 아니하고는 파면되지 아니하며, 정당에 가입하거나 정치에 관여할 수 없다.

③ 권　한

법령이 정하는 범위 안에서 그 직무에 관한 자치입법권, 투표와 개표 등에 관한 선거 및 국민투표관리권, 정당의 등록, 공고 및 등록취소 등이 있다.

④ 선거운동의 원칙

법률이 정하는 범위 안에서, 균등한 기회보장, 선거공영제 등이 있다.

4. 법　원

1) 사 법 권

① 권력분립과 사법

헌법 제10조는 "사법권은 법관으로 구성된 법원에 속한다"고 규정하고 있다.

3권 분립의 원칙을 채택하였다. 사법권의 독립을 표현하였다.

② 사법의 실질적 개념과 형식적 개념

실질적 개념으로서의 사법이란 법규에 의한 민간 및 형사의 재판작용을 말하고 형식적 개념으로서의 사법이란 신분이 보장된 법관으로서 구성된 법원이 행하는 법적용작용, 즉 재판작용을 말한다.

2) 사법권의 독립

공정한 재판을 보장하기 위하여 ① 사법기관으로서의 법원을 입법부와 행정부로부터 독립, ② 법관의 심판을 독립시켜 사법부 밖의 압력은 물론이고 사법부 안의 간섭으로부터의 독립, ③ 법관의 신분보장과 인사의 독립.

① 법원의 독립

사법부는 입법부와 행정부로부터 독립하여야 하며 상호견제와 균형을 유지하고, 규칙제정권이 있다.

② 법관의 재판상의 독립(물적 독립)

"헌법과 법률에 의하여 그 양심에 따라" 재판하여야 한다. 입법과 행정은 물론 사법부 내부와 당사자 및 사회적 압력으로부터의 독립이 요청된다.

③ 법관의 신분보장(인적 독립)

재판의 독립을 보장하고, 법관의 파면, 정직, 감봉, 휴직이 금지되며, 법관의사의 독립, 임기와 정년제 등이 있다.

3) 법원의 구성과 조직

법원은 대법원을 최고법원으로 하는 각급법원(고등법원, 특허법원, 지방법원, 행정법원, 가정법원)으로 구성된다. 군사법원 외에 특별법원을 둘 수 있으며, 군사법원의 상고심은 대법원이다.

① 대 법 원

상고사건, 항고사건(고등법원 또는 항소법원, 특허법원의 결정, 명령에 대한 재항고사건), 법률에 의하여 사건을 다룬다.

② 고등법원

지방법원 합의부·가정법원 합의부 또는 행정법원의 제1심 심판, 결정, 명령

등에 대한 항고사건과 법률에 의하여 고등법원의 권한에 속하는 사건 등을 다룬다.

③ 지방법원

지방법원의 심판은 단독판사가 행하며, 합의재판을 요할 때에는 판사 3인으로 구성된 합의부에서 행한다. 지방법원 합의부 제1심 사건으로는 다음과 같다.

가. 합의부에서 심판할 것을 합의부가 스스로 결정한 사건
나. 대법원 규칙으로 정한 민사사건
다. 사형, 무기 또는 단기 1년 이상의 징역 또는 금고에 해당되는 사건 등이다.

④ 가정법원

가정법원 및 가정법원 지원의 합의부 사건으로는 다음과 같다.

가. 가사소송법에서 정한 가사소송사건
나. 가정법원 판사에 대한 제척, 기피사건
다. 법률에 의하여 합의부의 권한에 속하는 사건 등이다.

⑤ 특별사건(군사법원)

군사법원의 관할 상고심은 대법원이다. 비상계엄하의 군사재판은 일정한 경우에는 단심으로 행한다.

4) 법관의 자격과 임명

헌법 제101조 제3항에서 규정하고 있다. 법원조직법에서는 법관의 임용자격(법원조직법 제42조)을 규정하고 있다. 대법원장과 대법관이 아닌 법관은 대법관회의의 동의를 얻어 대법원장이 임명한다(헌법 제104조).

대법원장의 임기는 6년으로 하며 연임할 수 없고, 대법관의 임기는 6년으로 하며 법률이 정하는 바에 의하여 연임할 수 있다(헌법 제105조 제1항 – 제3항). 법관의 정년은 법률로 정하고 있다(헌법 제105조 제4항). 대법원장의 정년은 70세, 대법관은 65세, 그 외의 판사의 정년은 63세로 되어 있다(법원조직법 제45조 제4항).

5) 법원의 명령심사권

대법원은 법률이 정하는 바에 따라 명령·규칙이 헌법과 법률에 위반되는지 여부를 최종적으로 심사할 권한이 있다. 법원은 법률의 위헌 여부가 재판의 전제가 될 경우에 헌법재판소에 제청할 수 있도록 되어 있다.

6) 재판의 공개주의

재판의 심리와 판결은 공개한다. 국민 전체의 행복, 국가안전보장 또는 안녕질서의 방해, 선량한 풍속을 해할 염려가 있을 때에는 심리에 한하여 법원의 결정으로 공개하지 않을 수 있다.

5. 헌법재판소와 헌법보장

1) 헌법재판소의 지위

헌법재판소는 최고의 헌법보장기관이며 기본권보장기관으로서 정치적인 사법기관이다. 헌법재판소는 법관의 자격을 가진 9인의 재판관으로 구성되며 대통령이 임명한다(헌법 제111조 제2항). 3인은 국회에서, 3인은 대법원장이 임명한다. 재판관의 임기는 6년이며, 탄핵 또는 금고 이상의 형의 선고에 의하지 아니하고는 파면되지 아니한다(헌법 제112조 제3항). 재판관은 정당에 가입하거나 정치에 관여할 수 없다(헌법 제112조 제2항). 헌법재판의 기능은 ① 헌법보호기능, ② 권력통제기능, ③ 기본권보호기능, ④ 교육적 기능 등을 가진다.

2) 헌법재판소의 권한(헌법 제111조 제1항)

① 위헌법률심판

법률이 헌법에 위반되는지의 여부가 재판의 전제가 되었을 때 법원이 직권으로 혹은 당사자의 신청에 의해서 위헌법률심판 제청을 함으로써 진행된다. 헌법재판소가 법률에 대한 위헌결정을 한 경우 위헌으로 결정된 법률이나 법률조항은 그 결정이 있은 날로부터 효력이 없어진다.

② 탄핵심판

국회가 공무원에 대한 탄핵소추를 하면 헌법재판소는 탄핵심판을 한다. 탄핵심판의 효력은 공직으로부터의 파면에 그친다.

③ 정당해산심판

정부는 정당의 목적이나 활동이 민주적 기본질서에 위배될 때 헌법재판소에 그 해산을 제소할 수 있으며 그 결정으로 정당은 해산되고 정당의 재산은 국고에 귀속된다.

④ 권한쟁의심판

국가기관 상호간, 국가기관과 지방자치단체간 및 지방자치단체 상호간에 권한의 존부 또는 범위에 관하여 다툼이 있을 때 당해 기관의 청구에 대하여 헌법재판소는 정당한 관할권을 판정한다.

⑤ 헌법소원심판

헌법소원이란 국민의 헌법상의 권리가 공권력의 행사 또는 불행사로 인하여 직접 그리고 현실적으로 침해된 경우 최종적으로 헌법재판소에 제소하여 구제를 청구하는 제도이다. 헌법소원의 청구인은 원칙적으로 공권력 행사로 인해 자신의 기본권이 현재, 그리고 직접 침해당한 경우라야만 헌법소원을 제기할 수 있다. 헌법소원은 기본권 침해에 대한 최후의 구제 수단이다. 헌법소원은 국민의 기본권 침해를 구제해 주는 제도이므로 그 제도의 목적상 권리보호이익이 있는 경우에만 제기할 수 있다.

※ 불기소처분에 대한 헌법소원의 예

　헌법소원심판 청구서

　청 구 인　　홍 길 동 (洪 吉 童)
　　　　　　　전주시 효자동 ○가 ○동 (전화 ○○○ – ○○○)
　대 리 인　　변 호 사 홍 길 숙
　　　　　　　전주시 효자동 ○가 ○동
　피청구인　　○○지방검찰청 ○○지청 검사
　청구취지

"피청구인이 2008. 1. 1. ○○지방검찰청 ○○지청 2007년 형제 1111호 사건에 있어서 피의자형제 1111호 절도의 점에 대하여 한 불기소처분은 청구인의 평등권을 침해한 것이므로 이를 취소한다"라는 결정을 구합니다.

침해된 권리
헌법 제11조 제1항 평등권
헌법 제27조 제5항 재판절차에서의 진술권

침해의 원인
피청구인의 2008. 1. 1. ○○지방검찰청 ○○지청 2007년 형제 1111호 사건의 피의자 홍말숙에 대한 무혐의 불기소처분

청구이유
1. 사건의 개요
2. 불기소처분의 위헌성
3. 심판청구에 이르게 된 경위(고소, 불기소처분, 항고, 재항고과정 등 약술)
4. 청구기간의 준수여부 등

첨부서류
1. 각종 입증서류(불기소처분결과통지서, 항고사건처분통지서, 재항고사건 처분 통지서 등)
2. 소송위임장(소속변호사회 경유)

2008.   .   .

청구인 대리인 변호사 홍 길 숙

헌법재판소 귀중

3) 헌법보장

헌법에 강력한 영속성을 부여하는 동시에 정치사회변화에 헌법이 적응하면서 그 실효성을 확보하려는 것이다.

① 정치적 보장방법

(i) 권력분립제도
(ii) 양원제
(iii) 의원내각제
(iv) 정부불신임제
(v) 공무원의 정치적 중립성보장
(vi) 법치행정의 원칙
(vii) 헌법개정의 국민투표
(viii) 비상사태에 있어서의 헌법보장

② 사법적 보장방법

(i) 위헌법률심사제
(ii) 탄핵심판제
(iii) 위헌정당해산제
(iv) 위헌인물의 기본권상실제[10]
(v) 위헌명령 규칙·처분심사제 등

③ 선언적 보장방법

(i) 헌법의 최고법규성의 선언

---

10) 우리 헌법은 방어적 민주주의의 구현을 위한 구체적인 제도의 하나로서 위헌정당강제해산제도를 규정하나 사실상 기본권상실제는 수용하지 않는다. 다만 민주공화제적 국가의 인권보장이나 그 질서유지를 이유로 기본권을 제한할 수 있음을 규정한 헌법 제37조 제2항도 개인 또는 단체가 민주주의를 부정하는 경우에 그 기본권제한을 정당화할 수 있는 근거가 된다는 의미이다.

(ⅱ) 헌법준수의무의 선언

(ⅲ) 헌법개정을 어렵게 하는 것

(ⅳ) 헌법정지나 헌법파괴 등을 금지하는 것

④ 미조직적 방법

(ⅰ) 국가긴급권[11]의 행사

(ⅱ) 저항권[12]의 행사

---

11) 국가긴급권이란 전쟁, 내란, 경제공황과 같이 국가의 존립이나 헌법질서를 위태롭게 하는
    비상사태가 발생한 경우에 정부가 평상시의 헌법상의 제한을 무시하고 국가의 안전과 헌법
    질서를 유지하기 위하여 필요한 조치를 강구할 수 있는 비상적 권한을 말한다.

12) 저항권(right of resistance)이라 함은 민주적·법치국가적 기본질서 또는 기본권보장체계
    를 위협하거나 침해하는 공권력에 대하여 더 이상의 합법적인 대응수단이 없는 경우에 주권
    자로서의 국민이 민주적·법치국가적 기본질서를 유지·회복하고 기본권을 수호하기 위하여
    공권력에 저항할 수 있는 최후의 비상수단적 권리를 말한다(헌재 1997. 9. 25. 97헌가4).

❖ 확인평가

1. 헌법의 의의와 특성에 대하여 설명하시오.

2. 헌법의 제정과 개정절차에 대하여 간략히 설명하시오.

3. 우리 헌법의 기본원리에 대하여 설명하시오.

4. 직업공무원제도에 대하여 아는 대로 설명하시오.

5. 우리나라의 지방자치제도에 대하여 간략히 설명하시오.

6. 신체의 자유에 대하여 설명하시오.

7. 표현의 자유에 대하여 설명하시오.

8. 공무원의 불법행위로 인한 손해배상청구권에 대하여 설명하시오.

9. 대통령제와 의원내각제의 장점과 단점에 대하여 설명하시오.

10. 우리나라의 정부형태에 대하여 간략히 설명하시오.

11. 사법권의 독립에 대하여 설명하시오.

12. 헌법재판소의 권한에 대하여 설명하시오.

❖ 출제예상문제

1. 다음 중 대한민국 헌법의 기본원리가 아닌 것은?

    ① 기본권존중주의
    ② 사회적 민주주의
    ③ 문화국가원리
    ④ 법치주의

    〈해설〉 ②

2. 다음 중 법치주의의 내용과 가장 거리가 먼 것은?

    ① 권력분립주의
    ② 실질적 법치주의보다 형식적 법치주의가 강조된다.
    ③ 국민의 자유와 권리의 보장
    ④ 국가권력행사의 예측가능성

    〈해설〉 ② 제2차 세계대전 이후 법치국가이론은 국가작용은 법률에 의하여야 할 뿐만 아니라 그 법률의 내용이 자유·평등·정의 등에 합치될 것을 요구하는 실질적 법치주의로 대체되었다.

3. 국내법과 헌법에 의하여 체결, 공포된 조약의 관계를 바르게 설명한 것은?

    ① 국내법과 조약은 동일한 효력을 갖는다.
    ② 조약은 국내법에 우선하여 적용된다.
    ③ 조약은 헌법과 동일한 효력을 갖는다.
    ④ 국내법은 조약에 우선하여 적용된다.

    〈해설〉 ① 헌법에 의하여 체결·공포된 조약과 일반적으로 승인된 국제법규는 국내법과 동일한 효력을 가진다(헌법 제6조 제1항).

4. 다음 기본권에 대한 설명으로 틀린 내용은?

① 기본권이란 헌법이 보장하는 국민의 기본적 권리를 말한다.
② 국민의 자유와 권리는 국가의 안전보장, 질서유지, 공공복리를 위하여 필요한 경우에 한하여 법률로써 제한할 수 있다.
③ 근대적 기본권은 1776년 버지니아 주의 권리장전 및 미국의 독립선언과 1789년 프랑스의 인간과 시민의 권리선언에서 찾아볼 수 있다.
④ 주관적 공권이 아닌 전통적으로 형성된 기존제도를 헌법이 특히 보장하는 것을 기본권보장이라고 한다.

〈해설〉 ④ 주관적 공권이 아닌 전통적으로 형성된 기존제도를 헌법이 특히 보장하는 것을 제도보장이라고 한다.

5. 기본권의 효력에 대한 설명으로 틀린 내용은?

① 국민의 기본권은 국가권력뿐만 아니라 개인 또는 사회적 집단에 의한 침해의 가능성이 커짐에 따라 기본권의 효력확장이 주장되었다.
② 기본권은 오늘날 사인간의 관계에도 효력을 미친다고 보는 것이 통설이다.
③ 오늘날 기본권은 입법, 행정, 사법의 모든 국가권력을 구속하는 것으로 인정된다.
④ 평등권은 성질상 사인간에서는 간접적으로 적용될 수 있다.

〈해설〉 ④

6. 다음 중 자유권적 기본권이 아닌 것은?

① 청원권

② 신체의 자유

③ 종교의 자유

④ 표현의 자유

〈해설〉 ① 청구권적 기본권에는 청원권(제26조), 재판청구권(제27조), 형사보상청구권(제28조), 국가배상청구권(제29조), 국가에 대한 구조청구권(제30조) 등이 있다.

7. 다음 중 국정감사 및 조사에 관하여 맞는 것은?

① 개인의 사생활에 관계되는 것은 예외적으로도 국정조사의 대상이 될 수 없다.

② 재판절차의 신속성에 하자가 있는 경우 국정조사의 대상이 될 수 없다.

③ 국정감사는 공개가 원칙이고, 국정조사는 비공개가 원칙이다.

④ 국정감사는 정기적이나, 국정조사는 수시로 할 수 있다.

〈해설〉 ④

8. 다음 중 헌법재판소의 권한이 아닌 것은?

① 헌법소원심판

② 위헌법률심판

③ 선거소송재판

④ 위헌정당해산심판

〈해설〉 ③

제10장
행정법

> ● Otto Mayer: 헌법은 바뀌어도 행정법은 바뀌지 않는다.
> ● Fritz Werner: 행정법은 헌법의 구제화법이다.

Ⅰ. 행정법의 의의

1. 행정법의 개념

행정법(行政法)이란 행정부의 조직, 작용 및 행정구제에 관한 국내공법을 말한다. 행정법은 내용면에서 행정주체의 행정조직, 행정작용 및 행정구제에 관한 법으로 구성되어 있다. 형식적 의미의 행정이란 행정부에 의해 행해지는 국가작용을 의미하고, 실질적 의미의 행정이란 실질적으로 법을 집행하는 작용을 의미한다. 행정부란 국가 또는 공공단체의 조직, 권한 및 기관상호간의 관계를 규율하거나, 국가 또는 공공단체라는 행정주체와 개인인 행정객체 사이에 생기는 행정상의 법률관계를 규율하는 법규범의 총체를 의미한다.

2. 행정법의 법원

'행정법의 법규범으로 형성되는 방식'을 말한다. 입법적 공권력기관에 의하여 의도적으로 형성되는 성문법규범을 비롯하여 자발적으로 형성되는 관습규범과 법관에 의하여 이루어지는 판례 등과 같은 불문법규범을 들 수 있다.

3. 행정법의 기초이론

행정법을 공부하고 이해하는 데 필요한 이론적 기초지식을 정리하기 위한 것과 행정법 전체에 걸쳐서 공통적이고 핵심적인 이론이다.

1) 권력분립이론과 행정법

통치기관의 구성원리인 동시에 법치국가의 원리를 구체적으로 실현시키기 위한 원리를 말한다. 권력상호간의 견제와 균형, 즉 권력의 집중과 자의적인 권력행사를 억제하고자 하는 근대입헌국가의 자유주의적·정치적 조직원리이다. 전통적 권력분립이론에 의하여 국가권력은 입법, 행정, 사법으로 분리되는데, 행정작용은 공익을 목적으로 하면서도 입법, 사법작용에 비하여 보다 구체적이며 사회형성을 위한 적극적인 국가작용이다.

2) 행정에 관한 일반이론

'행정의 개념에 관한 일반이론'을 말한다. 법적 구속은 일반 사인의 행위에 대한 법적 구속과 같은 형태로 나타날 수도 있지만, 행정이 '공인'(公人)(행정청/행정주체)의 행위인 점을 고려해서 행정 특유의 법적 규율도 가능하게 된다. 행정에 관한 일반이론에 대하여는 긍정설(국가작용의 성질상 차이를 인정하고 행정의 실질적 개념규정이 가능하다고 보는 견해)과 부정설(국가작용의 성질상 차이를 부인하고 행정의 실질적 개념규정이 불가능하다는 견해)이 대립한다.

3) 통치행위이론과 행정법

넓은 의미의 행정이란 좁은 의미의 행정과 통치행위를 포함한다. 통치행위는 오늘날 법치주의가 확립되고 행정에 대한 사법적 통제가 일반적으로 인정된 체제 하에서 사법적 통제에서 제외된 일정한 행위로 이해하게 된다. 고도의 정치성을 띤 국가작용으로서의 통치행위라는 관념을 인정하는 이유에 대해서는 ① 역사적으로 통치권의 잔재 또는 재출현으로 이해하는 견해, ② 통치행위를 법의 속성으로서 법의 양면성(규범성과 사실성)과 관련해서 이해하는 견해가 있다. 통치행위이론은 사회생활, 특히 정치생활에서 윤활유 역할을 기대한 것이고, 통치행위란 입법의 하위에 위치한 단순한 법집행적 기능이 아니라, 국정의 기본방향을 정하는 것과 같이 고도의 정치성을 가지는 고차원의 국가작용이다.

4) 법치주의이론과 행정법

국민주권의 이념에 따라 국민의 정지적 합의에 바탕을 두고 창실된 국가권력의 악용 내지 남용을 방지하기 위한 제도적 보장이다. 법치주의 이론이란 행정부가 법에 의해서 구속되고, 이런 관계가 사후적으로 법관에 의해서 검증되고 보장받는 것을 말한다. '법치행정의 원리', '법률에 의한 행정의 원리', '행정의 법률적합성의 원리'를 그 내용으로 한다. 그 중심적 내용으로는 다음과 같다. ① 행정주체가 행위를 할 때에는 사전적으로 정해져 있는 법률에 의하여 행정권이 발동되어야 한다. ② 행정주체가 행위를 한 후, 사후적으로 보아 행정권이 똑바로 법률을 적용했는지를 통제할 수 있는 제도적 장치의 보장이다.

5) 행정법의 일반법 원칙

법분야에서 조리의 기능은 법해석의 기본원리요, 최후의 보충적 원리이다. '행정법의 일반법 원칙'은 학자마다 학설과 법관의 판례에 의해 형성된다. 예컨대, 법치행정의 원리, 민주행정의 원리, 복지행정의 원리, 지방분권주의, 사법국가주의 등이 그 중심적 내용으로 한다.

Ⅱ. 행정조직

국가 또는 공공단체와 같은 행정주체의 조직을 말한다. 행정조직이란 행정주체의 조직, 유지 및 관리를 목적으로 하는 행정을 말한다. 주체에 의한 분류로서는 국가행정, 자치행정, 위임행정을 말한다.

1. 국가행정조직

1) 행정기관

국가의 행정을 행하는 기관으로서, 대통령은 국가 최고의 행정기관이고 대통령의 통할에 따라 각종의 행정을 분장시키는 것을 말한다. 이는 정부조직법 제2조 제2항이 "중앙행정기관의 종류와 명칭은 … 원, 부, 처, 청 및 국으로 한다"라고 규정하고 있는 행정기관개념과 동일한 것이다. 국가행정조직법은 그 행정기관의 설치·조직·권한에 관한 규정의 총체이다.

---

① 행정관청: 내각이나 각부장관이나 도지사
② 자문기관: 심의회, 위원회
③ 집행기관: 경찰공무원, 세무공무원 등
④ 감사기관: 감사원

---

2) 행정관청의 종류

① 단독제 관청, 합의제 관청
② 중앙관청: 행정각부장관
③ 지방관청: 각 도지사

3) 행정관청의 권한

행정관청의 조직과 직무범위에는 일정한 한계가 있다. 행정관청의 설립·조직 및 그 직무범위에 관한 관할 또는 권한은 반드시 법률로 정하게 된다. 행정관청의 행위는 적극적 효과와 소극적 효과를 가진다. 전자는 행정관청이 권한을 행사하면 그 범위 안에서 그의 행위는 직접 행정주체인 국가의 행위로 효력이 발생하는 효과를 의미하고, 후자는 단순한 권한초과, 기존권한의 소멸에 기인한 때에는 일단 유효한 행위이지만 취소할 수 있다는 것을 의미한다. 행정청은 법률에 정해진 권한을 스스로 행사함을 원칙으로 하지만 그 일부를 다른 행정청 또는 보좌기관에 대리행사하게 할 수 있다. 주관쟁의에 대해서는 ① 상급관청의 재결(裁決), ② 행정적 방법(국무회의의 의결), ③ 법원에 의한 사법적 방법, ④ 헌법재판소에 의한 해결방법이 있다.

4) 행정관청의 감독권

상명하복의 위계적 조직이고, 대체로 감시권·훈련권·취소권 및 인가권(認可權)이 있다.

2. 자치행정조직

우리 헌법은 지방자치제도를 규정함으로써 제도적으로 보장하고 있다.

1) 자치행정의 의의

'공법인' 또는 '자치단체'를 의미하고, 지방자치단체, 공공조합(공사단(公社團)), 영조물법인, 공재단 등이 있다.

2) 자치권의 내용

① 자치행정권

지방자치단체가 주체가 되어 행하는 행정이다. 자치권이란 국가권력의 전수물 내지 전래물이라는 생각이다. 자치사무란 지방자치단체의 존립목적이 되고 있는 지방적 복리사무를 말하고, 위임사무란 지방자치단체나 법령에 의하여 국가 또는 자치단체로부터 위임을 받아 행하는 사무를 말한다.

② 자치입법권

자치단체가 자치입법권에 의거하여 법령의 범위 안에서 정립하는 자치에 관한 규정을 말한다. 자치입법권의 인정이유는 가. 행정의 자율성 또는 자주성의 보장, 나. 지역적 특수성을 들 수 있다. 근거규정으로는 헌법 제117조 제1항, 지방자치법 제7조, 제8조를 들 수 있다.

3. 공무원제도

1) 공무원의 개념

공무원(Beamter)이란 국가·지방자치단체 또는 그 외의 공권력의 담당자의 기관구성원을 말한다.

2) 공무원의 종류

① 국가공무원과 지방공무원
② 경력직공무원과 특수경력직 공무원

가. 경력직 공무원: 일반직 공무원(1-9급), 특정직 공무원(법관, 검사, 군인, 군무원 등), 기능직 공무원(1등급-10등급)

나. 특수경력직 공무원:
  - 정무직 공무원(대통령, 국무총리, 중앙관서의 장 등)
  - 별정직 공무원(국회전문위원, 비서관, 감사원사무처장 등)
  - 계약직 공무원(과학자, 연구기관 종사자)
  - 고용직 공무원(단순 노무종사자)

---

③ 정공무원과 준공무원

정규공무원으로서의 신분을 가진 자를 정공무원이라고 하는 반면, 개별법에서의 공무원에 준하는 신분을 인정하는 자들을 준(準)공무원이라 한다.

3) 공무원의 요건

① 능력요건

공무원이 될 수 있는 권리능력을 의미하는데, 자국인이어야 하고 또는 법적 결격자(금치산자, 한정치산자, 파산자, 금고 이상의 형을 받은 자 기타)가 아니어야 한다. 연령에는 제한이 없다.

② 자격요건

공개경쟁에 의한 고시임용이 원칙이다. 특정한 경우에는 특별채용에 의한 특별임용이 있다.

4) 공무원의 권리·의무·책임

① 공무원의 권리

공무원은 특히 신분보장을 하지 아니하는 자(특수경력직 공무원과 1급 공무원)를 제외하고는 법령에 의한 사유가 있는 경우에 소정의 절차에 의하지 아니하고는 그 신분을 박탈당하지 아니하며, 직위를 상실하지 아니할 권리가 있다(국가공무원법 제68조). 법관·검사 등은 국가공무원법에 정한 사유에 의한 휴직·정직은 그 적용을 받지 않고, 오로지 탄핵·형벌 또는 징계처분에 의해서만 파면·정직 또는 감봉할 수 있다.

② 공무원의 의무

집무의 의무(국가공무원법 제56조), 복종의 의무(동법 제57조), 친절·공정의 의무(동법 제59조), 충실의 의무(동법 제56조), 비밀엄수의 의무(동법 제60조), 품위유지의 의무 등이 있다.

③ 공무원의 책임

가. 민사상의 책임

국가배상책임을 사권으로 이해하는 경우는 공무원에 대하여 직접적인 책임을 물을 수 있다.

나. 형사상의 책임

직무범(직무유기죄, 권리행사방해죄 등), 준직무범(수뢰죄, 제3자 뇌물공여죄 등) 등에 대해 형사책임이 있고, 행정형벌책임에는 정치운동금지, 집단행동금지, 의무위반에 대한 과태료 부과 등이 있다.

다. 공무원법상의 책임

징계벌은 다음과 같이 공무법상의 공무원이 받는 제재를 말한다. (i) 국가공무원법 및 이에 법에 의한 명령에 위반하거나, (ii) 직무상 의무에 위반하거나 직무를 태만했을 경우, (iii) 직무의 내외를 불문하고 그 체면 또는 위신을 손상하는 행위를 한 경우를 들 수 있다.

Ⅲ. 행정작용

1. 행정상 법률관계

행정에 사회생활관계를 행정법적으로 평가한 관계이고, 행정법상 법률관계의 당사자에 대한 권리와 의무를 말한다.

1) 행정상 법률관계의 당사자

한편으로는 행정을 하는 자와 다른 한편으로는 행정을 받는 자의 법주체가 존재한다. 행정주체가 행정상 법률관계에서 행정권을 행사하고, 그 법적 효과가 궁극적으로 귀속되는 당사자를 의미한다. 행정주체가 누구인가의 문제는 법의 규정을 전제로 하여 결정되는 행정권 행사에 대한 제도상의 문제이다. 행정주체는 원칙적으로 국가를 들 수 있으며, 그 밖에 특별한 목적을 위하여 국가가 어떤 종류의 단체에 대하여 공법상의 법인격을 부여한다. 이러한 각종 공공단체로는 지방자치단체, 공공조합, 공법상 재단법인, 영조물 법인 등이 있고, 예외적으로 사인도 행정주체가 될 수 있다.

2) 행정상 법률관계의 내용

사법관계와 마찬가지로 법률에 의하여 규율되는 법률관계를 말하고, 일반 사법관계에서는 법률관계를 주관적 측면에서 보아 권리 및 의무의 관계로 파악하게 된다. 공법상 권리 및 의무의 관계를 하나는 공법상 권리라는 의미로 '공권'이라 부르고, 또 다른 하나를 공법상 의무라는 뜻으로 '공의무'라고 부르게 된다. 공권과 공의무는 그 내용이 일반적으로 법치행정의 원칙에 의하여 이루어진다.

3) 행정상 법률관계의 변동원인

행정상 법률관계의 변동, 즉 발생·변경·소멸이라는 행정법상의 법률효과를 발생시키는 원인이 되는 사실[행정법상 법률요건]을 말하고, 행정법상 법률요건과 법률사실은 민법상 법률요건과 법률사실에서 유추해서 만든 개념이다.

① 행정법상 사실

사람의 정신작용을 요소로 하지 아니하는 행정법상의 법률사실로서 예컨대, 시간의 경과, 행정상 부당이득을 들 수 있다.

② 행정법상 용태(容態)

정신작용을 요소로 하는 행정법상의 법률사실을 말한다.

가. 행정상 사실행위

행정청의 행위 등, 예컨대 도로·하천의 공사·관리, 학교·병원의 설치·경영, 세금징수·금전줄납, 재산압류 등 각종의 강제집행, 만취자의 단속, 국공립학교의 수업, 위험한 건물의 파괴, 군중의 해산 등이다. 이와 같이 행정상 사실행위의 경우에는 법적 효과를 간접적으로 발생하게 한다.

나. 행정상 법적 행위(법률적 행위)

행정주체와 행정객체 사이에 법적 효과를 발생하게 하는 법률사실

(ⅰ) 사법행위

행정상 법률관계에 있어서 사법적 효과가 발생·변경·소멸하는 행정주체와 행정객체와의 관계를 말한다. 국고행정이란 행정주체가 사법상 재산권의 주체로서 사법상의 행위형식을 통하여 행하는 행정을 말한다.

(ⅱ) 공법행위

행정주체와 행정객체에 있어서 공법적 효과를 발생·변경·소멸시키는 행위를 말한다.

행정상 입법행위 (행정입법)	행정상 입법 또는 행정입법을 말한다. 19세기의 원론적인 이야기이고, 20세기에 와서는 행정기능의 확대·기술화·전문화 등으로 전문화·기술화를 요구하는 시점에 이르렀다.
행정계획	행정기관이 일정한 행정활동을 수행하기 위하여 그 목적을 달성하고, 서로 관련된 행정수단의 종합·조정을 통하여 목표로 제시된 일정한 질서를 실현하기 위한 구상 또는 활동기준의 설정행위이다. '현대행정의 총아'라고 불린다. 현대국가는 복지국가의 이념에 따라 그만큼 더 행정수요의 증대와 국가기능의 비약적 확대를 낳게 되었다. 예컨대, 국토계획, 도시계획, 도시주거환경정비기본계획 등을 들 수 있다.

집행행위 (행정행위)	법규를 실행하는 행위를 말한다. 국회에 의해서 또는 행정부 자체에 의해서 정립된 법규를 실행하는 행위를 말한다. 행정부에 의한 실질적 의미의 행정을 의미한다. 행정처분이란 행정주체가 우월한 지위에서 공권력을 행사하여 법의 집행을 하는 것을 의미하고, 행정계약이란 행정청이 체결하는 계약을 의미한다.
행정상 사법행위	법규적용에 관해서 분쟁이 있을 때, 그 법규의 해석작용을 통하여 일정한 결정을 내리는 행위를 말한다. 행정상 사법행위에 대한 판단으로서는 사법부 자체의 일반법원에 맡기는 방법, 일반법원과 다른 특별법원을 인정하는 방법, 행정부 자체에 맡기는 방법이 있다. 우리나라는 헌법 제101조의 '사법'개념을 실질적 의미로 이해하기 때문에 민사재판·형사재판은 물론이고, 행정사건에 관한 재판권도 고유한 사법의 일환으로서 사법부에 속한다.

2. 행정행위(행정처분)

1) 행정행위의 개념

행정행위란 행정청의 행위 중에서 법집행행위로서 권력적 단독공법행위를 말한다. 개념요소로서는 '행정청이 행하는 행위', '법적 행위', '공법행위', '구체적 법집행행위', '권력적 단독행위' 등을 들 수 있다.

2) 행정행위의 내용

행정행위는 법률적 평가를 내리는 법적 행위로서 그 특징은 법적 효과를 발생·변경·소멸시키는 행위를 의미한다. 행정행위는 법률행위적 행정행위(법집행을 위한 의사표시를 구성요소로 하고, 그 효과의사의 내용에 따라 법률효과를 발생하는 행정행위)와 준법률적 행정행위(법집행행위를 위한 효과의사 이외의 정신작용의 표시를 요소로 하고, 그 법률효과는 행위자의 의사 여하를 불문하고 직접 법규가 정하는 바에 따라 발생하는 행정행위)로 나뉜다.

① 법률행위적 행정행위

가. 명령적 행위

행정행위의 상대방에 대하여 국민의 자유와 관련된 일정한 의무를 과하거나 이미 과해진 의무를 해제하는 것을 내용으로 하는 행정행위를 말한다. 헌법상 보장되어 있는 국민의 권리, 즉 자유를 제한(＝의무의 부과) 또는 회복(＝의무의 해제)하는 행정행위를 말한다.

(i) 하명	행정객체로 하여금 작위(예컨대, 청소의무, 소화협력의무 등)·부작위(예컨대, 입산금지, 통행금지 등)·수인(예컨대, 행정대집행에 대하여 정당한 이유 없이 방해해서는 안 된다는 명령 등)·급부(예컨대, 납세의무, 수수료납부의무 등) 등의 의무를 명하는 행정행위를 말한다. 특히 부작위를 명하는 행정행위를 '금지'라고 한다. 침해적 행정행위란 개인의 자유를 제한하거나 새로운 의무를 과하는 것을 내용으로 한다.
(ii) 허가	허가란 법규에 의한 일반적 금지(의무)를 특정한 경우에 해제하여 적법하게 사실상 또는 법률상 일정한 행위를 할 수 있도록 자유의 상태를 회복시켜 주는 행정행위를 말한다(예컨대, 건축허가, 운전면허, 각국의 영업허가 등).
(iii) 면제	면제란 법령 또는 하명에 의하여 과해진 의무(작위의무·수인의무·급부의무)를 특정한 경우에 해제하는 행정행위를 말한다(예컨대, 병역면제, 조세감면 등).

나. 형성적 행위

행정객체에게 특정한 권리·능력 또는 포괄적 법률관계 기타의 법률상의 힘을 형성(발생·변경·소멸)시키는 행정행위를 말한다.

(i) 특허	'광의의 특허개념'이란 특정인에 대하여 새로운 권리·능력 또는 포괄적 법률관계를 설정하는 행정행위를 말하고, '협의의 특허개념'이란 광의의 특허 중 권리설정행위를 말한다. 특허법상의 특허란 준법률행위적 행정행위로서 확인에 해당한다. 예컨대, 공기업의 특허, 공유수면의 매립특허, 토지수용권의 부여, 공무원 임명 등을 들 수 있다.
(ii) 인가	행정주체와 직접 관계가 없는 다른 법률관계의 당사자의 법률행위를 보충하여 그 법률상 효력을 완성시켜 주는 행정행위를 말한다. 행정주체는 공공이익의 증진이라는 행정목적달성을 위해서 개인의 법률행위에 관여할 수 있게 된다. 예컨대, 학교법인의 설립인가, 학교 법인 임원의 취임 승인, 특허기업의 영업양도의 인가 등을 들 수 있다.

(ⅲ) 공법상 대리	행정주체의 공권력에 의거한 행위로서, 제3자가 해야 할 일을 행정주체가 행함으로써 행한 것과 같은 효과를 일으키는 행정행위를 말한다.

② 준법률행위적 행정행위

가. 확   인

확인이란 특정한 법률사실 또는 법률관계에 관하여 의문이 있거나 다툼이 있는 경우, 행정청이 공적권위를 가지고 판단·확정하는 행정행위를 말한다. 일반적으로 특정한 법률사실 또는 법률관계의 존재나 정당성을 공권적으로 확정하는 효과를 가진다(불가변력). 예컨대, 행정심판의 재결, 각종 국가시험 합격자의 결정, 발명권의 특허 등을 들 수 있다.

나. 공   증

공증이란 특정한 사실 또는 법률관계의 존부를 공적으로 증명하는 행정행위를 말한다. 전복될 수 없는 공적 증거력을 발생하게 된다. 증거력의 정도 및 그 증거력에 다른 효과에 대한 구체적인 사항은 관계법령의 개별적 규정에 정한 바에 의해 결정하게 된다. 계약서의 내용을 좀 더 명확하게 하고 그 계약의 효력을 확실하게 보증하기 위해 공증제도를 이용하는 것이 좋다. 예컨대, 부동산 등기, 주민등록증의 발급, 운전면허증의 교부 등을 들 수 있다.

[알아가기] 내용증명?

내용증명이라고 함은 발송인이 수취인에게 어떤 내용의 문서를 언제 발송하였다는 사실을 우체국에서 증명하여 주는 우편제도를 말한다. 이러한 내용증명은 주로 소송제기에 앞서 상대방에 대하여 의무의 이행을 촉구하거나 증거력을 확보하기 위한 수단으로 이용되고 있다. 그러나 내용증명은 단지 일정한 내용의 우편물을 발송하였다는 사실을 증명해줄 뿐이고 내용의 진위 여부를 증명해 주는 것은 아니다. 예컨대, 대여금의 반환을 구하는 경우 차용증 등이 있다.

※ 참고자료: 전경근, 『생활법률(제5판)』, 박영사, 2018, 191면.

다. 통 지

통지란 특정인 또는 불특정다수인에 대하여 특정한 사실을 알리는 행정행위를 말하고 통지의 형식에 관해서는 구술에 의한 경우도 있고, 통지서의 교부·송달의 방법에 의해 이루어지는 경우도 있다.

라. 수 리

수리란 타인의 행위인 신고·신청 등을 유효한 행위라는 판단하에 수령한다는 인식표시행위를 말하고, 행정청은 수리 여부를 결정할 때 형식적 요건을 심사할 수 있을 뿐이고, 원칙적으로 실질적 심사권은 없다.

③ 행정행위의 성립

행정행위가 그 법률효과를 발생하려면 먼저 행정행위로서 '성립'하여 존재해야 하고, 존재하는 행정행위가 '유효'한 것이어야 한다.

성립요건이란 행정행위가 성립하기 위한 법사실이고, 효력요건이란 현실적으로 행정객체 또는 행정주체를 구속하는 효력을 발생하기 위한 법사실을 말한다.

가. 주체에 관한 요건

행정행위의 주체가 (i) 정당한 권한을 가진 행정기관이어야 하고 (ii) 자신의 권한 안에서 행정행위를 해야 하고 (iii) 행정행위를 함에 있어서 정상적인 상태하에서 이루어져야 한다.

나. 내용에 관한 요건

행정행위의 내용은 행정주체가 그 행정행위로 발생시키고자 하는 법률효과를 말한다. 행정행위가 제대로 성립해서 완전한 효력을 발생하기 위해서는 그 내용이 법률상·사실상 실현 가능하고, 객관적으로 명확하고, 적법 타당해야 한다.

다. 절차에 관한 요건

행정행위에서 절차는 행정행위의 내부적 성립과정으로서 행정행위의 완성을 목적으로 하여 서로 연속적으로 발전하는 일련의 법적 요건을 말한다.

라. 형식에 관한 요건

행정행위에는 특별한 형식이 필요없는 경우가 많으나. 행정행위의 내용을 객관적으로 분명하게 하고, 그에 관한 증거를 보전하기 위해서 요식행위로 하는 경우가 있다.

④ 행정행위의 효력

가. 행정행위의 구속력

행정행위는 법적 요건(성립요건과 효력발생요건)을 갖춤으로써 그 내용에 따라 법률적 효과가 발생하게 된다. 법률적 행정행위의 경우는 효과의사, 준법률적 행정행위의 경우는 법률의 규정에 의하여 법률적 효과가 생기게 된다.

나. 행정행위의 예선적 효력(豫先的 效力)

일단 행정행위가 행해지면, 그것이 처음부터 당연무효가 아닌 이상, 권한있는 기관(처분행정청, 상급행정청, 수소법원)에 의하여 취소·변경되기까지 행정행위로서 효력이 있는 것으로 인정되는 것이다.

다. 행정행위의 확정력

행정행위의 효력을 다툴 수 없고(불가쟁력: 행정행위의 상대방이 행정행위의 효력에 대하여 더 이상 다툴 수 없는 효력을 말한다. 예컨대, 행정행위의 효력을 다툴 수 없는 상태로는 행정행위에 대한 출소기간이 경과했다든가 또는 쟁송수단을 다한 경우), 행정행위를 변경할 수 없는 힘(불가변력)을 말한다. 행정행위는 행정청의 직권에 의하여 그 원시적 흠을 이유로 취소하거나, 후발적 사정을 이유로 철회할 수 있다. 행정청의 조처는 행정행위의 흠 또는 부적합성을 시정하게 함으로써 법치행정의 원리를 실현하고, 행정의 공익적합성과 정세적합성의 요청을 이룩하기 위한 것으로 이해한다.

라. 행정행위의 자력집행력

행정권 자체의 힘에 의해서 행정처분의 목적을 실현할 수 있는 효력이 행정처분 안에 담겨있다.

마. 행정행위의 실행

행정행위가 일정한 법적 요건을 갖추게 되면, 행정행위는 유효한 행정행위로서 그 내용을 실행하는 단계이다. 행정주체는 행정목적 달성을 위해서 어떻게 행정객체를 제재할 것인가 하는 제도적 장치를 요한다.

| 행정강제 | 행정주체가 한 행정행위의 내용의 실현(행정목적의 실현)을 확보하기 위하여, 행정객체의 실체 또는 재산에 실력을 행사하는 것을 말한다. 법적 행위인 행정행위를 실현하는 권력적인 실력행사로서의 사실행위를 말한다. 강제집행의 전제가 되는 행정행위는 그 성립에서 행정청의 우월한 지위, 우월한 의사가 인정 |

	된다(권력적 단독행위). 행정강제의 예로서는 대집행(예컨대, 위법한 위법건축물 철거명령에 불응한 경우의 건축물철거의 대집행 등), 집행벌(예컨대, 건축법, 농지법상 이행강제금 등), 직접강제(예컨대, 출입국관리법상의 강제퇴거, 도로교통법상 위험방지조치 등), 강제징수(예컨대, 국세체납자에 대한 체납처분 등)가 있다.
행정벌	행정법상 의무위반에 대하여 제재를 과하는 것이다. 행정법상 의무위반은 행정행위와 관련된 경우도 있고, 법령의 준수와 관련된 경우도 있다. 행정벌을 실제 과하는 경우는 행정행위의 내용 및 법령의 준수에 따른 의무의 위반이 있을 때이다. 행정벌의 간접적 의무이행 확보수단이다. 행정벌의 권한을 행정주체에게 인정하는 특권을 비록 부여했더라도 행정벌은 그 성질상 처벌적 성격을 가지고 있다. 법치행정의 원리상 모든 행정작용이 원칙적으로 법률의 근거가 있어야 하지만, 더 강한 성문성이 요구된다. 예컨대, 국토이용관리법, 건축법, 도로교통법, 자동차관리법, 자동차운수사업법, 경찰관직무집행법, 집회 및 시위에 관한 법률 등이 있다. 행정벌은 행정형벌과 행정질서벌로 나누어진다. 행정형벌이란 형법의 형명이 있는 행정벌이라는 뜻이다(형법상의 형벌이론 적용과 예외). 행정질서벌이란 형법의 형명에 없는 행정벌로서 과태료라고 한다.

Ⅳ. 행정구제

행정기관의 작용으로 자신의 권리나 이익이 침해되었거나 침해될 것으로 주장하는 자가 행정기관이나 법원에 원상회복, 손해전보 또는 당해 행정작용의 취소나 변경을 청구하거나 기타 피해구제 등을 청구하고 이에 대하여 행정기관 또는 법원이 이를 심리하여 권리나 이익의 보호에 관한 결정을 내리는 것이다.

1. 행정상 손해전보

행정주체의 행정작용으로 말미암아 행정객체에게 손해를 발생시킨 경우, 그 손해를 행정주체가 전보할 책임이 있다.

1) 불법행위로 인한 손해배상(행정상 손해배상)

공무원의 직무상 불법행위로 인하여 손해를 입은 국민에 대해서 국가 또는 공공단체가 그 손해를 배상해 주는 제도를 말한다. 국가무책임의 원칙으로부터 국가책임의 원칙으로 이행하는 측면을 보여주고 있다. 우리나라 헌법 제29조 제1항에서 법적 근거를 들 수 있다.

① 공무원의 위법한 직무행위로 인한 손해배상

국가배상법 제2조는 공무원의 위법한 직무행위로 인한 국가의 배상책임을 명시한다. 국가 또는 지방자치단체가 국가배상법 제2조에 의하여 배상책임을 지는 경우는 공무원이 그 직무를 집행함에 있어서 고의 또는 과실로 법령에 위반하여 타인에게 손해를 가하거나 자동차손해배상보장법의 규정에 의하여 배상책임이 있는 경우이다.

② 공공시설 등의 하자로 인한 손해배상

국가배상법 제5조는 공공시설의 설치 또는 관리의 잘못으로 인한 국가 또는 공공단체의 배상책임을 규정하고 있다. 공공시설의 설치, 관리상의 잘못으로 인한 국가 또는 지방자치단체가 지는 손해배상책임은 일종의 무과실책임이다. ① 공공시설(공공의 영조물)의 존재, ② 그 시설의 설치·관리의 하자, ③ 그로 인해 손해가 발생하는 경우이다.

2) 적법행위로 인한 특별희생에 대한 손실보상(행정상 손실보상)

① 의　　의

적법한 공권력의 행사에 의해 가해진 사유재산상의 특별한 희생에 대하여 사유재산의 보장과 공평부담의 원칙에서 행정주체가 이를 조정하기 위하여 행하는 재산적 보장을 의미한다. 헌법 제23조 제2항은 국민의 재산권의 불가침을 보장하고, 제3항에서 "공공필요에 의한 재산권의 수용·사용 또는 제한 및 그에 대한 보상은 법률로써 하되 정당한 보상을 지급해야 한다." 따라서 법적 근거로 손실보상은 헌법 23조 제3항을 근거로 이하 개별법에 규정되어 있으나 일반법이 존재하지 않으며 따라서 헌법 23조 제3항이 손실보상의 일반기준으로 위치하고 있다.

② 손실보상의 원인

적법한 공권력의 행사로 인하여 사유재산에 대하여 '특별한 희생'이 가해졌다고 하는 경우, 무엇이 '특별한 희생'인가? 재산권에 내재하는 일반적, 사회적인 제약과 '특별한 희생'과의 관계에 관하여 학설이 대립한다. 형식적 기준설과 실질적 기준설이 대립하고 있다. 다수설은 이 양설을 종합적으로 고찰한 절충설로 침해행위가 특정인 또는 비교적 한정된 범위의 사람들에 대한 것이고, 그것이 재산권의 본체에 대한 본질적인 침해인 때 특별한 희생으로 본다.

③ 손실보상의 기준과 방법

헌법 제23조 제3항이 손실보상의 일반기준으로 작용하고 있는바, 그 중 '정당한 보상'의 의미와 관련하여 ① 완전보상설(손실의 시가나 거래가격에 의한 완전한 전보가 필요)과 ② 상당보상설(공익상 합리적 이유가 있을 때에는 시가나 거래가격을 낮춤)이 대립하고 있다. 헌법재판소는 "헌법 제23조 제3항의 정당한 보상이란 완전보상을 뜻하는 것으로서 보상금액뿐만 아니라 보상의 시기, 방법 등에 있어서도 어떠한 제한을 두어서는 안 된다는 것을 의미한다"고 함으로써 전설을 취하고 있다. 헌법 제23조 제3항 '정당한 보상'과 토지수용법 제46조 제1항－제50조 및 제16조 및 기타 개별법(국토이용관리법, 도시계획법, 도시재개발법, 건축법)에서 완전보상을 원칙으로 하나 국방·국토개발·환경조성 등 불가피한 경우에는 예외적으로 낮출 수 있다.

2. 행정쟁송

1) 의   의

행정상 법률관계에 분쟁이 있는 경우 당사자의 청구에 의하여 행정청에서 이를 심판하는 행정쟁송절차를 총칭한다.

① 행정심판

행정조직의 내부에서 행정청 자신에 의해 적은 비용으로 간이 신속한 절차에 따라 국민의 권리, 이익의 구제를 도모, 행정의 자율적 반성과 그 적정한 운영을 확보하는 것을 의미한다.

표 10-1 행정심판과 행정소송의 차이점

	행정심판	행정소송
담당기관	행정기관	법원
심리	구술 또는 서면	구술
심판대상	적법성 및 합목적성(위법성과 부당성)	위법성(적법성)
심판종류	의무이행심판	부작위의 위법확인소송

② 행정소송

공정 및 독립의 법원에 의한 정식의 소송절차에 의해 국민의 권리구제를 도모하고, 참다운 법치주의를 실현한다.

2) 행정심판

① 행정심판의 종류

가. 취소심판

행정청의 위법 또는 부당한 공권력의 행사 또는 그 밖에 이에 준하는 행정작용으로 인하여 권익을 침해당한 자가 그 취소 또는 변경을 구하는 행정심판을 말한다.

나. 무효 등 확인심판

처분의 효력유무 또는 존재여부에 대한 확인을 구하는 행정심판을 말한다. 무효인 행정행위가 외관을 띠고 존재함으로써 유효한 것으로 오인될 염려가 있거나 행정행위로서 성립되지 한 것이 존재하는 것으로 오인될 우려가 있다.

다. 의무이행심판

행정청의 위법 또는 부당한 거부처분 또는 부작위가 있는 경우, 그에 대해서 법률상 의무지워진 처분의 이행을 구하는 행정심판을 말한다. 행정청이 어떠한 행정도 하지 않고 가만 있다고 생각할 때, 그 상태가 바로 잘못된 것임을 시정하기 위해서 인정된 것이다. 예컨대, 건축허가를 신청하였으나 처리기간 내에 허가처분도 불허가처분도 없는 경우를 들 수 있다.

② 행정심판기관

우리나라 행정심판법은 심리·의결기관으로서 행정심판위원회와 재결기관으로서 재결청을 분리한다. 재결청(裁決廳)이란 행정심판사항에 관한 국가의사를 결정·표시하며 행정상 법률관계에 관한 분쟁을 해결하는 행정청이다. 행정심판위원회는 행정심판의 실질적인 심판기관이다. 판사, 검사, 변호사의 자격이 있는 자, 대학의 법학부교수 이상의 직에 있었던 자, 4급 이상의 행정공무원이었던 자 또는 행정심판에 지식·경험이 있었던 자 중에서 행정심판위원이 될 수 있다.

③ 행정심판의 절차

가. 행정심판의 제기

(ⅰ) 당사사(주체)에 관한 제기요건

행정심판절차는 사법절차에 준하여 행해지기 때문에 행정심판의 당사자관계에 원칙적으로 대심구조를 취한다.

(ⅱ) 행정심판의 대상(객체, 목적물)에 관한 제기요건

행정심판의 대상	행정심판 사항으로서 행정심판을 제기하여 취소 또는 변경을 요구하며 다투는 행정청의 작위·부작위 등이다.
개괄주의 및 열기주의의 2가지 방법	행정쟁송의 대상을 정하는 방법에는 열기주의와 개괄주의가 있는데, 열기주의란 쟁송을 허용하는 사항을 개별화하여 열기하고, 그 특정된 사항만을 행정쟁송의 대상으로 하는 제도를 말한다. 이러한 열기주의는 그 대상을 제한없이 일반적으로 인정하는 개괄주의에 비하여 남소나 행정쟁송의 한계의 불명이라는 단점을 제거할 수 있다. 그러나 국민의 권리구제에 불충실하다는 비판을 면할 수 없는 것이 사실이다. 행정청의 처분 또는 부작위에 대하여 다른 법률에 특별한 규정이 있는 경우를 제외하고는 이 법에 의하여 행정심판을 제기할 수 있다.

(ⅲ) 절차에 관한 제기요건(경유절차제도)

심판청구는 피청구인인 행정청을 거쳐서 제기할 것을 규정하고 있다.

(ⅳ) 형식에 관한 제기요건

심판청구기간과 심판청구의 일정한 양식이 있다. 심판청구는 일정한 기간 내에 제기해야 한다. 심판청구는 일정한 사항을 기재한 서면으로 해야 한다. '심판청구를 서면'으로 하게 한 것은 심판청구의 내용을 명확하게 하고 심판청구의 방식을 획일적 및 통일적으로 함으로써 구술에 의한 심판청구를 하는 경우에 생길 수 있

는 지체와 번잡을 피하자는 취지이다.

나. 행정심판의 심리

행정심판사건에서 사실관계와 법률관계를 명확하게 하여 행정심판재결의 기초가 되는 절차이다. 행정심판이 제기되면 재결청(裁決廳)은 사건을 소속 행정심판위원회로 회부하게 된다. 행정심판의 심리는 서면심리주의를 원칙으로 하지만 당사자의 신청이 있거나 위원회가 필요하다고 인정할 때에는 구술심리할 수 있다. 행정심판의 심리 범위에서 불고불리(不告不理)의 원칙1)이 적용되며 법률문제와 사실문제의 심리가 동시에 이루어진다.

다. 행정심판의 재결

(ⅰ) 각하재결

요건심리의 결과 심판청구의 제기요건에 흠결이 있는 부적법한 심판청구라 하여 본안에 대한 심리를 거절하는 재결을 말한다.

(ⅱ) 기각재결

본안심리의 결과 그 심판청구가 이유없다고 인정하여 청구를 배척하고 원처분을 지지하는 재결을 말한다.

(ⅲ) 인용재결

본안심리의 결과 심판청구가 이유있다고 받아들여지는 내용의 재결을 말한다.

(ⅳ) 사정재결

심판청구에 대한 본안심리의 결과 그 청구가 이유있다고 인정되는 경우에도 그 처분을 취소·변경하는 것이 현저히 공공복리에 어긋난다고 인정되는 때 그 심판청구를 기각하는 재결을 말한다.

3) 행정소송

① 의　　　의

행정상 법률관계에 관한 다툼이 있을 때, 그 해결을 법원이 재판절차에 의하여 행하는 쟁송절차를 말한다.

행정쟁송의 기능은 다음과 같다.

---

1) 검사가 공소를 제기하지 않으면 법원은 심판을 개시할 수 없으며(탄핵주의), 검사가 공소장에 적시한 피고인과 범죄사실에 한해서만 심판할 수 있는 제도를 말한다.

　가. 행정통제적 기능: 행정사건에 대한 법적 판단을 통해서 행정의 합법성 및 합목적성을 보장하는 작용을 말한다.

　나. 행정소송의 권익구제적 기능: 행정작용을 법에 종속시켜 그 자의를 불허함으로써 개인의 자유와 권리를 보장하는 기능을 말한다.

　② 행정소송의 종류

　가. 항고소송

　"행정청의 처분 등이나 부작위에 대하여 제기하는 소송"을 말한다. 우월한 행정의사의 발동으로 생긴 행정상 법률관계(행정청의 공권적 행위)와 관계해서 그 자체의 위법상태를 시정함으로써 행정의 적법성을 확보한다.

　(ⅰ) 취소소송

　행정청의 위법한 처분이나 재결의 취소 또는 변경을 구하는 소송이고, 행정소송의 가장 대표적인 것으로서 예선적 효력을 가지는 행정청의 행위를 소급적으로 소멸시키는 것을 의미한다.

　(ⅱ) 무효 등 확인소송

　행정청의 처분이나 재결의 효력유무 또는 존재여부의 확인을 구하는 소송이고, 유효확인소송, 무효확인소송, 실효확인소송 등이 있을 수 있고, 존재여부확인소송의 유형으로 존재확인소송, 부존재확인소송 등이 그 예이다.

　(ⅲ) 부작위위법확인소송

　행정청의 부작위가 위법하다는 확인을 구하는 소송으로 한편으로는 올바른 행정사무를 위하여 사무처리를 촉진하고, 다른 한편으로는 행정청의 부작위로 인한 개인의 권익침해를 구제한다.

　나. 당사자소송

　행정청의 처분 등을 원인으로 하는 법률관계에 관한 소송, 그 밖에 공법상의 법률관계에 관한 소송으로서 그 법률관계의 한쪽 당사자를 피고로 하는 소송이다.

　(ⅰ) 행정청의 처분 등을 원인으로 한 법률관계에 관한 소송

　행정청의 처분 등을 원인으로 한 법률관계란 공권력의 행사·불행사의 결과로서 생긴 법률관계이다.

　(ⅱ) 그 밖의 공법상의 법률관계에 관한 소송

　행정상 법률관계에서 (서로 대립되는) 대등한 당사자 사이의 법률관계의 형성

또는 존부에 관한 소송을 의미한다.

다. 민중소송

국가 또는 공공단체의 기관이 법률에 위반되는 행위를 한 때, 직접 자기의 법률상 이익과 관계없이 그 시정을 구하는 소송이다. 국민투표에 관한 것(국민투표법 제72조)으로서는 선거에 관한 것(대통령선거법, 국회의원선거법 제145조-151조), 지방자치에 관한 것(지방자치법) 등이 있다.

라. 기관소송

국가나 공공단체의 기관 상호간에 권한의 존부 또는 그 행사에 관한 다툼이 있을 때에 그에 관하여 제기하는 소송이다.

③ 행정소송의 절차

가. 행정소송의 제기

행정소송의 주체(당사자)에 관한 요건은 원고·피고라는 소송주체가 존재해야 한다. 행정소송의 객체란 행정심판사항으로서 행정심판을 제기하여 취소 또는 변경을 요구하며 다투는 행정청의 작위·부작위 등이다. 행정소송의 제도적 취지는 행정심판과 함께 보다 올바른 행정문화의 정착이다.

> (i) 항소소송의 객체로는 행정청의 처분, 행정청의 부작위를 들 수 있다.
> (ii) 당사자소송의 객체로서는 공법상의 법률관계를 들 수 있다.
> (iii) 민중소송과 기관소송의 객체 — 당해 법률이 정하는 바에 따라 개별적으로 판단한다.

나. 행정소송의 절차와 형식에 관한 요건

법령에 의하여 위법·부당한 처분에 대한 행정심판이 인정되고 있는 경우, 그 행정심판을 행정소송의 제기를 위한 필요적 전심절차로 하는 제도이다(행정심판전치주의). 행정소송의 소장형식과 행정소송의 관할법원, 그리고 행정소송의 제기기간에 관한 요건을 갖추어야 한다.

다. 행정소송의 심리

소송의 심리는 소에 대한 판결을 하기 위하여 그 기초가 될 소송자료를 수집하는 것으로서 소송절차의 가장 중심적 위치를 차지하고 있다. 행정소송사건에서 사실관계와 법률관계를 명확하게 하여 행정소송판결을 기초되게 하는 절차를 말한다. 구술심리가 원칙이다.

라. 행정소송의 판결

행정소송의 제기요건이 구비되지 못한 경우에는 소각하판결을 내리고, 계쟁행정처분이 적법하거나, 소송계속 중 소의 목적이 소멸되거나, 청구에 이유가 있으나 처분을 유지함이 공공복리에 적합한 경우 청구를 기각하며, 청구가 이유있는 경우에는 행정처분의 무효 또는 부존재확인 및 부작위위법확인(확인판결), 행정처분의 일부 또는 전부를 취소(형성판결)하는 판결을 하게 된다.

V. 개별행정

부문별 개별행정작용을 목적에 의해 분류한 행정을 의미한다. 예컨대, 경찰, 교육, 재무, 조세, 경제, 교통, 상공, 농림수산, 보사, 체육, 외무, 군사행정 등이다.

1. 내무행정

국내에서 행하는 행정 또는 국내와 관련해서 행하는 행정이다. 이는 적극적 작용과 소극적 작용으로 나누어진다.

1) 질서행정

공공의 안녕과 질서를 유지하는 것을 직접적 목적으로 하는 행정이다. 오늘날 경찰행정이란 의미와 질서행정이라는 의미는 반드시 일치하는 개념이 아니다. 질서행정을 소극적이라고 이야기하는 것은 자유주의적 정치이념이 활발히 논의되었던 18-19세기의 야경국가와 자유방임주의를 배경으로 한다.

2) 복리행정

사회공공의 복리증진을 목적으로 하는 행정으로, 행정객체인 국민이 인간다운 생활을 할 수 있도록 배려하는 행정이다. 이는 20세기 현대 복지국가주의의 개념의 등장으로 국민대중의 적극적인 복리를 증진하고, 국민경제의 발전을 기하기 위한 것이다. '생활배려행정', 또는 '급부행정'이라고도 불린다.

3) 유도행정

구제행정, 개발행정, 정서행정, 개발정서행정을 총칭하는 개념으로 국민의 경제적, 사회적, 지리적, 환경적 생활을 보전하고 개선하기 위하여 국민생활을 일정한 방향으로 유도정서(보호조장·규제조정)하는 행정활동이다.

2. 재무행정

국가 또는 공공단체의 존립과 활동에 필요한 재력을 획득·관리하는 것을 목적으로 하는 행정이다.

1) 재정권력작용

세금, 분담금의 부과징수와 같이 행정에 필요한 자금을 조달하는 행정으로서 공조 또는 공과행정이라고 한다.

2) 재정관리작용

비권력적으로 재력을 취득하거나 취득한 재산을 관리하는 행정으로서 조달 또는 수급행정이라고 한다. 예컨대, 전매행정 등이 있다.

3. 사법행정

재판에 필요한 인적 및 물적 설비의 취득관리와 재판에 부수하여 필요한 사법적 질서의 유지형성에 관한 작용이다. 이는 헌법의 권력분립정신과 사법부의 독립을 위하여 법원에서 관장한다.

4. 외무행정

이는 국가의 대외국관계에 관한 작용이다. 국외관계에서 행하는 국외적 의미의 입법작용은 국제법의 연구영역이 되고 국내적 의미의 입법작용은 헌법의 연구영역이 된다. 예컨대, 외무행정조직, 외국공무원인사관리, 국내거주 외국인 관리, 출입국 관리 등이다.

5. 군사행정

국방을 위하여, 군사력의 취득·관리와 그 군사력을 사용한다. 군사력을 취득·관리하기 위해서는 일반행정상 법률관계에서 국민에게 명령·강제하고 부담을 과하는 경우도 있고, 군복무관계에서와 같이 특별권력관계에서 이루어지는 경우도 있다.

❖ 확인평가

1. 공무원의 권리, 의무, 책임에 대해 설명하시오.

2. 법률행위적 행정행위에 대하여 설명하시오.

3. 행정벌에 대하여 설명하시오.

4. 행정상 손해배상제도에 대하여 설명하시오.

❖ 출제예상문제

1. 다음 중 행정주체와 국민간의 관계를 가장 잘 나타낸 것은?

① 공법관계이다.
② 사법관계이다.
③ 권력관계이다.
④ 사법관계일 때도 있고 공법관계일 때도 있다.

〈해설〉 ④ 행정작용법은 독립된 법인격주체인 행정주체와 국민간의 관계를 규율하는 법이므로 대외적으로 법적 효과를 갖는 법이다.

2. 행정행위의 효력의 특징으로 맞지 않는 것은?

① 행정행위가 법적 요건을 갖춤으로써 행정행위는 그 내용에 따라 법률적 효과가 발생한다.
② 일단 행정행위가 행하여지면, 그것이 처음부터 당연무효가 아닌 이상, 권한있는 기관에 의하여 취소·변경되기까지 행정행위로서 효력이 있는

것으로 인정된다.

③ 일정기간이 지나면 그 효력을 다투지 못하는 불가쟁성을 가진다.

④ 다음 행정처분에 대한 내용적인 구속력인 기판력을 가진다.

〈해설〉 ④

3. 나음 중 준법률행위적 행정행위가 아닌 것은?

① 수리

② 공증

③ 통지

④ 면제

〈해설〉 ④

4. 다음 행정구제제도에 대한 설명으로 맞지 않는 내용은?

① 손해배상과 손실보상의 가장 본질적인 구별기준은 침해의 위법·적법성
여부이다.

② 사전적 구제제도로는 옴부즈맨제도가 있다.

③ 행정기관에 의한 기본권 침해에 대한 구제방법으로 국가배상청구, 행정
심판, 행정소송이 있다.

④ 헌법재판소는 손실보상의 기준에 대하여 상당보상설을 취하고 있다.

〈해설〉 ④

제11장
민 법

I. 머 리 말

민법(民法)은 실질적 의미와 형식적 의미로 구분하여 볼 수 있다. 실질적 의미의 민법이란 개인 상호간의 사적 생활관계를 규율하는 법이고, 형식적 의미로는 성문의 민법전을 의미한다.

1. 민법의 의의

1) 민법은 사법이다.

국가나 공공단체의 구성원으로서 생활관계는 공법이고, 인류로서의 생활관계는 사법(가족법, 재산법)이다.

2) 민법은 일반사법이다.

3) 민법은 실체법이다.

직접 권리 및 의무의 귀속, 변동 및 범위를 정하는 법이다.

2. 민법전의 체제

1) 근대민법전의 체제

인스티투치오의 체계(프랑스계)와 판덱텐 체계(독일계)가 있다.

2) 민법전의 체제

제1편: 총칙, 제2편: 물권, 제3편: 채권, 제4편: 친족, 제5편: 상속.

3. 민법의 기본원리

1) 근대 민법의 기본원리

인간은 출생과 생존에 있어서 자유와 평등의 권리를 갖는다. 헌법 제11조에서는 "모든 국민은 법 앞에 평등"함을 규정하고 있고, 민법 제3조에서는 "사람은 생존한 동안 권리와 의무의 주체가 된다"고 하고 있다. 인간은 (i) 나면서부터 평등하고 독립된 지위(권리능력, 법인격)를 가지게 되고, (ii) 그 재산권이 보장(사유재산제도, 소유권의 절대 등)되며, (iii) 자기의 자유로운 의사에 따라 자기의 생활관계를 처리(계약의 자유)할 수 있게 된다.

① 소유권절대의 원칙(사유재산 존중의 원칙)

"재산권은 보장된다 … 공공필요에 의한 재산권의 수용, 사용 또는 제한 및 그에 대한 보상은 법률로써 하되, 정당한 보상을 지급하여야 한다(헌법 제23조). 시민의 소유권은 국가라 할지라도 이를 존중하지 않으면 아니 된다.

② 계약자유의 원칙(사적자치의 원칙)

경제활동의 결과 얻어진 재산은 소유권절대의 원칙에 의하여 보장받고 있지만 재산권을 획득하고자 하는 행위 자체의 자유도 보장한다.

가. 계약체결 여부의 자유
나. 계약체결의 상대방을 선택하는 자유
다. 계약의 내용을 결정하는 자유
라. 계약에 있어서 방식의 자유를 그 내용으로 한다.

③ 과실책임의 원칙(자기책임의 원칙)

개인은 고의 또는 과실로 위법하게 타인에게 가한 손해에 대해서만 손해배상 책임을 진다는 원칙을 말한다. 고의 또는 과실없이, 즉 무과실로 타인에게 손해를 가한 때에는 배상할 필요는 없다.

2) 현대 민법의 기본원리

① 소유권 공공의 원칙

사회전체의 이익을 위하여 제한을 받아야 하는 성질의 것이다. 헌법 제23조 제2항 "재산권의 행사는 공공복리에 적합하도록 하여야 한다"고 규정하고 있고, 민법 제2조 제2항에서는 "권리는 남용하지 못한다"고 규정하고 있으며, 민법 제211조에서는 "소유자는 법률의 범위 내에서 그 소유물을 사용·수익·처분할 권리가 있다"고 규정하고 있다.

② 계약공정의 원칙

사회질서에 반하는 계약뿐만 아니라 심히 공정성을 잃은 계약은 보호를 받을 수 없다는 원칙을 말한다. 따라서 민법 제104조에 따라 불공정한 법률행위는 무효이다. 민법 제2조 제1항에서는 "권리의 행사와 의무의 이행은 신의에 좇아 성실히 하여야 한다"고 규정한다.

③ 무과실책임의 원칙

"과실없이는 책임이 없다"는 원칙이다. 최근에는 비록 과실이 없는 경우에도 대규모의 근대적 기업이나 시설에 따른 재해와 위험의 증대에 대한 기업책임 또는 무과실책임을 인정한다.

4. 권리행사의 한계

1) 신의성실의 원칙

"권리의 행사와 의무의 이행은 신의에 좇아 성실히 하여야 한다(민법 제2조 제1항). 권리자와 의무자는 사회공동생활의 일원으로서 서로 상대방의 신뢰를 헛되이 하지 않도록 성실하게 행동해야 한다.

2) 권리남용금지의 원칙

"권리는 남용하지 못한다"(민법 제2조 제2항). 권리남용은 외형적으로는 권리의 행사인 것처럼 보이나, 실질적으로 보면 신의성실의 원칙과 권리의 사회성에 반하는 권리행사로 인정되는 경우이다. 권리남용으로 되는 경우에는 권리행사로서의 효과는 발생하지 않는다. 권리남용으로 타인에게 손해를 입혔을 때에는 권리자는 손해배상의 책임이 있다.

Ⅱ. 민법총칙

1. 권리의 주체

1) 의   의

사인 상호간의 권리의무 관계에서 권리의무를 지는 자이다. "인"이란 자연인과 법인을 포함한다. 매도인과 매수인을 포함한다.

2) 자 연 인

① 권리능력

권리능력이란 권리의무의 주체가 될 수 있는 지위를 말한다. 민법 제3조에서는 "사람은 생존한 동안 권리와 의무의 주체가 된다"고 규정하고 있다. 태아의 이익을 보호하기 위하여 민법은 특별한 경우에 태아를 이미 출생한 것으로 본다(개별주의). 예외적으로는 불법행위로 인한 손해배상의 청구(민법 제762조), 부의 인지(민법 제858조), 상속(민법 제1000조), 유증(민법 제1064조)의 경우에는 태아의 권리능력을 인정하고 있다. 민법은 태아가 모체로부터 전부노출된 순간부터 출생한 것으로 보고(전부노출설), 그 순간부터 살아있는 동안 권리능력을 갖는 것으로 본다.

태아도 손해배상청구권에 관하여는 이미 출생한 것으로 보는바, 부가 교통사고로 상해를 입을 당시 태아가 출생하지 아니하였다고 하더라도 그 뒤에 출생한 이상 부의 부상으로 인하여 입게 될 정신적 고통에 대한 위자료를 청구할 수 있다(대법원 1993. 04. 27. 선고93다663 판결).

② 행위능력

자연인이 유효한 법률행위를 하기 위해서는 그 전제로서 자기의 판단과 의사에 따라서 그것을 할 수 있는 능력을 말한다. 개인의사자치의 원칙을 말한다. 행위능력은 의사능력 또는 정신능력을 말한다. 의사능력이란 법률행위를 할 개별적인 경우의 실질적 판단능력을 말한다. 행위능력이란 혼자서 완전히 계약과 같은 법률행위를 할 수 있는 능력을 말한다.

③ 제한능력자

민법에서는 미성년자, 한정치산자, 금치산자를 통칭하여 규정하고 있었다. 2011. 3. 7.에 개정된 민법은 금치산 및 한정치산이라는 용어가 낙인적 효과를 수반하여 제도 자체의 이용을 꺼리게 되고 실제로 보호가 필요한 사람들에게 효율적으로 도움을 주지 못한다는 비판이 제기되어 금치산 및 한정치산제도를 후견제도로 대체하였다. 미성년자는 만 18세 미만의 사람을 말한다(민법 제4조). 따라서 만 19세로 성년에 이르게 된다. 미성년자도 혼인하면 성년에 이른 것으로 본다(성년의제). 미성년자가 법률행위를 함에는 법정대리인의 대리하여 행하거나 법정대리인의 동의를 얻어야 할 수 있다(제4조, 제5조 제1항). 예외적으로 권리만을 얻거나 의무를 면하는 행위, 법정대리인이 범위를 정하여 처분을 허락한 재산의 처분행위, 영업이 허락된 미성년자가 그 영업에 관하여 하는 행위, 대리행위, 유언행위(만 17세에 달한 자), 무한책임사원의 자격에서 하는 행위, 임금의 청구 등을 단독으로 할 수 있다. 피성년후견인은 질병, 장애, 노령, 그 밖의 사유로 인한 정신적 제약으로 사무를 처리할 능력이 지속적으로 결여된 사람으로서, 일정한 자의 청구에 의하여 가정법원으로부터 성년후견개시의 심판을 받은 자이다(민법 제10조). 피한정후견인은 질병, 장애, 노령, 그 밖의 사유로 인한 정신적 제약으로 사무를 처리할 능력이 부족한 사람으로서, 일정한 자의 청구에 의하여 가정법원으로부터 한정후견개시의 심판을 받은 자이다(민법 제12조). 제한능력자의 법률행위는 취소할 수 있고, 또 그 취소권은 제한능력자 쪽만 가지고 있다.

3) 법   인

법인은 단체 스스로가 마치 사람과 같이 권리능력을 갖고 그 단체의 이름으로 권리를 가지며 의무를 진다. 법인의 내부에 있는 자연인이 행위를 하고 그 행위가 법인의 행위로 법상 인정되는 제도이다. 민법 제31조는 법률의 영역에 자연인 외에 법인이라는 존재를 규정한다.

법인의 기초에 따라 사단법인과 재단법인으로 나누어진다. ① 사단법인은 목적을 가진 사람늘이 보여 집합체가 되어 있는 법인올 말한다. 사단법인이 성립하기 위해서는 자치법규(정관)를 가지고 있어야 하고, 총회와 대표자가 있어야 하며, 주무관청의 허가를 받은 후 설립등기를 해야 한다. ② 재단법인은 장학이라고 하는 일정한 목적을 위하여 바쳐진 장학기금과 같은 재산을 기초로 해서 이를 운영하는 조직을 말한다. 따라서 재단법인이 성립하기 위해서는 기본재산을 가지는 외에 사단법인에서와 같은 절차를 거쳐야 한다. 민법상의 사단법인과 재단법인은 학술, 종교, 자선, 기예, 사고 기타 영리 아닌 사업을 목적으로 하는 비영리법인이어야 한다. 다만 재단법인의 경우에는 이익을 나누어 가질 구성원이 없으므로 어떠한 경우에도 영리를 목적으로 하지 못하지만, 민법 이외의 법률(특히 상법)에 의하여 성립하는 사단법인의 경우에는 영리를 목적으로 하여 설립될 수 있다.[1] 한편, 권리능력없는 사단(또는 법인격없는 사단)이란 사단으로서의 실질(정관, 총회, 대표자)은 갖추고 있으나, 법인격을 취득하지 못한 사단을 말한다. 대표적인 경우로는 종중, 교회, 사찰 등이 있다. 이에 대해서는 실무상 사단법인에 관한 규정을 준용하는 것을 말한다. 또한 권리능력 없는 재단은 법인으로서의 실질은 갖추고 있으나 법인격을 취득하지 못한 재단을 말한다. 이에 대한 대표적인 예로서는 상속인이 한정승인을 한 상속재산(민법 제1028조 이하), 상속인 없는 상속재산(민법 제1053조 이하), 파산재단(채무자 회생 및 파산에 관한 법률 제382조 이하) 등을 들 수 있다.

법인의 기관으로서 ① 이사는 대외적으로 법인을 대표하고 대내적으로 법인의 업무를 집행하는 상설적인 필수기관이다. ② 감사는 법인의 재산 및 사무집행의 상태를 감독하는 법인의 임의기관(민법 제66조, 제67조) ③ 총회는 사단법인을 구성하는 사원 전원으로 구성되는 사단법인의 최고의사결정기관이며 필수기관이다.

---

[1] 전경근, 『생활법률(제5판)』, 박영사, 2018, 17면.

표 11-1 법인의 종류

법인	공법인	국가		공법적용
		공공단체	지방자치단체 공공단체	
	사법인	사단법인	영리사단법인(회사, 은행 등) 비영리사단법인(적십자사 등)	상법적용
		재단법인	비영리사단법인에 한함, 학교재단 등	민법적용

2. 권리의 객체

1) 의   미

권리의 객체란 물건을 의미한다. 물건이란 '유체물 및 전기 기타 관리할 수 있는 자연력'을 말한다(민법 제98조). 예컨대, 살아있는 사람의 신체는 물건이 아니다. 절단 및 분리된 사람의 신체의 일부나 유해는 물건이다.

2) 부동산과 동산

① 부동산과 동산

부동산이란 토지 및 그 정착물이다. 토지는 그 구성부분인 땅속의 토사 및 암석 등을 포함한 관념을 가리키고, 정착물은 계속적으로 토지에 부착된 건물 및 수목 등을 말한다. 동산이란 부동산 이외의 물건을 가리킨다. 토지에 부착된 수목이라도 묘목과 같이 식물원이나 묘목상회에서 가식중의 수목도 포함한다.

② 주물과 종물

종물은 주물의 처분에 따른다.

③ 과실과 원물

과실은 어떤 물건으로부터 생기는 경제적인 수익이다. 천연과실과 법정과실(민법 제101조)로 나뉜다. 원물이란 과실을 산출하는 물건을 가리킨다.

3. 권리의 변동

1) 의   의

법률관계가 형성되면 법률효과가 발생한다. 권리변동을 일으키는 원인을 법률 요건이라 하고, 이는 개개의 법률사실로 구성되어 있다. 법률요건 중 가장 중요한 것이 법률행위이다.

2) 법률행위

물건을 사고 팔거나 집의 전세를 주거나 또는 저당권을 설정하는 것과 같이 법률적인 효과를 발생케 하는 행위를 말한다. 이러한 의사표시의 수 및 결합형태에 따라 법률행위는 계약, 단독행위, 합동행위로 분류된다.

계약이란 집을 비싸게 팔려는 사람과 싸게 사려는 사람의 대립되는 두 의사가 타협점을 찾아내어 합의함으로써 성립한다. 단독행위란 집을 죽은 뒤에 어느 특정한 사람에게 주겠다는 유언에서 볼 수 있는 바와 같이 한 사람의 단독의사로 법률행위가 성립한다. 합동행위란 사단법인의 설립행위와 같이 동일한 목적을 향한 복수의 의사표시로 법률행위가 성립한다.

① 법률행위가 유효하려면 법률행위의 목적(또는 내용)이 확정할 수 있는 것, 실현할 수 있는 것이어야 하는 동시에 적법하고 사회적으로 타당하여야 한다. ② 당사자의 의사로 마음대로 할 수 없는 규정인 강행규정과 당사자의 의사가 애매하거나 정해지지 않은 것을 보충하는 규정인 임의규정이 있다. 예컨대, 금전대차에서 법정이자를 초과한 초과부분의 이자는 무효이다(이자제한법 제2조). 이자제한법 및 동시행령에 따라 최고이자율은 연 24%이며, 이를 넘은 이자 부분은 무효이다. 최고이자율을 초과하여 이자를 받으면 형사처벌(1년 이하의 징역 또는 1천만원 이하의 벌금)을 받는다. ③ 법률의 유무에 관계없이 선량한 풍속 기타 사회질서에 반하는 법률행위는 무효이다(민법 제103조).

3) 의사표시

법률효과를 발생케 하려는 내심의 의사와 그것을 외부로 표시하는 표시행위로 이루어진다. 본인의 의사를 존중해 줄 필요가 있는가 하면(의사주의) 다른 한편으로는 표시된 의사를 신뢰한 상대방이나 제3자를 보호할 필요가 있다(표시주의).

① 비진의표시(표시주의)

표의자가 일부러 내심의 의사와 표시의 의사가 일치하지 않는 것을 알면서 행한 경우를 말한다.

② 허위표시

상대방과 짜고 행한 허위의 의사표시를 말한다.

③ 착 오

내심의 의사와 표시가 일치하지 않는 것을 표의자 자신이 모르는 것을 말한다.

가. 표시상의 착오: 오기, 오담

나. 동기의 착오: 예컨대, 철도가 부설된다고 믿고서 토지를 고가로 매수하는 경우

다. 내용의 착오: 파운드를 달러로 기재(＝보통의 착오)

하자있는 의사표시라 하여 사기 또는 강박에 의한 의사표시는 취소할 수 있다.

4. 대 리

1) 의 의

대리인이 본인을 대신해 본인을 위해서 하는 것임을 표시하여 법률행위를 행하고 그 법률효과가 직접 본인에게 귀속되는 제도이다(민법 제114조). 대리권에는 법정대리와 임의대리로 나눈다. ① 본인과 대리인 사이에 일정한 관계가 있기 때문에 법률의 규정이나 법원의 선임에 의하여 발생한다(법정대리). ② 본인의 의사에 따라 대리인에게 대리권을 수여함으로써 발생(임의대리)한다. 대리에 있어서의 행위의 당사자는 대리인과 상대방이다. 대리의사를 표시하여서 의사표시를 하여야 한다(민법 제114조). 즉, 대리인이 대리행위를 하는 경우에는 법률행위의 효과가 행위자 이외의 자에게 귀속하는 것을 명백히 할 필요가 있으므로 본인을 위해서 한다는 것을 표시한다. 본인과 이익이 상반되는 지위에 서거나 본인에게 불이익을 주고 제3자에게 이익을 주는 행위를 해서는 아니 된다.

2) 무권대리와 표현대리

① 무권대리

대리인으로서 대리행위를 한 사람이 대리권이 없는 경우를 말한다.

② 표현대리

본인과 무권대리인 사이에 실제로는 대리권이 없음에도 불구하고 대리권의 존재를 추측할 수 있을 만한 특별한 사정이 있는 경우에는 무권대리행위의 상대방이 기대하는 대로의 효력을 발생게 하는 것을 말한다.

다음의 경우에는 민법규정상 특별한 사정이 존재한다.

> 가. 상대방에 대하여 어떤 사람에게 대리권을 주었음을 표시한 경우(민법 제125조): 예컨대, 백지위임장을 교부하는 것을 들 수 있다.
>
> 나. 대리권을 대리인에게 주었으나 대리인이 그 대리권의 범위를 이탈한 경우(민법 제126조): 예컨대, 대리권 없는 자가 위임장 또는 인장을 남용하여 대리행위를 하는 것을 들 수 있다.
>
> 다. 대리인의 대리권이 소멸한 것을 상대방에게 알리지 않았을 경우(민법 제129조)

※ 광의의 무권대리는 표현대리와 협의의 무권대리를 포함한다.

표현대리: 무권대리행위 + 본인의 책임

협의의 무권대리: 무권대리행위 + 대리인의 책임

---

5. 시   효

1) 의   의

시효(時效)제도란 시간의 경과에 따라 권리의 취득이나 소멸을 인정하는 제도를 말한다. 민법은 취득시효에 관하여는 소유권 변동과 관련하여 물권법에서 규율하고, 총칙에는 소멸시효에 관한 규정만을 두고 있다.

① 취득시효

시효에 의해 정당한 권리자가 아니라는 일정한 기간 동안 권리자와 같은 외관이 계속되면 그 사람이 정당한 권리자로 인정한다.

② 소멸시효

정당한 권리자로서 권리를 행사할 수 있음에도 일정한 기간에 걸쳐 권리를 행사하지 않은 경우에는 그 권리를 주장할 수 없게 된다.

※ 시효제도의 존재이유에는 다음과 같다.

가. 사실상태를 신뢰하여 법률관계를 맺은 자에게 예측하지 못했던 손해를 끼칠 염려가 있다(취득시효).

나. 오랜 시간이 경과하면 진실한 권리가 누구에게 있는지를 확실한 증거에 따라 판단하기 어렵게 된다(소멸시효).

다. 권리 위에 잠자는 자는 보호할 수 없다(소멸시효).

---

2) 소멸시효

정책적 또는 기술적 고려에서 나온 제도로서 재산권에 관한 것이므로 신분법상의 권리관계에는 적용되지 않는다. 예컨대, 재산권 중 채권이 소멸시효에 걸리는 권리이다.

제척기간이란 권리를 행사해야 할 기간으로 시효와 같은 중단의 효력이 없고 원용할 수 없다. 취소권은 추인할 수 있는 날로부터 3년 이내에, 법률행위를 한 날로부터 10년 내에 행사하여야 한다.

3) 시효의 중단과 정지

① 시효의 중단

사실상태가 일정기간 경과함으로써 완성되고, 그 효력은 기간 경과 후에 기산일로 소급한다. 시효의 중단사유에는 청구, 압류 또는 가압류, 가처분 그리고 승인이 있다.

표 11-2 소멸시효의 기간

권 리	시효
채권 및 소유권 이외의 재산권(제162조 제2항)	20년
보통의 채권, 판결·파산절차·재판상 화해 기타 판결과 동일한 효력이 있는 것에 의하여 확정된 채권	10년
상법상의 채권	5년
민법상 제163조(도급받은 자), 근로기준법상의 임금채권	3년
민법 제164조(음식료, 숙박비, 노역비)	1년
불법행위로 인한 손해배상청구권	3년 또는 10년

[알아가기: 가압류와 가처분?]

가압류란 금전채권이나 장차 금전채권으로 바뀔 수 있는 청구권을 만족시키기 위하여 경매하게 될 채무자의 재산을 미리 처분하지 못하도록 하는 임시조치이고, 가처분이란 분쟁의 대상이 되고 있는 물건에 대한 강제이행에 대비하여 채무자로 하여금 그 물건을 처분할 수 없도록 하는 처분을 말한다. 가압류나 가처분은 채권자의 신청을 근거로 법원이 행하는 처분이며, 법원이 채무자의 의견을 듣지 않고 행하는 것이기 때문에 당사자 사이의 권리관계가 확정될 때까지 임시로 인정되는 것이다. 원칙적으로 정해진 공탁금을 공탁하여야 하지만, 신청인은 법원의 허가를 얻어 보증보험회사의 보험증권을 담보로 제공할 수 있다.

② 시효의 정지

소멸시효의 완성 직전에 그대로 시효를 완성시켜서는 권리자에게 가혹하다는 사정이 있을 때에는 시효의 완성을 일정기간 유예하는 제도이다.

시효는 '일정한 사실상태의 계속'이 요건이 되므로 이 상태가 중단되면 시효도 중단되며, 일단 중단된 상태가 다시 발생하면 그 때부터 시효기간이 다시 진행된다.

Ⅲ. 재 산 법

우리나라 재산법은 사유재산제도를 원칙으로 하고 그 제도에서 파생되는 여러 가지 법률관계를 규율하게 된다. 사유재산제도는 인간의 자기보존의 본능을 기점으로 해서 전개되는 외계의 재화에 대한 경제적 보장에 관한 제도를 말한다.

1. 물 권 법

1) 물권의 의의와 기능

물권이란 일정한 물건을 직접 지배하여 이익을 받는 배타적인 권리를 말한다. 지배란 어느 누구의 도움 없이도 단독으로 권리를 행사할 수 있는 것을 말한다. 배타적(排他的)이란 동일물건에 동종의 물건은 하나 이상 있을 수 없다는 뜻을 말한다(일물일권주의). 물건의 사회적 기능은 인간의 물건지배에 질서를 부여한다는 것이다.

2) 물권의 종류

물권법정주의란 물권은 법률 또는 관습법에 의하지 않고는 당사자가 임의로 만들어낼 수 없다는 것이다. 이는 물권거래의 원활과 안전보장이다. 그러나 판례에 의하여 확립된 관습법상의 물건으로서 주요한 두 가지는 분묘기지권, 관습법상 법정지상권이다.

원고주장과 같은 온천에 관한 권리가 관습법상의 물권의 일종이라거나 또는 그 주장과 같은 준물권이라고는 볼 수 없다(대판 1970. 5. 26., 69다1239).

3) 물권의 효력

물권은 특정한 물건을 직접적으로 지배하고 이용하는 권리이므로 당연히 타인의 간섭을 배제하는 배타성을 가진다. 물권상호간에는 먼저 성립한 물권이 우선하고, 물권과 채권이 양립하는 경우 물권이 우선한다(우선적 효력). 그러나 이에 관하여 예외가 인정된다. 예컨대, 부동산임대차를 등기한 때에는 그 후의 물권에 우선한다(민법 제621조 제2항). 특히 주택임대차는 등기를 하지 않더라도 주택인도와 주민등록을 마친 때에는 그 다음날로부터 이 후의 물권에 우선한다(주택임대차보호법 제3조 제1항). 또한 임금채권우선변제권(근로기준법 제37조 제2항). 물권 내용의 완전한 실현이 어떤 사정으로 방해당하거나 또는 당할 염려가 있는 경우에는 그 방해자에 대하여 방해의 제거 또는 예방을 청구할 수 있다(물권적 청구권).

4) 물권의 변동

물권의 발생·변경·소멸이다.

① 물권변동에서 공시의 원칙과 공신의 원칙

물권은 배타적 권리이므로 그 존재를 제3자에게 알릴 필요가 있다. 부동산물권에서는 등기, 동산물권에서는 인도가 공시방법이다. 거래안전을 더 중시한다면 등기 또는 점유를 신뢰한 제3자를 보호하기 위하여 우리 민법은 동산의 경우 선의취득(민법 제249조)이라 하여 공신의 원칙을 인정한다.

② 법률행위에 의한 물권변동

물권행위란 직접 물권변동을 일으킬 것을 목적으로 하는 법률행위를 말한다. 부동산의 경우에는 물권행위와 등기의 두 가지 요건을 갖추었을 때 성립한다. 부동산에 관한 권리는 등기하지 않으면 권리변동의 효력이 생기지 않으며, 등기부는 누구나 열람하고 그 등본을 교부받을 수 있다(http://www.iros.go.kr). 현재 부동산 등기부는 사법부 산하 법원이나 등기소에서 관리하고 있으며, 부동산 등기부 등본이란 부동산등기부 원본의 내용이 그대로 담긴 문서를 말한다. 부동산 등기부에는 토지등기부와 건물등기부의 두 가지가 있다. 예외적으로 아파트의 경우에는 '구분건물'이라 하여 토지와 건물이 1개의 등기부로 구성되어 있다.

③ 법률의 규정에 의한 물권변동

공시방법이 없어도 물권변동의 효력이 생긴다. 상속, 공용징수, 판결, 경매 기타 법률의 규정에 의한 부동산에 관한 물권의 취득은 등기를 요하지 아니한다. 다만 부동산물권을 처분할 때에는 먼저 그 등기를 하여야 한다(민법 제187조).

5) 물권법 각론의 구성

① 점 유 권

물권에 대한 사실상의 지배자체를 보호하려는 목적에서 인정되는 권리이다. 점유권은 점유라는 사실관계를 떠나서는 있을 수 없고, 또한 법률상 정당한 권리자가 나타나면 부정될 권리이다. 점유자가 점유물에 대하여 행사하는 권리는 적법하게 보유하는 것으로 추정한다(민법 제200조). 물건이 아니라 채권과 같은 재산권을 사실상 행사하는 경우에는 준점유(準占有)가 성립하고 점유추정이 준용된다.

② 소 유 권

소유권이 관념화되어 물건에 대한 현실적 지배(점유)에서 분리되면서 소유자 자신이 반드시 물건을 이용할 필요는 없게 되는데, 이 때 다른 사람이 이용하게끔 관계를 만들어 용익물권과 담보물권의 관념이 탄생하게 된다. 소유권이란 물건을 사용, 수익, 처분 기타 어떤 방법으로든 완전히 지배할 수 있는 권리를 말한다. 제한물권에 의하여 제한되는 경우에도 일정한 시기에 가서는 본래 상태로 복귀하는 탄력성이 있다. 소유권의 속성은 경제적 및 사회적 투쟁의 초점이 되어 온 역사적 산물이라는 지적에 귀를 기울이지 않으면 안 된다.

③ 용익물권

가. 지 상 권

타인의 토지 위에 건물 기타 공작물이나 수목을 소유하기 위하여 그 토지를 일정기간 빌려서 사용하는 권리를 말한다. 우리 민법은 너무 일방적으로 지상권자를 보호하기 때문에 토지소유자는 자기에게 불리한 지상권 대신 토지임대차를 선호하게 된다.

나. 지 역 권

일정한 목적을 위하여 타인의 토지를 자기 토지의 편익에 이용하는 권리이다. 이 때 자기의 토지를 요역지(要役地)라 하고, 편익에 제공되는 타인의 토지를 승역지(承役地)라 한다.

다. 전 세 권

전세금을 지급하고 타인의 부동산을 점유하여 그 부동산의 용도에 좇아 사용 및 수익하며, 그 부동산 전부에 대하여 후순위의 권리자 기타 채권자보다 전세금의 우선변제를 받을 수 있는 권리라고 한다. 전세권은 우리 민법에 특유한 재도로서 관습을 입법화한 것이다. 주택임대차보호법이 지배하고 있다.

전세금의 지급은 전세권 성립의 요소가 되는 것이지만 그렇다고 하여 전세금의 지급이 반드시 현실적으로 수수되어야만 하는 것은 아니고 기존의 채권으로 전세금의 지급에 갈음할 수도 있다(대판 1995. 2. 10., 94다18508).

※ 참고사항: 주택임대차보호법

주택임대차보호법(제정 1981. 3. 5. 법률 제3379호)은 주거를 목적으로 주택을 임대하는 경우 민법에 대한 특례를 규정함으로써 무주택자의 주거생활의 안정을 보장하고 임차권을 보호하여 안정된 임차생활을 영위할 수 있도록 하기 위해 제정되었다(제1조).

주택임대차는 그 등기가 없는 경우에도 임차인이 주택의 인도와 주민등록을 마친 때(전입신고를 한 때)에는 그 다음날로부터 제3자에 대하여 효력이 생긴다(제3조 제1항). 이를 '대항력'이라고 하는데, 대항력은 임대차계약의 성립으로 발생되는 권리관계를 제3자에게 주장할 수 있는 힘을 의미한다. 임대차기간에 관하여 약정이 없거나, 기간을 2년 미만으로 정한 임대차는 그 기간을 2년으로 본다(제4조 제1항 본문).

---

④ 담보물권

타인 소유의 물건을 자기채권을 담보하기 위하여 직접 점유하거나 또는 그 교환가치를 지배하는 권리를 말한다. 담보물권의 부종성, 불가분성, 물상대위성의 특성이 있다.

가. 유 치 권

타인의 물건 또는 유가증권에 관하여 생긴 채권이 변제기에 있을 경우 변제를 받을 때까지 그 물건 또는 유가증권을 유치하여 간접적으로 채무변제를 강제하는 권리이다.

다세대주택의 창호 등의 공사를 완성한 하수급인이 공사대금채권 잔액을 변제받기 위하여 위 다세대주택 중 한 세대를 점유하여 유치권을 행사하는 경우, 그 유치권은 위 한 세대에 대하여 시행한 공사대금만이 아니라 다세대주택 전체에 대하여 시행한 공사대금채권의 잔액 전부를 피담보채권으로 하여 성립한다(대판 2007. 9. 7., 2005다16942).

나. 질 권

채권자가 채권담보로서 채무자가 제공한 채무자 또는 제3자(물상보증인) 소유의 동산을 유치하고 채무변제가 없을 때에는 그 물건을 매각하여 그 대금에서 자기채권을 우선적으로 변제받는 권리이다.

다. 저 당 권

채무자 또는 제3자가 점유를 이전하지 않고 채무의 담보로 제공한 부동산에 대하여 다른 채권자보다 자기채권의 우선변제를 받을 수 있는 담보물권이다. 예컨대, 채권자인 은행이 채무자에게 돈을 빌려주면서 채무자의 집에 저당권을 설정하였다면, 채무자가 빌린 돈을 갚지 못하였을 경우에 채무자의 집을 경매하여 그 대금으로 채권자가 우선적으로 변제받을 수 있는 것이다. 우선 변제를 받는 권리라는 점에서 질권과 비슷하나, 저당권은 목적물의 사용·수익을 설정자(채무자)의 수중에 둔다는 점에서 질권과 다르다.

건물의 증축 부분이 기존건물에 부합하여 기존건물과 분리하여서는 별개의 독립물로서의 효용을 갖지 못하는 이상 기존건물에 대한 근저당권은 민법 제358조에 의하여 부합된 증축 부분에도 효력이 미치는 것이므로 기존건물에 대한 경매절차에서 경매목적물로 평가되지 아니하였다고 할지라도 경락인은 부합된 증축 부분의 소유권을 취득한다(대판 2002. 10. 25., 2000다63110).

라. 변칙담보

양도담보한 채권을 담보하기 위하여 채무자 또는 제3자의 소유권 기타의 재산권을 외관상 채권자에게 이전하고, 뒷날 일정 금액을 지급하면 그 소유권 기타 재산권을 채무자 또는 제3자에게 반환해야 하지만, 기한까지 지급하지 않는 경우에

표 11-3 물권과 채권의 비교

구 분	물 권	채 권
권리의 내용	물건(동산/부동사)을 직접 지배	특정인에게 일정한 행위(급여)를 청구
주장 대상	모든 사람에게 주장할 수 있는 배타성을 가진다.	당사자 사이에서만 유효
공시 여부	물권변동에는 공시가 필요하다 (동산: 인도, 부동산: 등기)	채권의 성립과 내용은 제3자에게 공시할 필요가 없다.
주요내용	물권법정주의	계약자유의 원칙

는 그 재산권에 관하여 청산절차를 거쳐 우선변제를 받을 수 있는 관습법상의 제도이다. 가등기담보란 이행기에 채무를 변제하지 않을 경우 부동산의 소유권을 채권자에게 이전하는 것을 예약하고, 소유권이전청구권보전을 위한 가등기를 하는 공시방법에 의한 채권담보제도로, 경제적 약자인 채무자를 보호하기 위하여 '가등기담보 등에 관한 법률'이 제정되었다.

2. 채 권 법

1) 채권법 총론

① 채권의 의의

특정인(채권자)이 다른 특정인(채무자)에 대하여 일정한 행위를 하도록 청구할 수 있는 권리를 말한다. 급부란 채권 및 채무의 내용이 되는 일정한 행위를 말한다. 채권이 법률상 유효하게 성립하려면 그 급부가 적법, 가능, 확정될 수 있는 것이어야 한다. 채권을 원래 채권자와 채무자 사이에 대인적 신용을 전제로 하는 만큼 채권법 영역에서 신의성실의 원칙을 강조하게 된다.

② 채권의 효력

채권은 채무자에 대한 청구력과 채무자의 급부를 수령하고 이를 적법하게 보유하는 기본적 효력이 있다.

가. 채무불이행에 대한 효력

채무불이행의 유형에는 이행지체, 이행불행, 불완전이행이 있고, 채권자지체에 대해서는 학설이 대립한다. 그 효과에는 이행강제, 지연배상, 추완청구권을 인정한다.

나. 책임재산의 보전

채무자의 일반재산을 유지하고 보전할 수 있도록 민법은 채권자에게 채권자대위권과 채권자취소권을 일정한 요건하에 인정한다. 채권자대위권이란 채권자가 자기의 채권을 보전하기 위하여 그의 채무자에게 속하는 권리를 행사할 수 있는 권리를 말하고, 채권자취소권이란 채권자를 해함을 알면서 채무자가 한 법률행위(사해행위)를 취소하고, 채무자의 재산을 회복하는 것을 목적으로 하는 채권자의 권리이다.

③ 다수당사자의 채권관계

가. 분할채권관계(우리 민법의 원칙)

한 개의 가분급부에 관해 채권자 또는 채무자가 다수 있는 경우에, 별다른 의사표시가 없으면, 그 채권 또는 채무가 수인의 채권자나 채무자 사이에서 균등하게 분할되는 다수당사자의 채권관계이다.

나. 불가분채권관계

채권의 목적인 급부가 불가분인 다수당사자의 채권관계이다.

다. 연대채무

여러 채무자가 같은 내용의 급부에 관하여 각각 독립하게 전부의 급부를 하여야 할 채무를 부담하고, 그 중 한 채무자가 전부의 급부를 하면 모든 채무자의 채무가 소멸하는 다수당사자의 채무이다. 연대채무자 상호간에는 내적으로 부담부분(특약으로 결정, 불명시 균등)이 존재하므로 어느 채무자가 변제, 기타 자기의 출재(出財)로 공동면책이 된 때에는 일정한 요건(출연 전 통지, 또는 출연 후 통지)하에 다른 채무자의 부담부분에 대하여 구상권(求償權)을 행사할 수 있다. 그런데 채무자 중에 무자력자(無資力者)가 있어 구상관계에 응할 수 없는 경우는 그 부분을 구상권자 및 다른 자력있는 자 사이에서 각자의 부담부분에 비례하여 분할 분담한다.

라. 보증채무

주된 채무자가 그의 채무를 이행하지 않는 경우에 보증인이 이를 이행하여야 할 채무이다. 연대보증(連帶保證)이란 보증인이 채권자에 대하여 주채무자와 연대하여 보증할 것을 약정하는 경우에 성립한다. 연대보증계약을 할 때에는 보증인은 주채무자와 계약을 체결하는 것이 아니라, 보증인과 채권자 사이에서 주채무자가 빌린 돈을 연대하여 갚겠다고 약속하는 것이다. 채권자는 주채무자가 돈을 갚지 않을 경우에 보증인에게 이를 갚으라는 내용의 보증채무의 이행을 청구할 수 있다. 따라서 채권자의 권리담보가 보다 확실하다. 이 때 보증인은 주채무자의 채무를 보증하는 것이므로 내부적으로 그의 채무는 0이다. 다만 채권자와의 대외적 관계에서 보증인은 주채무자와 연대하여 채무를 부담한다.

연대보증계약서

채권자 ○○○(이하 "갑"이라 한다)와 연대보증인 ○○○(이하 "을"이라 한다) 간에 다음과 같이 연대보증계약을 체결한다,

제1조(계약의 목적) 본 계약은 갑과 주채무자 ○○○이(가) 20 년 월 일 체결한 계약에 따른 채무에 관하여 연대보증인이 되어 이를 이행할 것을 정함을 그 목적으로 한다.

제2조(채권의 내용) 위에서 언급한 계약에 의해 갑이 주채무자 ○○○에게 갖고 있는 채권의 내용은 다음과 같다.

채권의 종류 :

채권액 : 금   원 (₩)

변제기 : 20   년   월   일

이 자 :

지연이자 :

제3조(연대보증인의 의무) 변제기가 도래하여 을이 갑으로부터 제2조에 기재한 금액의 범위 안에서 변제의 청구를 받을 경우 (   )일 이내에 그 청구 받은 금액을 지급하여야 한다.

제4조(위약금) 을이 제3조의 기간 내에 그 채무를 이행하지 않을 때는 원금·이자 및 지연손해금 이외에 금 ○○○원을 위약금으로써 지급하여야 한다.

제5조(특약사항)_____

제6조(분쟁의 해결) 본 계약과 관련하여 분쟁이 발생한 경우 당사자의 상호 협의에 의한 해결을 모색하되, 분쟁에 관한 합의가 이루어지지 아니한 경우에는 ( )을 합의관할로 하여 소송을 통해 분쟁을 해결하기로 한다.

위 계약을 증명하기 위하여 본 계약서를 2통 작성하여 서명 또는 날인한 후 당사자가 각각 1통씩 보관한다,

20   년   월   일

채권자(갑)

성 명 :   (인)

주 소 :

전화번호 :

주민등록번호 :

연대보증인(을)

성 명 :   (인)

주 소 :

전화번호 :

주민등록번호 :

④ 채권양도와 채무의 인수

채권양도란 채권을 동일성을 유지하며 이전하는 계약을 말한다. 채무인수란 채무를 그 동일성을 유지하면서 그대로 인수인에게 이전하는 계약, 대개 면책적 채무인수를 의미한다.

⑤ 채권의 소멸

채권이 객관적으로 존재하지 않게 되는 것을 말한다.

가. 변   제

급부를 실현하는 채무자 기타의 자의 행위, 변제가 있으면 채권은 만족을 얻고 소멸한다.

나. 대물변제

채무자가 부담하는 본래 급부에 갈음하여 다른 급여를 현실적으로 함으로써 채권을 소멸시키는 채권자, 변제자 사이의 계약으로 변제와 효력이 같다. 예컨대, 현금 10만원 대신 어음, 수표를 교부하는 경우를 말한다.

다. 공   탁

변제의 대용으로 법정공탁기관에 목적물을 임치하여 채무를 변제하는 것을 말한다. 예컨대, 돈을 갚기로 한 날 돈을 빌려 준 사람을 만날 수 없을 경우, 그 사람 대신 법원의 공탁소에 맡기면 마치 그날 돈을 갚은 것과 같은 효과를 법이 부여해 주는 것이다.

라. 상   계

쌍방이 서로 같은 종류를 목적으로 한 채무를 부담하는 경우에 그 쌍방의 채무의 이행기가 도래한 때에 각 채무자가 그 채권과 채무를 대등액에서 소멸케 하는 일방적 의사표시이다. 예컨대, 1000만원의 채무를 부담하고 있는 채무자가 채무자 자신도 채권자에 대하여 500만원의 채권을 취득할 경우 500만원을 한도로 자기의 채무와 채권을 소멸하는 경우를 말한다.

마. 변   개

채무의 요소를 변경함으로써 신채무를 성립시키는 동시에 구채무를 소멸케 하는 유상계약이다. 예컨대, 고구마 10상자를 받을 채권을 현금 10만원을 받을 채권으로 바꾸는 경우를 들 수 있다.

마. 변   제

채권자의 일방적 의사표시로 채무자에 대한 채권을 무상으로 소멸시키는 단독 행위, 즉 채권의 포기이다.

바. 혼   동

채권과 채무가 같은 주체에 귀속하는 사실로 이에 의해 채권은 소멸한다.

2) 채권법 각론

① 의   의

채권법 각론은 채권법 총론에 기초하여 각종의 채권발생 원인을 탐구하는 일을 과제로 삼는다. 채권의 발생원인에는 계약, 사무관리, 부당이득, 불법행위의 4가지가 있는데, 그 중 계약은 법률행위에 의한 채권의 발생원인이고, 나머지는 모두 법률의 규정에 의한 발생원인이다.

② 계 약

채권의 발생을 목적으로 하는 두 개의 대립되는 의사표시, 즉 청약과 승낙의 합의에 의하여 성립하는 법률행위이다. 청약은 그에 대한 승낙만 있으면 계약이 성립될 정도로 그 내용이 구체적이고 확정적이거나 확정할 수 있어야 한다. 구인광고, 아파트 분양광고, 물품판매광고, 식사메뉴판, 버스나 기차의 시간표 게시 등은 청약의 유인에 불과하다.

※ 민법은 다음과 같은 전형계약에 관해 규정하고 있다(제554조-제733조).

가. 증 여

증여는 당사자 일방(증여자)이 무상으로 재산을 상대방에게 수여하는 의사를 표시하고 상대방(수증자)이 이를 승낙함으로써 그 효력이 생기는 계약을 말한다.

나. 매 매

매매는 당사자 일방(매도인)이 재산권을 상대방(매수인)에게 이전할 것을 약정하고 상대방이 그 대금을 지급할 것을 약정함으로써 효력이 생기는 계약이다.

다. 교 환

교환은 당사자 쌍방이 금전 이외의 재산권을 서로 이전할 것을 약정함으로써 성립하는 계약이다.

라. 소비대차

소비대차는 당사자의 일방(대주)이 금전 기타의 대체물의 소유권을 상대방(차주)에게 이전할 것을 약정하고, 상대방은 동종·동질·동량의 물건을 반환할 것을 약정함으로써 성립하는 계약이다.

마. 사용대차

사용대차는 당사자 일방(대주)이 상대방(차주)에게 무상으로 사용·수익하게 하기 위하여 목적물을 인도할 것을 약정하고, 상대방은 이를 사용·수익한 후 그 물건을 반환할 것을 약정함으로써 성립하는 계약이다.

바. 임 대 차

임대차는 당사자의 일방(임대인)이 상대방에게 목적물(임대물)을 사용·수익하게 할 것을 약정하고, 상대방(임차인)이 이에 대하여 차임을 지급할 것을 약정함으로써 성립하는 계약이다.

※ 권리금은 관행상 점포를 임대차하는 과정에서 임차보증금과는 별개로 지급되는데, 이는 특정점포가 가진 영업상 명성(영업소의 위치, 고객확보 등) 등의 대가로 지급되는 금전이라고 볼 수 있다. 권리금에 관해서 민법은 규정하고 있지 않으나, 권리금으로서 교부한 것은 임대인과 임차인간에 반환을 약정하는 등 특별한 사유가 없는 한, 반환을 청구할 수 없는 것으로 보고 있다(대법원 1989. 2. 28, 87다카823).

사. 고   용
고용은 당사자의 일방(피고용인)이 상대방에 대하여 노무를 제공할 것을 약정하고, 상대방(고용인 또는 사용자)이 이에 대하여 보수를 지급할 것을 약정함으로써 성립하는 계약이다.

아. 도   급
도급은 당사자의 일방(수급인)이 어떤 일을 완성할 것을 약정하고, 상대방(도급인)이 그 일의 결과에 대하여 보수를 지급할 것을 약정함으로써 성립하는 계약이다.

자. 현상광고
현상광고는 광고자가 어느 행위를 한 자에게 일정한 보수를 지급할 의사를 표시하고 이에 응한 자가 그 광고에 정한 행위를 완료함으로써 성립하는 계약이다.

차. 위   임
위임은 당사자의 일방(위임인)이 상대방에게 사무의 처리를 위탁하고, 상대방(수임인)이 이를 승낙함으로써 성립하는 계약이다.

카. 임   치
임치는 당사자 일방(임차인)이 상대방에 대하여 금전이나 유가증권 기타 물건의 보관을 위탁하고 상대방(수치인)이 이를 승낙함으로써 성립하는 계약이다.

타. 조   합
조합은 2인 이상이 출자하여 공동사업을 경영할 목적으로 결합한 단체이다.

파. 종신정기금
종신정기금계약은 당사자의 일방이 자기나 상대방 또는 제3자의 종신(사망)까지

정기로 금전 기타의 물건을 상대방 또는 제3자에게 지급할 것을 약정함으로써 매년 100만원씩 주기로 약속하는 경우가 이에 해당한다.

하. 화　해

화해는 당사자가 서로 양보하여 당사자간의 분쟁을 끝낼 것을 약정함으로써 성립하는 계약이다.

③ 사무관리

법률상 의무없이 타인을 위하여 사무를 관리하는 행위로 그 법적 성질은 준법률행위의 일종인 혼합사실행위이다. 일정한 요건하에 관리자는 비용상환을 청구할 수 있다. 예컨대, 이웃사람이 외출 중에 수급하러 온 우유값이나 신문 구독료를 대신 지급하는 경우를 들 수 있다.

④ 부당이득

법률상 원인없이 타인의 재산 또는 노무로 이익을 얻고 이로 인하여 타인에게 손해를 가한 자에 대하여 그 이익의 반환을 명하는 제도로 법적 성질은 사건에 해당한다.

⑤ 불법행위

고의 또는 과실로 인한 위법행위로 타인에게 손해를 끼치는 경우이다. 특히 현실적으로 피해자의 입증에 많은 곤란이 따르므로 입증책임을 가해자에게로 전환하거나 무과실책임에 접근하는 특수불법행위의 법리가 박탈된다.

※ 대부업법의 주요내용

가. 대부업이란 제도권 금융기관이 아니면서 금전의 대부를 업으로 하거나 등록된 대부업체 또는 여신금융기관으로부터 대부계약에 따른 채권을 양도받아 이를 추심하는 것을 업으로 하는 것을 말한다.

나. 대부업 이용자는 각 시·도의 홈페이지 또는 '금융감독원 서민금융 1332' (http://www.fss.or.kr/s1332/)를 통해서 대부업체의 등록현황을 확인해야 한다.

다. 현대 시행되고 있는 법에 따르면 대부계약의 이자율은 연 27.9%를 넘을 수 없다. 만일 대부업자가 이를 넘은 이자를 받으면 초과이자 부분은 무효이고, 그 대부업자는 형사처벌(3년 이하의 징역 또는 3천만 이하의 벌금)을 받게 된다.

라. 불법 채권추심 여부는 본인의 주관적인 판단이 아니라 객관적인 사실관계에
따라 판단되어야 하므로 객관적인 증거자료를 확보하여 수사기관에 신고해야 한다.

Ⅳ. 가 족 법

1. 의   의

가족법이란 친자, 부부 등의 일정한 신분관계를 가진 사람들이 애정으로 결합
하고 공동생활을 함으로써 서로 공존공영을 도모하는 동시에 자손에 재산을 상속
케 하는 생활관계에 관한 규율이다. 친족상속법은 다같이 인간의 신분에 관련된 생
활관계를 규율하므로 신분법의 특질을 공통적으로 가진다.

2. 친 족 법

1) 친족의 의의 및 범위

친족이란 대체로 부부라는 배우관계 및 친자라는 혈연관계를 기본으로 하여
전개되는 사람과의 관계를 말한다. 친족의 범위는 인간의 자연적 관계인 친족의 범
위에 일정한 한계를 책정하는 것을 말한다.

① 8촌 이내의 혈족

자연혈족과 법정혈족이 있다. 전자는 자신의 직계존속비속인 직계혈족과 자기
의 형제자매와 형제자매의 직계비속 및 직계존속의 형제자매와 그 직계비속인 방
계혈족으로 나뉜다. 후자는 입양에 의하여만 인정된다.

② 4촌 이내의 인척

인척관계는 혼인을 통해서 생기게 된다. 혈족의 배우자(계모, 적모, 매형, 형부
등), 배우자의 혈족(시부모, 장인, 장모, 처제 등), 배우자의 혈족의 배우자(처제의 남
편, 즉 동서지간 등)을 들 수 있다.

③ 배 우 자

배우자 사이에는 촌수가 없다.

2) 혼   인

① 혼인의 요건

가. 형식적 요건

우리나라는 법률혼주의를 택하고 있어 혼인사실을 시·구·읍·면의 장에게 신고하여야 한다. 사회에서 보통 행하여지는 결혼식은 그 요건이 아니다. 혼인신고는 서면이나 구두로 할 수 있으며 당사자 본인이 하여야 한다. 혼인신고가 일방 당사자가 모르는 사이에 이루어져 무효인 경우에도 그 후 양 당사자가 그 혼인에 만족하고 그대로 부부생활을 계속 한 경우에는 무효가 아니다(대판 1965. 12. 28., 65므61).

나. 실질적 요건

혼인의사의 합치가 있을 것, 혼인적령에 달했을 것, 중혼이 아닐 것, 인척간 혼인이 아닐 것, 미성년자일 경우 부모의 동의가 있을 것 등이다.

② 혼인의 효과

가. 신분적 효과

혼인관계가 시작되고, 동거, 부양 및 협조의 의무, 정조의 의무, 부부간의 계약 취소권(부부간의 계약은 혼인중 부부의 일방이 언제든지 취소할 수 있다) 등이 있다.

단지 형식적으로 혼인관계가 계속되고 있는 상태를 가리켜 뜻하는 것이 아니라, 형식적으로는 물론 실질적으로도 원만한 혼인관계가 계속되고 있는 상태를 가리켜 뜻한다고 풀이함이 상당하다고 할 것인바, 따라서 비록 형식적으로는 계속되고 있다고 하더라도, 실질적으로는 파탄에 이른 상태가 있는 경우라면 위 규정에 의한 부부간의 계약은 이를 취소할 수 없다고 해석함이 상당하다고 할 것이다(대판 1979. 10. 30., 79다1344).

나. 재산상의 효과

부부는 각자의 재산을 소유, 관리, 수익할 수 있다(부부별산제). 단 혼인 전 특별한 약정을 한 때에는 그 약정에 따른다(부부재산계약). 부부 어느 편에 속하는지 불분명한 재산은 공동재산으로 추정한다(민법 제830조). 부부는 일상가사에 관하여 서로 대리권이 있고(일상가사대리권), 부부의 일방이 제3자와 법률행위를 한 때에는 다른 일방은 연대책임을 지는 것이 원칙이다. 부부의 공동생활비용은 당사자간에 특별한 약정이 없으면 부부가 공동으로 부담한다.

부부의 일방이 혼인중에 자기 명의로 취득한 재산은 명의자의 특유재산으로 추정되고, 다만 실질적으로 다른 일방 또는 쌍방이 그 재산의 대가를 부담하여 취득한 것이 증명된 때에는 특유재산의 추정은 번복되어 다른 일방의 소유이거나 쌍방의 공유라고 보아야 할 것이지만 재산을 취득함에 있어 상대방의 협력이 있었다거나 혼인생활에 있어 내조의 공이 있었다는 것만으로 위 추정을 번복할 사유가 된다고 할 수 없다[대법원 1992. 12. 11. 선고 92다21982 판결].

③ 사 실 혼

사실혼은 사실상 결혼생활을 하고 있으나 혼인신고를 하지 않아서 법률상 혼인으로 인정되지 않는 부부관계를 말한다. 그러나 동거는 부부처럼 공동생활을 하고 있지만 서로 혼인할 의사가 없다는 점에서 사실혼과 차이가 있다. 이를 내연관계(內緣關係)라고도 하는데 사실혼관계는 일방이 자유로이 해소할 수 있으나, 정당한 이유가 없는 한 유책자는 상대방에 대하여 손해배상의 책임이 있다. 이에 반하여 혼인을 일종의 계약으로 보고, 그 혼인계약의 성립요건을 법률로써 정하는 주의를 법률혼주의라고 하는데, 우리나라는 이를 채용하고 있다.

사실혼관계는 사실상의 관계를 기초로 하여 존재하는 것으로서 당사자 일방의 의사에 의하여 해소될 수 있고 당사자 일방의 파기로 인하여 공동생활의 사실이 없게 되면 사실상의 혼인관계는 해소되는 것이며, 다만 정당한 사유 없이 해소된 때에는 유책자가 상대방에 대하여 손해배상의 책임을 지는 데 지나지 않는다(사실혼관계의 당사자 중 일방이 의식불명이 된 상태에서 상대방이 사실혼관계의 해소를 주장하면서 재산분할심판청구를 한 사안에서, 위 사실혼관계는 상대방의 의사에 의하여 해소되었고 그에 따라 재산분할청구권이 인정된다고 본 사례)[대법원

2009. 02. 09.자 2008스105 결정].

④ 이 혼

가. 협의상 이혼

당사자의 합의에 의하여 가정법원의 확인을 받은 다음 등록기준지나 주소지에 이혼신고서를 제출함으로써 부부관계를 해소하는 이혼이다. 협의이혼의 경우에는 구비서류(부부 양쪽의 가족관계증명서와 혼인관계증명서를 첨부한 협의이혼의사확인 신청서 1통)를 작성하여 부부가 함께 등록기준지 또는 주소지를 관할하는 법원에 가서 판사의 확인을 받은 후 3개월 내에 남편의 등록기준지 또는 주소지의 시·구·읍·면에 제출하면 이혼이 성립한다.

나. 재판상 이혼

부부의 일방에 다음 각 호의 사유가 있을 때 법원에 이혼을 청구할 수 있다(민법 제840조). (i) 배우자에 부정한 행위가 있었을 때, (ii) 배우자가 악의로 다른 일방을 유기한 때, (iii) 배우자 또는 그 직계존속으로부터 심히 부당한 대우를 받았을 때, (iv) 자기의 직계존속이 배우자로부터 심히 부당한 대우를 받았을 때, (v) 배우자의 생사가 3년 이상 분명하지 아니한 때, (vi) 기타 혼인을 계속하기 어려운 중대한 사유가 있을 때.

　가정은 단순히 부부만의 공동체에 지나지 않는 것이 아니고 그 자녀 등 모든 구성원의 공동생활을 보호하는 기능을 가진 것으로서 부부 중 일방이 불치의 정신병에 이환되었고, 그 질환이 단순히 애정과 정성으로 간호되거나 예후가 예측될 수 있는 것이 아니고 그 가정의 구성원 전체에게 끊임없는 정신적·육체적 희생을 요구하는 것이며, 경제적 형편에 비추어 많은 재정적 지출을 요하고 그로 인한 다른 가족들의 고통이 언제 끝날지 모르는 상태에 이르렀다면, 온 가족이 헤어날 수 없는 고통을 받더라도 타방 배우자는 배우자간의 애정에 터잡은 의무에 따라 한정 없이 참고 살아가라고 강요할 수는 없는 것이므로, 이러한 경우는 민법 제840조 제6호 소정의 재판상 이혼사유에 해당한다(대법원 2004. 09. 13. 선고 2004므740 판결).

다. 이혼의 효과

재판상의 이혼은 판결의 선고로 효력이 발생한다. 이혼판결이 확정되면 혼인은 해소되며, 그 효력은 제3자에게도 미친다. 이혼이 성립하면 부부관계는 소멸되고, 혼인에 의하여 형성되었던 인척관계도 소멸하게 된다. 재판상 이혼의 경우 이혼 피해자는 과실있는 상대방에 대하여 위자료청구권을 가진다. 또한 이혼을 한 당사자일방은 상대방에 대하여 재산의 분할을 청구할 수 있다(민법 제839조의2 제1항). 재판분할청구권의 대상이 되는 재산은 '당사자 쌍방의 협력으로 이룩한 재산'을 의미하여 부부일방의 특유재산은 분할대상이 되지 아니한다. 재산분할청구권은 이혼한 날로부터 2년 이내에 행사하여야 한다(민법 제839조의2 제3항). '이혼을 한' 당사자에게 인정되는 권리이므로 이혼과 동시에 또는 그 이후에만 청구를 할 수 있다. 판례에 의하면, 이혼에 따른 재산분할은 혼인중에 쌍방의 협력으로 형성된 공동재산의 청산이라는 성격에 상대방에 대한 부양적 성격까지 가미된 제도라고 한다. 아이가 있는 경우 부모의 협의로 친권을 행사할 자를 정하고, 협의를 할 수 없거나 협의가 이루어지지 않는 경우에는 당사자의 청구에 의하여 가정법원이 결정하게 된다.

혼인중에 부부가 협력하여 이룩한 재산이 있는 경우에는 혼인관계의 파탄에 대하여 책임이 있는 배우자라도 재산의 분할을 청구할 수 있다(대법원 1993. 5. 11. 자 93스6 결정).

3) 부모와 자(친자)

① 친 생 자

부모와 자연적 혈연관계에 있는 자를 친생자라고 한다. 친자관계에는 양자관계가 있으며 친생자도 혼인중의 출생자(嫡出子)와 혼인 외의 출생자(非嫡出子)의 구별이 있다. '혼인 중의 출생자'는 법률상의 부부간의 친생자로 추정한다. 처가 혼인중에 포태한 자는 부(夫)의 자로 추정하며, 혼인성립의 날로부터 200일 후 또는 혼인관계 종료의 날로부터 300일 내에 출생한 자는 혼인중에 포태한 것으로 추정한다(민법 제844조). '혼인외의 출생자'는 법률상 부부가 아닌 남녀 사이에서 출생된 자를 말한다. 혼인외의 출생자는 인지(認知) 또는 준정에 의해서 혼인중의 출생자가 될 수 있다. 준정(準正)이란 혼인 외의 출생자라도 그 생부와 생모의 혼인을 원인으로 하여 혼인중의 신분을 취득할 수 있는 경우이다.

② 양　　자

양자제도는 자연적인 혈연관계 없이 인위적으로 법률상 친자관계를 맺는 제도를 말한다. 양자는 입양한 때로부터 양친의 혼인중의 출생자와 같은 신분을 취득하며, 양부의 혈족·친족 사이에도 친족관계가 생긴다.

입양의 요건은

가. 당사자간의 합의

나. 양친은 성년자이어야 하되, 남녀, 기미혼을 불문한다.

다. 양자는 반드시 남자이어야만 할 필요는 없지만, 양친의 연장이라든가 존속 등은 적격성을 흠결한다.

라. 양자는 양부와 동성동본임을 불요한다.

마. 부모의 동의를 요한다.

입양이 무효로 되는 경우는

가. 당사자 사이에 입양의 합의가 없을 때,

나. 13세 미만인 자가 양자가 될 때에 법정대리인의 승낙을 받지 않았을 때,

다. 양자가 양친의 존속 또는 성년자일 때이다.

③ 친　　권

친권은 미혼의 미성년자인 자녀에 대한 부모의 권리·의무를 말한다. 부모는 미성년자인 자의 친권자가 되며, 양자의 경우에는 양부모가 친권자가 된다(민법 제909조). 법률상으로는 미성년자인 자를 보호하고 거소를 지정하고, 징계를 할 권리 및 의무를 의미하고, 한편으로는 자의 재산에 대하여는 법정대리인으로서의 관리권과 대리권을 가진다.

　　친권은 미성년인 자의 양육과 감호 및 재산관리를 적절히 함으로써 그의 복리를 확보하도록 하기 위한 부모의 권리이자 의무의 성격을 갖는 것으로서, 민법 제924조에 의한 친권상실선고사유의 해당여부를 판단함에 있어서도 친권의 목적이 자녀의 복리보호에 있다는 점이 판단의 기초가 되어야 하고, 설사 친권자에게 간통 등의 비행이 있어 자녀들의 정서나 교육 등에 악영향을 줄 여지가 있다 하더라도 친

권의 대상인 자녀의 나이나 건강상태를 비롯하여 관계인들이 처해 있는 여러 구체적 사정을 고려하여 비행을 저지른 친권자를 대신하여 다른 사람으로 하여금 친권을 행사하거나 후견을 하게 하는 것이 자녀의 복리를 위하여 보다 낫다고 인정되는 경우가 아니라면 섣불리 친권상실을 인정하여서는 안 되고, 자녀들의 양육과 보호에 관한 의무를 소홀히 하지 아니한 모의 간통행위로 말미암아 부가 사망하는 결과가 초래된 사실만으로서는 모에 대한 친권상실선고사유에 해당한다고 볼 수 없다(대법원 1993. 3. 4.자 93스3 결정).

4) 후   견

후견제도는 행위무능력자에 대하여 그 능력을 보충해 주는 역할을 한다(허영희, 2005, 100). 미성년자에게 친권자가 없거나 또는 있어도 그가 법률행위 대리권 및 재산관리권을 행사할 수 없을 때, 금치산·한정치산의 선고를 받은 자가 있을 때, 그 미성년자 또는 금치산·한정치산자를 위하여 후견인이 친족 중에서 선정한다.

3. 상 속 법

상속은 피상속인이 사망함으로써 그가 가지고 있던 재산에 관한 권리·의무를 일정범위의 혈족과 배우자에게 포괄적으로 승계해 주는 재산이전을 말한다.

1) 재산상속

피상속인의 사망으로 그의 재산상의 법률관계를 계승하는 것이다. 상속순위는 피상속인의 직계비속, 직계존속, 형제자매, 4촌 이내의 방계혈족이다(민법 제1000조). 상속인의 존부를 알 수 없는 때에는 법원은 상속재산관리인의 청구에 의하여 상속인이 있으면 일정한 기간(2년 이상) 내에 그 권리를 주장할 것을 공고하여야 하며, 이 기간 내에 주장하는 자가 없는 때에는 그 상속재산은 국가에 귀속한다.

2) 상속의 승인·포기

재산상속에 있어서 상속의 승인을 의미하는바, 한정승인은 피상속인의 부채가 많을 때에는 상속인은 상속받은 재산의 한도 내에서 피상속인의 부채를 변제할 것을 유보하는 상속승인을 말하고, 단순승인은 유보조건없는 상속을 말한다.

상속의 포기란 상속의 개시에 의하여 발생하는 효과를 상속개시 당시에 소급하여 소멸시키는 의사표시를 말한다.

3) 유   언

유언은 유언자가 자기를 둘러싼 재산관계나 가족관계에 관한 어떤 법률효과를 사망 이후에 발생시키려는 상대방 없는 단독행위를 말한다. 미성년자, 한정치산자, 금치산자라고 하더라도 의사능력이 있는 한 유언의 효력이 인정된다.

그것을 할 때 성립하지만, 그 효력은 유언자의 사망시부터 발생한다.

① 자필증서
② 녹음(죽은 자의 육성 보존)
③ 공정증서(증인 2명과 공증인 앞에서 유언내용을 말하는 방식으로 출장 및 비용 소요)
④ 비밀증서(생전에 비밀로 할 수 있고 2명 이상의 증인에게 제출)
⑤ 구술증서(질병 및 기타 급박한 사유 등 ①~④에 의한 유언이 불가능한 경우에 한하고 법원에 검인을 신청)

유언공정증서를 작성할 당시에 유언자가 반혼수상태였으며, 유언공정증서의 취지가 낭독된 후에도 그에 대하여 전혀 응답하는 말을 하지 아니한 채 고개만 끄덕였다면, 유언공정증서를 작성할 당시에 유언자에게는 의사능력이 없었으며 그 공정증서에 의한 유언은 유언자가 유언의 취지를 구수(口授)하고 이에 기하여 공정증서가 작성된 것으로 볼 수 없어서, 민법 제1068조가 정하는 공정증서에 의한 유언의 방식에 위배되어 무효하고 판단한 원심판결을 수긍한 사례[대법원 1996. 4. 23. 선고 95다34514 판결].

유증이란?

유증이란 유언에 의하여 재산을 무상으로 증여하는 것을 말한다. 유증에는 개별 재산을 수증자에게 주는 방법과 전체 재산의 일부를 주는 방법이 있다. 전자를 특별유증이라고 하고, 후자를 포괄유증이라고 한다. 포괄유증을 받는 자는 상속인과 동일한 권리의무를 갖는다. 유증이 상속인의 유류분을 침해하는 경우, 상속인은 유증 또는 증여를 받은 자에 대하여 자신의 유류분에 부족한 부분의 반환을 청구할 수 있다.

---

4) 유 류 분

유류분제도는 피상속인의 유언에 의한 재산처분의 자유를 제한함으로써 상속인에게 법정상속분에 대한 일정비율의 상속재산을 확보해 주는 제도이다. 다시 말하면, 유언을 하는 자는 원칙적으로 자기의 재산을 자유로이 처분할 수 있으나, 모든 재산을 사회에 기부한다든지, 상속인 중 소수에게 몰아준다든지 하여 다른 상속인이 생활하기조차 힘들어지는 등 상속인들의 지나친 희생을 강요하는 경우가 생길 수 있어 이 경우 상속인들을 보호하기 위해 법률이 상속 재산 중의 일정한 비율을 그들에게 보장해주는 제도를 말한다. 유류분의 권리를 가지는 자(유류분권자)는 피상속인의 직계비속·배우자·직계존속·형제자매로서 법률의 상속순위에 따라 상속권을 갖는 자이다. 유류분의 비율은 피상속인의 직계비속과 배우자는 그 법정상속분의 1/2이며, 피상속인의 직계존속과 형제자매는 그 법정상속분의 1/3이다(민법 제1112조). 유류분권에 기한 반환청구권은 유류분권리자가 상속의 개시와 반환하여야 할 증여 또는 유증을 한 사실을 안 때로부터 1년 내에 하지 아니하면 시효에 의하여 소멸하고, 상속이 개시된 때로부터 10년을 경과한 때에도 소멸한다(민법 제1117조).

5) 기 여 분

공동상속인 가운데 피상속인의 재산의 유지 또는 형성에 기여한 자 혹은 피상속인을 특별히 부양한 자가 있을 때 상속재산에서 그 자의 기여분을 공제한 것을 상속재산으로 보기로 하고 상속분을 산정해서 그의 산정된 상속분에 기여분을 더한 액을 가지고 그의 상속분으로 하는 제도이다(민법 제1008조의2).

민법이 친족 사이의 부양에 관하여 그 당사자의 신분관계에 따라 규정하고, 피상속인이 특별히 부양한 자를 기여분을 인정받을 수 있는 자에 포함시키는 제1008조의2 규정을 신설함과 아울러 재산상속인이 동시에 호주상속을 할 경우에 그 고유의 상속분의 5할을 가산하도록 한 규정(1990. 1. 13. 법률 제4199호로 개정되기 전의 제1009조 제1항 단서)을 삭제한 취지에 비추어 볼 때, 성년인 자가 부양의무의 존부나 그 순위에 구애됨이 없이 스스로 장기간 그 부모와 동거하면서 생계유지의 수준을 넘는 부양자 자신과 같은 생활수준을 유지하는 부양을 한 경우에는 부양의 시기·방법 및 정도의 면에서 각기 특별한 부양이 된다고 보아 각 공동상속인 간의 공평을 도모한다는 측면에서 그 부모의 상속재산에 대하여 기여분을 인정함이 상당하다[대법원 1998. 12. 8. 선고 97므513 판결].

❖ 확인평가

1. 민법의 기본원리에 대하여 설명하시오.

2. 법인의 권리주체에 대하여 간략히 설명하시오.

3. 민법상 대리제도에 대하여 간략히 설명하시오.

4. 용익물권과 담보물권의 차이점에 대해 간략히 설명하시오.

5. 혼인의 성립요건과 효과에 대해 설명하시오.

❖ 출제예상문제

1. 민법 제1조[민사에 관하여 법률에 규정이 없으면 관습법에 의하고 관습법이 없으면 조리에 의한다]에 대한 설명으로 옳지 않은 것은?

   ① 법률을 가장 중요한 법원으로 삼음으로써 성문법우선주의를 취하고 있다.
   ② 법원의 종류와 효력순위에 대해 규정하고 있다.
   ③ 불문법으로 인정되는 범위는 관습법과 조리에 한정되지 않는다는 것이 다수설적 견해이다.
   ④ 조리는 사물의 본성을 말한다.

   〈해설〉 ③ 불문법으로 인정되는 것은 관습법과 조리에 한정된다는 것이 다수설이다.

2. 다음 중 미성년자가 법정대리인의 동의 없이 유효한 법률행위를 할 수 있는 경우가 아닌 것은?

① 타인의 대리인으로 하는 법률행위
② 권리만을 얻거나 의무만을 면하는 행위
③ 혼인과 같은 신분행위
④ 영업이 허락된 미성년자가 그 영업에 관하여 하는 행위

〈해설〉 ③은 법정대리인의 유효한 동의가 있어야 한다. 미성년자도 예외적으로 다음과 같은 경우에는 유효한 법률행위를 할 수 있다. (i) 권리만을 얻거나 의무만을 면하는 행위 (제5조 제1항), (ii) 범위를 정하여 처분을 허락한 재산의 처분(제6조), (iii) 영업이 허락된 미성년자가 그 영업에 관하여 하는 행위(제8조).

3. 시효제도의 존재이유에 대한 기술 중 타당하지 않은 것은?

① 일정한 권리자의 보호
② 증거보전 곤란 구제
③ 권리 위에 잠자는 자는 보호받지 못한다.
④ 연속한 사실상태의 존중

〈해설〉 ① 시효는 일정한 사실상태가 일정한 기간 계속되는 경우에, 이 사실상태가 진실한 권리관계와 일치하느냐의 여부를 불문하고, 그대로 그것을 존중하여 권리관계로까지 높이려는 제도이다.

4. 다음 중 민법의 현대적 수정원리에 대한 설명으로 바르지 못한 것은?

① 신의성실의 원칙
② 무과실책임의 원칙
③ 권리남용의 원칙
④ 소유권절대의 원칙

〈해설〉 ④ 이는 근대민법의 기본원리이다.

5. 다음 중 대리에 관한 설명 중 타당한 것은?

① 대리인이 수인일 때에는 공동대리를 원칙으로 한다.

② 임의대리인은 자유로이 복대리인을 선임할 수 있다.

③ 대리인은 행위능력자이어야 한다.

④ 대리인은 행위무능력자라도 상관없다.

〈해설〉 ④ 대리인은 의사능력자임을 요하나 행위능력자임을 요하지 아니한다.

제12장
상 법

Ⅰ. 상법의 의의

1. 상법의 개념

형식적 의미의 상법이란 상법전을 의미한다. 여기에는 형벌법규, 소송법규 및 공법적 법규를 포함한다. 실질적 의미의 상법이란 기업에 관한 법률을 의미한다. 기업을 대상으로 하는 모든 법률을 의미한다.

상법(商法)은 자본주의 경제의 상거래에 관한 법률로서 각 주체간의 이익을 조정하려는 것을 목적으로 하는 사법이다. 자본주의 사회에서 생산 및 유통기능의 주요담당자인 기업을 유지 및 강화하고 기업활동을 왕성하고 합리적이 되도록 조정하는 일을 그 이념으로 삼는다.

2. 상법전의 성립

우리나라의 전통적 상거래질서는 관습법의 형태로 규율한다. 우리 상법전은 1962년 1월 20일 법률 제1000호로 어음법, 수표법과 함께 공표되어 1963년 1월

1일부터 시행하였다. 제1편 총칙에는 상인, 상업사용인, 상호, 상업장부, 상업등기, 영업양도에 관하여 규정한다. 제2편 상행위에는 매매, 상호계산, 익명조합, 대리상, 중개상, 위탁매매업, 운송주선업, 운송업, 공중접객업 및 창고업, 제3편 '회사'에는 통칙, 합명회사, 합자회사, 주식회사, 유한회사, 외국회사, 벌칙, 제4편 '보험'에는 통칙, 손해보험, 인보험, 제5편 '해상'에는 선박 및 선박소유자, 선장, 운송, 공동해손, 해난구조, 선박충돌 및 선박채권.

II. 기업의 주체

1. 상   인

자기 명의로 (즉 자기 자신이 법률상 권리의무의 주체가 되어) 상행위를 하는 자(상법 제4조)를 말한다. 실질적으로 상행위를 하는 자는 당연히 상인이 되며, 그 밖에도 상법은 기업경영의 형태가 상인과 유사한 것도 상인으로 의제하며 동일시한다(상업 제5조). ① 점포 기타 이와 유사한 설비에 의하여 상인적 방법으로 영업을 하는 자, ② 상법 제3편 회사의 규정에 의하여 성립되었지만 상행위 이외의 영리행위를 목적으로 하는 사람(민사회사)이 의제상인이다.

위에서 말한 상인 중에서 극히 소규모적인 상인에게까지 상법의 규정 전부를 적용하는 것은 타당하지 않으므로, 이것을 소상인이라 하여 지배인, 상호, 상업장부의 상업등기에 관한 규정의 적용으로부터 제외하고 있다(상법 제9조).

2. 상업사용인

특정상인에 종속하여 그 대외적인 영업상의 활동을 보조하는 자를 말한다. 상업사용인의 대리권의 범위로는 ① 지배인, ② 영업의 특정한 종류나 사항에 대한 위임을 받는 사용인, ③ 물품판매를 목적으로 하는 점포사용인.

Ⅲ. 기업의 물적 조직과 그 공시

1. 상 호

상인이 영업상 자기를 표시하기 위하여 사용하는 명칭을 말한다. 상호권이란 상호를 선정하여 이것을 사용하는 권리를 말한다. 상호사용권과 상호전용권을 포함한다.

2. 상업장부

상인의 재산상태를 분명하게 하고 영업성적의 양부를 판단하여 장래에 대한 계획을 세우는 기초로 하며 아울러 경영의 견실화와 합리화를 기한다. 상인의 신용의 기초를 분명하게 함으로써 상거래의 안전을 기한다. 거래 및 재산거래를 기록함으로써 후일의 분쟁에 대비하기 위하여 상인이 상법상의 의무로서 작성하는 장부를 말한다. 상법은 상업장부의 종류로서 회계장부 및 대차대조표를 규정하면서 그 작성을 상법상의 의무로 부과하고 있다.

3. 상업등기

상업등기란 상법의 규정에 따라서 상업등기부에 하는 등기를 말한다. 등기사항으로는 (1) 기업일반에 통하는 사항(상호, 지배인), (2) 개인기업에 관한 사항(미성년자 또는 법정대리인에 의한 영업 등), (3) 회사기업에 관한 사항(설립, 해산, 청산, 자본의 증감, 사채발행 등), 기본적인 것은 영업상의 책임관계에 관한 사항이다. 상업등기에서는 등기와 공고가 효력발생요건인 것이 원칙이나 등기와 공고 후라도 제3자가 정당한 사유로 알지 못한 때에는 그 선의의 제3자에게 대항하지 못한다 (상법 제37조 제3항).

회사설립의 등기(상법 제180조), 회사합병의 등기(상법 제233조) 등과 같이 등기만으로 특별한 효력을 가지는 것도 있다.

Ⅳ. 기업의 양도

1. 영업의 의의

영업(내지 기업)이란 상인의 영업활동 및 일정한 영업목적을 위하여 결합된 조직적 재산(동산·부동산·유가증권·채권·무체재산권·채무 등), 그리고 영업상의 비결·명성 또는 고객관계 등의 사실관계를 결합한 하나의 유기체이다.

2. 영업의 양도

양도인이 영업의 양수인으로 하여금 자기를 대신해서 그 영업의 주체로서의 지위에 서도록 하는 것이다. 양도인이 양도 후에도 계속 동일 영업활동을 한다면 양수인은 영업양도를 받는 실익이 없어지므로 특약이 없는 한 양도인은 동일한 특별시·광역시·시·군 및 인접한 특별시·광역시·시·군에서 10년간 동종의 영업을 하여서는 아니 된다(상법 제41조 제1항). 양수인이 양도인의 상호를 계속 사용하는 경우에는 양도인의 영업으로 인하여 생긴 채무에 관하여 양수인도 그 채무변제에 관하여 당연히 부담하여야 하며, 또한 영업상의 채권에 관하여도 양수인에게 선의로 한 채무변제는 유효하다(상법 제42, 43조).

Ⅴ. 상 행 위

1. 의   의

실질적으로 영리에 관한 행위이고 형식적으로는 상법과 특별법에 상행위로서 규정된 행위를 말한다. 여기에는 기본적 상행위와 보조적 상행위로 나누어진다.

2. 상행위법의 구조

총칙규정으로는 상행위 일반에 대한 특칙(상법 제48조), 매매에 관한 특칙(상법 제97조), 상호계산(상법 제72조), 익명조합(상법 제178조) 등, 각칙규정으로는 대리상(상법 제87조), 중개업(상법 제93조), 위탁매매업(상법 제101조), 운송주선업(상법 제114조), 운송업(상법 제125조), 공중접객업(상법 제151조), 창고업(상법 제155조) 등을 들 수 있다.

VI. 회　　사

1. 의　　의

법률상 회사란 영리를 목적으로 하는 사단법인을 말하며, 상법 제3편의 규정에 따라서 설립된 것이다. 합명, 합자, 주식, 유한회사를 말한다.

2. 종　　류

1) 합명회사

사원 전원이 회사채권자에 대하여 직접, 무한, 연대의 책임을 부담하는 회사(상법 제212조)를 말한다. 형식적으로는 사단법인이지만 실질적으로는 조합이며, 그 내부관계에서는 정관 또는 상법에 다른 규정이 없을 때에는 민법의 조합에 관한 규정이 준용된다(상법 제195조).

2) 합자회사

무한책임사원과 유한책임사원으로 조직되는 회사이며, 무한책임사원간의 회사, 즉 합명회사에 유한책임사원이 오로지 투자만을 하여 그 한도 내에서 회사채권에 대하여 책임을 지고 업무집행과 대표에는 관여하지 않고 이익에만 참여하는 형식이다. 이원적 조직을 가진다.

3) 주식회사

자본을 전부 주식으로 분할하여 주주는 그가 소유하는 주식의 출자의무 이외에는 아무런 의무도 지지 않는 사단법인(상법 제329조)을 말한다. 상법은 회사채권자를 보호하기 위한 자본에 관한 원칙 규정을 두고 있다. ① 회사설립시에 발행하는 주식의 총수를 정관에 기재하고 또 그 총액의 인수가 되도록(상법 제329조, 제330조)하는 자본확정의 원칙이 있고, ② 회사자본의 명목과 사실이 항상 일치되도록 하는(상법 제303조, 제459조-460조, 제462조), 자본유지의 원칙이 있으며, ③ 일단 확정된 자본을 임의로 증감시키지 아니하는 자본불변의 원칙이 있다.

4) 유한회사

합명회사와 주식회사의 장점을 흡수하여 사원의 유한책임제의 이익을 보유하면서, 소규모적이기 때문에 그 설립, 조직 등이 주식회사에 비해 복잡하지 않으므로 중소기업에 적합한 회사형태이다.

Ⅶ. 보   험

1. 보험제도

보험이란 사회생활에서 화재, 사망 등의 우발적 사고의 발생으로 인한 위험에 대비하여 위험에서 오는 경제적 손해를 보충하기 위하여 공동운명에 있는 사람들에 의하여 갹출된 금전을 현실적 피해자에게 급부하는 제도를 말한다. 이에는 손해보험과 인보험이 있다.

2. 보험계약

보험계약은 낙성 및 불요식의 계약이며 따라서 당사자간의 의사표시의 합치만으로 성립한다. 그러나 실제상은 보험신청서, 기타의 서류에 의하여 체결되며 계약

성립 후 회사에서 보통보험약관을 기재한 보험증권을 발행한다.

1) 손해보험계약

당사자의 일방(보험자)이 우연한 사고(보험사고)로 인하여 생길 수 있는 손해를 전보하는 것을 말하고, 보험금액의 지불을 약속하고 상대방(보험계약자)이 이에 보수(보험료)를 줄 것을 약속하는 계약이다. 피보험자는 일정한 사고로 손해가 발생하였을 때 그 전보를 받는 자를 말하고, 피보험이익이란 피보험대상자에게는 장래 손해를 받을 염려가 있는 그런 이익대상이 있는 이익을 말하며, 보험가액이란 그 보험이익의 가액을 말한다. 보험기간이란 보험자의 책임이 존속하는 일정기간을 말한다.

2) 인보험계약

당사자의 일방(보험자)이 상대방(보험계약자) 또는 제3자(피보험자)의 생사 또는 상해에 관하여 일정한 금액(보험금)을 지급할 것을 약속하고, 상대방(보험계약자)이 이에 대하여 보수(보험료)를 지급할 것을 약속하는 계약이다. 인보험이란 보험의 목적이 사람의 생명 또는 신체이고 손해의 유무와는 아무런 관계가 없으며, 또한 이것은 일정금액의 지급을 목적으로 한다(정액보험). 피보험자는 보험의 목적인 신체의 소유자이며 보험수익자란 보험금을 받을 권리를 가진 자를 말한다.

Ⅷ. 해 상

1. 해 상 법

행사기업에 특유한 사법적 법규를 말한다. 선박에 의해서 행하여지는 해상운송업을 규정의 중심적 대상으로 하는 법규의 종체를 말한다. 상법 제5편의 규정내용은 선박이라는 '물건', 그 공유 및 임대차 또한 해상운송, 공동해손, 해난구조, 선박충돌, 선박의 우선특권, 저당권 등이다.

2. 해상기업시설

해상법상 선박이란 상법상 상행위 기타 영리를 목적으로 항해에 사용되는 선박(상법 제740조)을 말한다. 항해란 하천, 항만 및 연안 항행 이외의 해상의 항행을 말하고, 선박이란 단정 또는 노만으로 운전하는 것을 제외한다. 상행위의 목적에서가 아니라도 항해의 목적으로 하는 선박에도 상법의 규정이 준용된다(선박법 제39조). 선박은 등기제도가 인정되고(상법 제743조, 제745조), 등기된 선박은 저당권의 목적으로도 되며(상법 제871조), 선박의 임대차를 등기하면 그 후 선박에 물권을 취득한 자에도 대항할 수 있고, 형법상으로는 주거침입되가 성립된다(형법 제319조). 인적 시설은 선박소유자, 선박공유자, 선박임차인이다.

3. 해상운송

해상기업자인 해상운송인이 선박의 전부 또는 일부를 대절하여 운송을 인수하는 용선계약과 개개의 물품의 운송을 인수하는 개품운송계약이 있다. 개품운송계약을 체결할 때에는 해상운송인이 선하증권을 발행하는 것이 통례이다(상법 제813조).

4. 해 손

해상에서 선박 또는 적하에 사고가 있어서 손해가 생겨 비용을 지출해야 할 때 여기에는 공동 혹은 단독해손이 있다. 국제적인 '요크 안트워프 규칙'(York-Antwerp rules: 1920년)[1]이 상법의 규정과 아울러 시행되었다. 선박의 충돌(상법 제843조) 가운데 불가항력에 의한 것은 이해관계자가 그리고 일방적 과실에는 불법행위에 관한 일반원칙(민법 제750조)에 따라 귀책사유가 있는 자가 쌍방의 과실에는 과실의 경중에 따라 각 선박의 소유자가 각각 손해를 부담하며, 경중을 가릴 수 없으면 균분하여 부담하도록 규정한다. 해난구조(상법 제849조)의 경우 구조계약의

---

1) 해상보험에서 공동해손을 구성하는 손해 및 비용에 관한 국제규칙으로, 1864년에 제정되었고, 일반규정 7개조와 이 원칙에 관한 확장, 제한 또는 해설을 한 특별규정 22개조로 구성되어 있다.

유무에 따라서 구조료가 책정된다.

IX. 어음 수표법

1. 의   의

일정액의 금전의 지급을 목적으로 하여 발행되는 요식의 유가증권이다. 이에 대한 특징으로서는 금전채권증권, 문서증권, 무인증권(추상적 증권)성을 가진다.

2. 환 어 음

발행인이 제3자, 즉 지급인으로 하여금 어음금액을 일정일에 권리자(영수인 또는 그 지정인)에게 지급할 것을 무조건으로 위탁하는 증권이다. 증권에는 지급을 할 지급인을 기재하고 그것을 지급인이 어음에 서명함으로써 인수하면 이것으로 지급인은 어음의 소지인에 대한 어음채무자가 된다(어음법 제28조). 발행인으로부터 어음의 교부를 받은 수취인은 직접 어음의 지급을 청구할 수 있음은 물론이지만 배서를 하여 타인에게 양도할 수 있다. 배서의 방식은 배서인이 증권에 서명하고 피배서인을 기재하는 것이 원칙이지만, 이것을 하지 않는 이른바 백지식 배서도 인정한다(어음법 제13, 14조). 어음의 소지인이 그 만기 또는 발행의 날부터 1년 내에 지급인 또는 지급담당자에게 어음을 제기하고 지급을 청구하는 행위를 말한다. 지급인 또는 인수인이 지급청구를 받음에도 불구하고 지급을 하지 않는 때에는 소지인은 인수인에 대하여 그 책임을 추궁하거나 또는 법정기간 내에 집행관 또는 공증인에게 지급거절증서를 작성하여 지급이 없었음을 증명하면 그 어음의 유통에 참가하였던 발행인 및 모든 배서인에 대하여 일정의 금액의 지급을 청구할 수 있다. 예컨대, 만기 후 상환에는 어음기재의 금액, 만기 이후의 법정이자, 거절증서작성의 비용, 기타의 비용이며, 만기 전 상환에서는 어음에 기재된 금액에서 상환일로부터 만기에 이르기까지의 중간이자를 공제한다(어음법 제48조).

3. 약속어음

발행인 자신이 어음상의 금액을 정당한 소지인에게 지급할 것을 약속하는 어음이다(지급인은 금융기관이다). 발행인 자신이 주채무자로서 어음금액의 지급을 약속하는 것이기 때문에 환어음의 발행인이 제3자에게 어음금액의 지급을 위탁하는 것과는 다르다.

4. 수   표

1) 법률적으로 환어음의 한 변종이다.
2) 단순히 지급증권으로서 이용한다.
3) 수표에는 인수라는 것이 없으며 그 대신에 지급보증제도가 있다.
4) 현금에 대신하는 일람출급[2]증권(수표법 제28조)이다.
5) 발행인은 지급인으로 하여금 지급하게 하는 방식 이외의 방법으로 발행할 수 없다(수표법 제3, 71조).
6) 횡선수표[3]는 은행 또는 지급인의 거래처에 대하여서만 지급할 수 있게 하는 제도이다.

---

2) 어음이나 수표의 소지인이 그 지급을 위하여 제시한 날을 만기로 하여, 돈을 내주는 일을 의미한다.
3) 지급은행이 자기의 거래처나 소지인이 거래하고 있는 타은행으로부터 제시된 경우 외에는 지급할 수 없는 수표이다. 이 경우 도난 및 분실로 인한 손실의 위험이 있으므로 이를 방지하고자 횡선수표가 생긴 것이다. 수표법은 횡선수표제도를 채택하고 있다(제37·38조).

❖ 확인평가

1. 기업의 주체에 대하여 설명하시오.

2. 회사의 종류에 대하여 간략히 설명하시오.

❖ 출제예상문제

1. 우리 상법이 인정하는 회사의 종류가 아닌 것은?

　① 합자회사
　② 주식회사
　③ 무한회사
　④ 유한회사

　〈해설〉 ④

2. 회사의 권리능력에 관한 설명으로 잘못된 것은?

　① 회사는 유증(遺贈)을 받을 수 있다.
　② 회사는 상표권을 취득할 수 있다.
　③ 회사는 다른 회사의 무한책임사원이 될 수 있다.
　④ 회사는 명예권과 같은 인격권의 주체가 될 수 있다.

　〈해설〉 ③ 회사는 다른 회사의 무한책임사원이 되지 못한다(상법 제173조).

3. 다음 중 회사에 관한 법규정의 올바른 적용순서는?

① 정관－특별법－상법전－상관습법－민법

② 정관－상법전－민법－상관습법－특별법

③ 특별법－상관습법－상법전－정관－민법전

④ 민법－상법전－정관－특별법－상관습법

〈해설〉 ① 상법 제1조에서 상사에 관하여 본법에 규정이 없으면 상관습법을 적용하고 상관습법이 없으면 민법을 적용하고 있다.

4. 다음 주식회사에 관한 설명으로 옳지 않은 것은?

① 상법상 주식은 원칙적으로 타인에게 이를 양도할 수 있다.

② 회사는 자기의 계산으로 자기의 주식을 취득할 수 없다.

③ 주식은 자본의 균등한 구성단위로서 뜻뿐만 아니라 사원으로서의 지위라는 뜻을 가지고 있다.

④ 회사는 자기의 계산으로 자기의 주식을 취득할 수 없다.

〈해설〉 ②

제13장
형 법

I. 의 의

형법이란 일정한 행위를 범죄로 규정하고, 그에 대하여 형벌 또는 보안처분을 부과하는 법규범의 총체를 말한다. 형법은 규범의 하나로서 첫째, 가설(假設)적 규범이다. 둘째, 행위규범 내지 재판규범이다. 셋째, 평가규범 내지 의사결정규범이다. 행위자 형법의 관점은 책임형법 내지 법치국가적 인권보장의 한계를 넘지 않는 범위 안에서만 부수적으로 고려될 수 있을 뿐이다.

II. 형법의 기능

1. 보호적 기능

범죄로부터 법익을 보호한다. 형법학을 연구하는 데에는 형법과 윤리를 경계 짓는 것이 옳다.

2. 보장적 기능

민주사회의 형법은 보충적 법익보호뿐만 아니라 자의적 형벌로부터 범죄자를 포함한 개인의 인권을 보장할 때에야 비로소 정당화될 수 있다(범죄인의 마그나카르타(Magna Carta).

3. 사회보호적 기능

사회보호적 기능이란 형벌과 보안처분이라는 수단에 의하여 범죄로부터 사회질서를 유지하고 보호하는 형법의 기능을 말한다.

Ⅲ. 형법이론의 발전

1. 구파(고전학파)의 형법이론

계몽사상에 기초한 자유주의 형법전을 말하고, 베카리아, 칸트, 헤겔, 포이어바흐 등은 그 대표적 학자이다.

1) 베카리아(Beccaria)
1764년 '범죄와 형벌'에서 사회계약이론에 입각하여 고문·사형의 폐지, 죄형법정주의, 공개된 신속한 재판 등을 주장하였다.
당시의 비인도적이고 자의적인 규문주의 형사사법의 모순을 비판 및 극복할 수 있는 대안이 있다고 하였다.
2) 칸트(Kant)
상정한 인간은 자유의사를 가지고 내심의 도덕율에 따라 자율적으로 행동할 수 있는 존재이다. 응보형 사상을 주장하였다(탈리오 법칙).
3) 헤겔(Hegel)
변증법에 따라 범죄와 형벌관을 가지고 있고, 형벌의 목적이란 범죄는 正인 법률을 침해하는 부정이고, 그 부정을 다시 부정함으로써 실체인 법률을 회복하는 것이다.

4) 포이어바흐(Feuerbach)

심리강제설에 기초한 일반예방이론이다. 그는 '범죄를 방지하기 위해서는 심리적 강제에 의하여야 하고, 범죄와 형벌을 형법전에 규정함에 의하여 범죄를 범한 때에는 쾌락보다는 더 큰 고통이 따른다'는 것을 알게 되어 심리강제의 효과를 달성할 수 있다고 하였다.

2. 구파의 특징

1) 계몽사상에 근거한 개인주의적·자유주의적 법치주의를 사상적 배경으로 하였다.
2) 인간을 자유의지를 갖는 추상적 이성인으로 본다(비결정론).
3) 자유의지가 외부로 표현된 범행 및 그 결과를 중시하는 객관주의의 관점이다.
4) 책임론은 범죄의사에 대한 도의적 비난을 중시하는 도의적 책임론이다.
5) 응보(K.H.B 등) 내지 속죄(Kohler)라는 절대설, 일반예방에 두는 상대설(Becarria, Feuerbach)이 병존한다.

3. 신파 내지 근대학파(이태리 학파)

1) 롬브로소(C. Lombroso, 1835-1909)

롬브로소는 『범죄인론(1876년)』에서 격세유전으로 재현된 생래범죄인의 존재를 역설하고, 응보형론에 반대한다.

2) 페리(E. Ferri, 1856-1929)

페리는 『범죄사회학(1880년)』을 통하여 범죄포화의 원칙을 주장하면서 범죄에 대한 사회학적 연구의 필요성을 강조하였다.

3) 가로팔로(R. Garofalo, 1851-1934)

범죄를 자연범과 법정범으로 구분하여 자연범이 진짜 범죄인이라고 하면서 그

악성 및 대책을 논의하게 된다.

4. 신파이론의 집대성

집대성한 사람은 독일의 리스트(Franz von Liszt, 1851－1919)이다. 목적형론을 주장하고, 법익을 보호하는 보호형을 주장하였다. 우발범에 대하여는 위하(威嚇)를, 개선가능한 상습범에 대하여는 교정을, 개선불기능한 상습범에 대하여는 사회에서 배제하는 것을 각각 내용으로 하는 특별예방이론을 펼쳤다. 처벌되어야 할 것은 행위자라고 하여 구파의 행위자주의를 취하고 행위자의 반사회성을 형벌의 기초로 삼았다(주관주의, 성격책임론).

Ⅳ. 죄형법정주의

1. 의   의

"법률없으면 범죄없고 형벌없다"(nullum crimen, nulla poena sine lega)는 생각을 가지고서 그 정신적 기초로서는 정치적 자유주의, 민주주의와 권력분립, 일반예방사상, 책임원칙 등의 내용을 가지고 있다.

2. 내   용

1) 관습형법을 인정하지 말아야 한다(법률주의). 다만 경우에 따라서 해석상 고려할 수 있다.

2) 형벌법규시행 이전의 행위에는 소급하여 적용하지 않는다는 원칙이다(소급효금지의 원칙). 단 소급효가 피고인에게 유리한 경우까지 이 원칙을 고집할 필요는 없다.

3) 법률에 규정이 없는 사항에 대하여 그것과 유사한 성질을 가지는 사항에 관

한 법률을 적용하는 것을 금지한다는 원칙이다(유추해석금지의 원칙). 피고인에게 유리한 유추해석이 허용된다.

　4) 구성요건과 그 법적 결과를 명확하게 규정해야 한다는 원칙이다(명확성의 원칙). 절대적 부정기형은 형법의 책임원칙 또는 비례원칙에 어긋나므로 금지된다. 소년범에 대해서는 교육형의 요소를 고려하여 소년법에 상대적 부정기형을 인정한다.

V. 범 죄 론

1. 범죄의 개념

　실질적 의미의 범죄란 개인 및 사회의 안전과 이익을 해치는 모든 반사회적 행위를 말하고, 형식적 의미의 범죄란 형법에 규정되어 형벌의 대상이 되는 행위를 말한다. 형법총론의 범죄론은 죄형법정주의의 요구에 따라 형식적 의미의 범죄를 어떻게 체계적으로 일관되게 분석하느냐에 논의의 초점이 있다. 벨링(E. Beling, 1866–1932)은 형식적 의미의 범죄를 주장하고 '구성요건에 해당하고 위법 및 유책한 행위를 의미한다고 하였다.

2. 형법상 행위론

1) 의　　의

　행위론 부정론은 행위론을 별도로 고찰할 필요가 없이 바로 구성요건해당성을 따지면 족하다는 것을 말한다.

2) 행위개념의 3가지 기능

① 한계기능

　형법적으로 의미있는 행위와 비행위를 구별하여 구성요건 판단에 앞서 불법판단의 대상이 될 수 없는 비행위를 형법적 평가대상에서 제외시키는 기능이다.

② 분류기능

형법상 의미를 가질 수 있는 모든 종류의 인간의 행위, 즉 고의행위와 과실행위, 작위와 부작위를 하나의 통일개념으로 파악할 수 있는 기능이다.

③ 결합기능

행위－구성요건해당성－위법성－책임－형벌의 순서로 이어지는 일반적 형법체계 안에서 불법과 책임판단에 결합될 수 있는 기능이다.

3) 행위론의 논의

① 인과적 행위론

인간의 의사에 지배된 행동에 의한 외부세계의 변동(유의성 또는 거동성)을 행위라고 보고 있다. 자연과학적 방법에 기초하고 있다.

② 목적적 행위론

인간의 의사에 의하여 지배되고 목적지향적인 인간활동을 행위라고 보고 있다. 목적활동의 수행을 내세우며 행위단계에서 고의를 거론하게 된다.

③ 사회적 행위론

인간의 의사에 의하여 지배되거나 사회적으로 의미있는 인간의 형태를 행위라고 보고 있다. 행위의 사회적 의미를 강조하게 된다.

④ 인격적 행위론

인격의 발현, 의사에 의해 지배할 수 있는 인간의 결과를 가진 유책적이며 의미부합적인 현실의 형성을 행위라고 보고 있다.

독일에서는 행위론으로서는 목적적 행위론을 거부하되 고의·과실을 구성요건요소로 파악하는 목적적 범죄체계의 사고를 수용하고 아울러 고의·과실을 책임요소로 이해하는 신고전주의 범죄체계를 계승한 합일태적 범죄체계가 통설의 위치를 차지하게 된다.

3. 구성요건해당성

1) 의의와 기능

① 의   의

구성요건이란 범죄행위의 바깥 윤곽을 추상적으로 기술한 것을 말한다. 일반적으로 형벌규정 중 금지된 행위의 전형적 불법내용을 근거짓는 부분으로 이루어진 불법구성요건을 의미한다.

② 기   능

죄형법정주의 기능, 범죄개별화 기능, 위법성 추정 기능, 고의규제적 기능을 가진다.

2) 구성요건요소

① 의   의

벨링이 확립한 구성요건 개념은 객관적·몰가치적 요소로만 이루어진다. 통설은 주관적 요소와 객관적 요소를 포괄하는 통합적 구성요건요소론을 주장한다.

② 객관적 구성요건과 주관적 구성요건

객관적 구성요건요소란 행위주체, 행위객체, 행위태양, 보호의 객체인 법익(法益), 행위의 외부적 정황, 결과, 결과범에서의 인과관계 등이다. 주관적 구성요건요소란 목적범에서의 목적, 경향범에서의 경향, 표현범에서의 표현 등을 들 수 있다.

표 13-1 상해죄의 구성요건 분석

객관적 구성요건	주 체	사람
	객 체	사람의 신체
	행 위	상해행위
	결 과	상해의 결과
	인과관계	상해행위로 인한 상해의 결과발생
주관적 구성요건	고의 또는 과실	고의

※ 자료: 김영규 외 8인, 『新 법학개론』, 박영사, 2017, 181면.

3) 구성요건해당성배제사유

사회적 상당성론이란 사회적으로 상당한 행위는 구성요건해당성이 없다는 이론을 말한다. 피해자의 양해가 있다면 구성요건해당성이 배제된다.

4) 부작위범

부작위에는 진정부작위범과 부진정부작위범으로 나누어지는바, 전자는 처음부터 부작위의 형식으로 규정된 구성요건을 위반하는 경우로서 예컨대, 형법 제319조 제2항의 퇴거불응죄를 가리킨다. 후자는 작위구성요건을 부작위로 실현하는 경우로서, 예컨대 부작위에 의한 작위범을 들 수 있다. 부진정부작위범이 성립하려면 행위자에게 보증인지위가 있어야 하고, 그 부작위가 구성요건상 작위와 상응성 내지 동가성을 가져야 한다. 예컨대, 어머니(보증인지위)가 고의로 젖을 주지 않아 (보증의무 위반) 아기를 죽게 하면(작위와 동가치) 이는 부작위에 의한 살인죄에 해당하게 된다.

4. 위 법 성

1) 의   의

위법성이란 구성요건에 해당하는 행위가 전체 법질서에 반하는 속성을 가지게 된다. 여기에는 형식적 위법성이란 어떤 행위가 실정법을 위반한 경우를 말하고, 실질적 위법성이란 실질적 관점에서 평가한 위법, 즉 법익침해를 가리킨다.

2) 위법판단의 기준

형법을 의사결정규범으로만 파악하면 책임능력자의 행위만이 위법하다는 주관적 위법성론에 이르게 된다. 객관적 위법성론이란 '위법은 객관적, 책임은 주관적으로'라는 표현에서 알 수 있듯이 형법은 객관적 평가규범이기도 하므로 책임무능력자의 행위도 위법임에는 틀림없고, 다만 책임이 조각될 뿐이다.

3) 행위반가치론과 결과반가치론

행위반가치론이란 행위 자체 및 행위를 통해 나타난 행위자의 태도에 큰 의미를 부여하게 되고 형법의 윤리보호기능을 강조하게 된다.

※ 참고사항

① 결과반가치의 내용

가. 법익의 침해: 현실적으로 발생한 법익의 가치상실

나. 법익의 위험: 현실적인 법익침해는 발생하지 않았지만 보호법익에 대한 침해의 발생이 가능한 상태

다. 법적 평온상태의 교란

② 행위반가치의 내용

가. 주관적 요소: 고의, 과실, 목적, 경향 등

나. 객관적 요소: 범죄의 태양, 신분범의 신분, 부진정부작위범의 보증인지위 등

---

4) 위법성조각사유(정당화사유)

① 정당행위

공무집행행위, 징계행위, 사인의 현행범체포, 정신병자 감호, 노동쟁의 등과 같은 '법령에 의한 행위'와 '치료행위', 변호사의 직무수행과 같은 '업무로 인한 행위' 및 자손, 허용된 위험과 같은 '기타 사회상규에 위배되지 않는 행위' 등은 위법성이 조각된다.

② 정당방위

자기 또는 타인의 법익에 대한 현재의 부당한 침해를 방위하기 위한 상당한 행위를 말한다. 본질이란 법질서의 수호를 말한다. 최근에는 정당방위를 어떻게 처벌하느냐? 예컨대, 어린이의 공격에 대한 정당방위는 전면 금지되거나, 공격을 회피할 수 없는 예외적인 경우에만 허용된다.

갑과 을이 공동으로 인적이 드문 심야에 혼자 귀가중인 병녀에게 뒤에서 느닷없

이 달려들어 양팔을 붙잡고 어두운 골목길로 끌고 들어가 담벽에 쓰려뜨린 후 갑이 음부를 만지며 반항하는 병녀의 옆구리를 무릎으로 차고 억지로 키스를 함으로 병녀가 정조와 신체를 지키려는 일념에서 엉겁결에 갑의 혀를 깨물어 설절단상을 입혔다면 병녀의 범행은 자기의 신체에 대한 현재의 부당한 침해에서 벗어나려고 한 행위로서 그 행위에 이르게 된 경위와 그 목적 및 수단, 행위자의 의사 등 제반 사정에 비추어 위법성이 결여된 행위이다(대판 1989. 8. 8., 89도358).

③ 긴급피난

자기 또는 타인의 법익에 대한 현재의 위난을 피하기 위한 상당한 이유있는 행위를 말한다. 위난발생의 원인은 불문하며, 침해가 '부당'할 필요가 없는 '정 대 정'의 관계이므로 보호하려는 권리와 상대방 또는 제3자에게 반격한 손해 사이에 균형이 유지되어야 하고 상대적 최소피난의 원칙이 요구된다. 예컨대, 물려고 달려드는 맹견을 피하기 위해 타인의 주거를 무단침입한 경우이다. 이처럼 침해된 법익보다 보호된 법익이 더 큰 경우에는 위법성이 조각되지만(정당화적 긴급피난), 두 법익이 동일한 경우에는 위법성이 아니라 유책성이 조각된(면책적 긴급피난). 예컨대, 배가 난파된 후 20여 일간 표류하던 선원들이 아사를 면하기 위하여 죽어가던 소년선원을 잡아먹은 사건에서, 선원들에게 달리 행위할 것을 기대할 수 없기 때문에 면책적 긴급피난이 인정될 수 있다.

④ 자구행위

법정절차로 청구권을 보전할 수 없는 경우에 그 청구권의 실행불능 또는 현저히 실행곤란을 피하기 위한 상당한 이유있는 행위를 말한다. 법치국가에서는 자력구제를 금지함이 원칙이다. 법정절차로는 권리보전이 불가능한 상황이 닥치면 피해자로 하여금 공서양속에 반하지 않는 범위 내에서 자력구제가 허용된다. 예컨대, 무전취식 후에 도주하는 손님을 체포하는 경우 등이다.

⑤ 피해자의 승낙

법률에 특별한 규정이 없으면 위법성이 조각된다. 피해자가 현실적으로 승낙하지 않았다 하더라도 행위 당시의 객관적 사정에 비추어 피해자가 행위의 내용을 알았거나 승낙할 수 있었더라면 당연히 승낙했으리라 예견되는 경우를 말한다. 예컨대, 일시적으로 빈 이웃집에 들어가 넘쳐흐르는 수돗물을 잠가주는 경우를 말한다.

5. 책 임

1) 의 의

어떤 행위가 구성요건에 해당하고 위법하다 하더라도 그 행위자를, 비난할 수 없을 때에는 범죄가 성립하지 않는다.

통설은 행위자에 대한 비난가능성을 책임으로 파악하는 규범적 책임론이라고 한다. 오늘날 규범적 관점에서 의사자유의 문제를 상대적·탄력적으로 이해하게 됨으로써 이 논쟁은 형법사의 한 장으로 자리잡게 되었다.

2) 책임능력

책임능력이란 법규범에 따라 행위할 수 있는 능력 또는 위법행위에 대한 비난을 부담할 수 있는 능력을 말한다. 책임능력을 판단하는 기준으로서는 생물학적 방법, 심리적 방법, 혼합적 방법이 있다. 14세 미만의 형사미성년자와 심신상실자의 행위는 벌하지 아니하고, 심신미약자와 농아자의 행위는 형을 감경한다.

3) 책임형식(고의 또는 과실)

고의(또는 과실)는 '죄의 성립요소인 사실의 인식'을 의미한다. 고의로 한 행위만 처벌하는 것이 원칙이고 과실로 한 행위를 처벌하려면 형법에 특별한 규정이 있어야 한다(형법 제13, 14조).

인체의 급소를 잘 알고 있는 무술교관 출신의 피고인이 무술의 방법으로 피해자의 울대(聲帶)를 가격하여 사망케 한 행위에 살인의 범의가 있다고 본 사례(대판 2000. 8. 18., 2000도2231).

과실이란 행위자가 부주의로 자신의 행위가 구성요건에 해당함을 인식하지 못한 경우를 말한다. 교통형법 등의 중대한 과실범의 비중이 크다. 판례가 발전시킨 신뢰의 원칙은 도로교통에서 타인이 교통규칙을 지키리라 믿고 행동하여 일어난 결과에 대해서는 과실책임을 묻지 않는다는 이론이다.

고속도로를 운전하는 자동차의 운전자로서는 … (중략) … 상당한 거리에서 보행자의 무단횡단을 미리 예상할 수 있는 사정이 있는 경우에는 그에 따라 즉시 감속하거나 급제동하는 등의 조치를 취해야 할 주의의무가 있다(대판 2000. 9. 5., 2000도2671).

사실의 착오(또는 구성요건착오)란 행위자의 인식사실과 발생사실이 일치하지 않는 경우를 말한다. 예컨대, A라고 알고 사살하였으나 실은 B였던 경우와 같이 객체를 착오했다든가 혹은 A를 사살하였으나 총알이 빗나가 옆에 있던 B가 사살된 것처럼 행위방법이 잘못된 경우 등이다. 이러한 착오를 일으킨 행위자는 결국 범죄사실을 제대로 인식하지 못한 것이며, 따라서 고의가 부정되어 과실범으로 처벌되는 것이 원칙이다. 그러나 이러한 원칙만 고수한다면, 행위자가 세부적인 범죄사실까지도 늘 제대로 파악했을 것을 요구한다면, 고의범으로 처벌되는 경우는 거의 없을 것이다. 따라서 행위자가 착오를 했더라도 일정한 범위에서는 그 착오를 무시하고 발생한 사실에 대한 고의·기수책임을 지울 필요가 있는데, 이를 논의하는 것이 구성요건적 착오론이다. 형법 제15조는 행위자가 알았던 것보다 현실로 무거운 결과가 발생한 때에는 행위자가 몰랐던 무거운 죄로 처단할 수 없다.

4) 위법성의 인식과 위법성의 착오

위법성의 인식이란 자신의 행위가 실질적으로 위법하다는 행위자의 인식을 말한다. 고의설과 책임설이 대립하게 된다. 위법성의 착오란 위법성의 인식이 결여된 경우를 말한다(이는 금지의 착오 또는 법률의 착오라고도 한다). 예컨대, 부인이 남편에게 온 편지를 뜯어보아도 된다고 알고 뜯어본 경우 및 일반인이 현행범을 체포하고자 허용되는 것으로 알고 타인의 주거에 침입한 경우 등을 위법성의 착오이다. 자신의 행위가 위법하지 않다고 착오하기만 하면 책임이 부정되는 것은 아니며, 그 착오에는 정당한 이유가 있어야 한다. 착오에 정당한 이유가 있다는 것은 그 착오를 회피할 수 없다는 것을 의미하며, 따라서 타행위가능성이 부정되는 것과 같은 결론에 이르는 것이다.

5) 기대가능성

행위자를 비난할 수 있으려면 그가 적법행위로 나갈 것이 기대될 수 있어야 한다(적법행위의 기대가능성). 기대가능성이 없는 행위는 책임이 조각된다.

우리나라에서는 이를 초법규적 책임조각사유로 파악하는 것이 보통이지만, 독일의 영향을 받아 고의작위범의 경우에는 형법해석의 보정원칙에 지나지 않는다. 형법 제13조에서는 "저항할 수 없는 폭력이나 자기 또는 친족의 생명, 신체에 대한 위해를 방어할 방법이 없는 협박에 의하여 강요된 행위는 벌하지 않는다"고 하여 강요된 행위를 규정하고 있다.

6. 객관적 처벌조건과 가벌성의 인적 예외

1) 객관적 처벌조건의 개념

사전수뢰죄(형법 제129조 제2항)에서 '공무원 또는 중재인이 된 사실'처럼 범죄의 성립요건에 속하지는 않으나 행위에 연관된 정황을 의미한다.

2) 가벌성의 인적 예외

① 인적 처벌조각사유

헌법 제80조의 국회의원의 면책특권, 친족상도례 등이다.

② 인적 처벌소멸사유

중지미수에서 형의 면제를 예로 들 수 있다.

7. 미 수

1) 미 수 범

형법은 기수의 처벌을 원칙으로 하고, 미수에 대해서는 특별한 규정이 있는 경우에만 처벌한다. 범죄의 실행에 착수시기란 범죄구성사실을 실현할 의사를 갖고 그 실현의 가능성이 있는 행위를 개시하는 경우를 말한다. 미수범의 형은 기수범보다 감경할 수 있다(형법 제25조 제2항).

피고인이 오전 11시경 피해자가 침입하여 동가 응접실 책상 위에 놓여있던 라디오 1대를 훔치려고 동 라디오 선을 건드리다가 피해자에게 발견되어 절도의 목적을 달하지 못하였다는 것이므로 위와 같은 라디오 선을 건드리려고 하는 행위는 본건 라디오에 대한 사실상의 지배를 침해하는 데 밀접한 행위라 할 수 있으므로 원심이 절도미수죄로 처단하였음은 정당하다(대판 1966. 5. 3., 66도383).

2) 중지미수

범죄의 실행에 착수하였으나 행위자가 자기의 의사로 범죄를 중지한 경우를 말한다. 중지미수 또는 임의미수란 범인이 자의로 실행에 착수한 행위를 중지하거나 그 행위로 인한 결과의 발생을 방지한 경우를 말한다.

자의성이란 '할 수 있었지만 하기 원하지 않아서' 중지한 때가 자의에 의한 경우이고, '하려고 하였지만 할 수가 없어서' 중지한 경우를 장애미수로 파악한다.

3) 불능미수

행위의 성질상 구성요건의 결과가 발생할 가능성이 없으나 위험성이 있는 행위를 말한다. 실행의 수단 또는 대상의 착오로 인하여 결과의 발생이 불가능한 경우를 말한다. 예컨대, 설탕을 먹여서 사람을 죽이려고 하는 경우를 말한다. 처벌하지 않는 것이 원칙이지만, 위험성이 있는 때에는 처벌하되 형을 감경 또는 면제할 수 있다(형법 제27조).

4) 음모·예비

범죄의 음모 또는 예비행위가 실행의 착수에 이르지 아니한 때에는 법률에 특별한 규정이 없는 한 벌하지 아니한다(형법 제28조).

8. 공 범

2인 이상이 협력하여 범죄를 실행한다. 필요적 공범이란 2인 이상의 협력을 필요로 하게 된다. 예컨대, 각론의 영역이다. 임의적 공범이란 단독으로 성립시킬 수 있는 범죄를 2인 이상이 협력하여 행함을 의미한다. 예컨대, 총론의 공범이란 공동정범, 교사범, 종범을 의미한다.

1) 공동정범

2인 이상이 공동으로 동일범죄를 실행하는 것을 의미한다. 공동범죄자는 전부의 결과에 대하여 각자 독립하여 그 전부의 책임을 지는 것을 의미한다. 역할을 분담하고 있다는 것은 행위자들이 범행 전체를 기능적으로 장악하고 있다는 의미이며(기능적 행위지배), 따라서 각자를 정범으로 처벌하는 것이다. 상호간에 의사연락이 있어야 하기 때문에 일방만이 공동의사를 가지고 있는 경우(이른바 편면적 공동정범) 혹은 의사연락을 상정할 수 없는 경우(예컨대, 과실의 공동정범)는 공동정범이라고 볼 수 없다. 대법원이 인정하고 있는 '이른바 공모공동정범', 즉 모의에만 참여하고 실행행위에 가담하지 않은 자는 공동정범이 될 수 없다.

> 피고인이 공범들과 함께 강도공범을 저지른 후 피해자의 신고를 막기 위하여 공범들이 묶여 있는 피해자를 옆방으로 끌고가 강간범행을 할 때에 피고인은 자녀들을 감시하고 있었다면 공범들의 강도강간범죄에 공동가공한 것이라 하겠으므로 비록 피고인이 직접 강간행위를 하지 않았다 하더라도 강도강간의 공동죄책을 면할 수 없다(대판 1986. 1. 21., 85도2411).

2) 간접정범

어느 행위로 인하여 처벌되지 않는 자 또는 과실범으로 처벌되는 자를 마치 도구처럼 이용하여 범죄의 결과를 발생시키는 경우를 말한다. 이용행위의 모습에 따라 교사 또는 방조의 예에 의하여 처벌한다(형법 제34조). 예컨대, 갑이 7세인 을을 시켜 상점의 물건을 훔쳐오게 한 경우(을은 책임무능력자)를 들 수 있다.

3) 교 사 범

타인을 교사하여 죄를 범하게 한 자는 죄를 실행한 자와 동일한 형으로 처벌한다(형법 제31조). 교사란 타인에게 범죄실행의 결의를 일으키게 함을 의미한다. 피교사자가 실행하였을 때 비로소 교사자의 책임이 발생하게 된다. 피교사자가 범행을 거절한 경우, 즉 '실패한 교사'의 경우에는 교사자만 예비·음모에 준하여 처벌된다. 한편, 피교사자가 범행을 승낙하였지만 실행행위로 나아가지 않은 경우, 즉 '효과없는 교사'의 경우에는 교사자와 피교사자 모두 예비·음모에 준하여 처벌된다.

4) 종범(방조범)

타인의 범죄를 방조한 자는 종범으로 처벌한다(형법 제32조). 종범의 형은 정범의 형보다 감경한다. 방조란 유형적 방법이거나 정신적 방법임을 불문하고, 또 정범의 사전에 행하여지거나 사후에 행하여지거나를 불문한다. 교사는 범행을 결의시키는 것임에 반하여, 방조는 이미 범죄를 결의하고 있는 자를 돕는 행위이기 때문에 부작위에 의한 방조 및 편면적 방조도 가능하다. 예컨대, 상점의 점원이 물건을 훔쳐가는 것을 알고도 방치한 경우에는 부작위에 의한 절도죄의 방조범이 성립하고, 갑이 A를 사살하려고 한다는 사실을 알고서 을이 고장난 총을 갑이 모르는 사이에 새로운 총으로 교체해 둔 편면적 원조의 경우에도 방조범은 성립한다.

5) 공범과 신분

신분관계로 인하여 성립될 범죄에 가공한 행위는 신분관계가 없는 자에게도 전3조(형법 제30조, 제31조, 제32조)의 규정을 준용한다. 다만 신분관계로 인하여 형의 가중이 있는 경우에는 중한 형으로 벌하지 아니한다(형법 제33조). 예컨대, 비공무원이 공무원을 교사하여 수뢰하게 하였을 때 그 교사자도 수뢰죄의 교사의 책임을 지지만, 신분관계로 인하여 중한 형으로 벌하지 아니한다.

9. 죄   수

1) 경 합 범

판결이 확정되지 아니한 각각 다른 여러 개의 범죄를 말하며, 또 판결이 확정된 죄와 그 판결확정 전에 범한 죄를 말한다. 예컨대, A의 자동차를 부수고 B를 상해하였는데, 상해죄에 대한 확정판결이 있은 후에 C를 살해하였다면, 손괴죄와 상해죄는 경합범이지만 살인죄는 경합범이 아닌 별도의 범죄로 다루어진다.

경합범을 동시에 판결할 때에는 세 가지로 나누어 처벌한다.

① 경합범 중 가장 중한 죄에 정한 형이 사형 또는 무기징역이나 무기금고인 때에는 가장 중한 죄에 정한 형으로 처벌한다(흡수주의).

② 경합범의 각 죄에 정한 형이 사형 또는 무기징역이나 무기금고 이외의 동종의 형인 때에는 가장 중한 죄에 정한 장기 또는 다액에 1/2까지 가중하되 각 죄에 정한 형의 장기 또는 다액을 합산한 형기 또는 액수를 초과할 수 없다(가중주의).

③ 경합범의 각 죄에 정한 형이 무기징역이나 무기금고 이외의 다른 종류의 형인 때에는 병과한다(병과주의).

2) 상상적 경합범

한 번의 행위가 여러 개의 죄명에 저촉되는 경우를 말한다. 예컨대, A를 살해하고자 총을 쏘았으나 총알이 빗나가 옆에 서있던 B를 다치게 한 경우에는 살인미수죄와 과실치상죄가 상상적 경합관계에 서며, 수류탄 하나를 투척하여 두 명을 살해한 경우에도 그러하다. 여러 종류의 형 가운데 가장 중한 형으로 처벌한다(형법 제40조). 상상적 경합의 경우는 실질적으로는 수죄이지만, 과형상으로는 일죄로 취급되는 것이다.

3) 누 범

금고 이상의 실형을 받아 그 집행을 종료하거나 면제를 받은 후 3년 이내에 금고 이상에 해당하는 죄를 다시 범한 경우를 말한다. 누범이란 범죄의 횟수를 거듭함에 따른 재범 이상의 것을 말한다. 누범의 형은 그 죄에 정한 형의 장기의 2배까지 가중한다. 누범이란 범행수를 바탕으로 하는 개념이고, 상습범이란 행위자의 상습적인 성벽을 바탕으로 하는 개념이다.

VI. 형법각칙의 구성

1. 개인적 법익에 대한 죄

1) 생명·신체에 대한 죄

살인의 죄, 상해와 폭행의 죄, 과실사상의 죄, 낙태의 죄, 유기의 죄를 포함한다. 살인죄란 사람을 살해함으로써 그 생명을 침해하는 것을 내용으로 하는 범죄를 말한다. 살인죄의 보호법익은 사람의 생명이다. 대부분 입법례는 모살(murder)와 고살(manslaughter)을 구별하고 있다. 독일에서는 심리적 요소를 포기하고 윤리적 요소에 의하여 모살과 고살을 구분하고 있으나 모살은 기본적 구성요건인 고살에 대한 가중적 구성요건이며 모살과 고살의 구별은 형사정책적으로 무의미하다는 비판이 제기되고 있다. 우리나라에서는 학설의 태도는 모살과 고살의 구분실익은 없다고 한다. 형법 제24조의 기본적 구성요건은 살인죄(제250조 제1항)이고 가중적 구성요건으로서 존속살해죄만을 규정하고 있다. 한편 감경적 구성요건으로서 영아살해죄(제251조), 촉탁·승낙에 의한 살인죄(제252조 제1항) 및 자살교사·방조죄(동조 제2항)가 있다. 이들 죄에 대해서 미수범을 처벌하고(제254조), 제250조와 제253조는 예비·음모를 벌하고 있다(제255조). 관련문제로서 안락사는 고통을 덜어주기 위하여 죽음에 임박한 환자의 생명을 단축시켜 사망케 하는 것을 말하는데, 간접적 및 소극적 안락사는 인정하나, 적극적인 안락사는 부정하고 있는 듯하다.

상해와 폭행의 죄는 사람의 신체에 대한 침해를 내용으로 하는 범죄로서 그 보호법익은 신체의 불가침성 내지 신체의 안정성이다. 형법은 폭행죄의 결과적 가중범으로서 폭행치상죄(제262조)를 규정하는 한편 상해죄의 미수범을 처벌하여(제257조 제3항) 상해죄와 폭행죄를 엄격히 구별하고 있다. 상해죄는 신체의 건강을 보호하여는 것임에 대하여 폭행죄는 신체의 건재를 보호법익으로 하므로 양자는 보호법익을 달리한다. 신체는 생리적 기능을 침해하는 행위를 말하고, 폭행은 유형력을 행사함에 의하여 신체의 안정성을 침해하는 행위라고 이해하여야 한다. 상해의 죄의 기본적 구성요건은 상해죄(제257조 제1항)이다. 이에 대한 가중적 구성요건으로는 존속상해죄(동조 제2항), 중상해죄·존속중상해죄(제258조), 상해치사죄

(제259조) 및 상습상해죄(제264조)가 있다. 폭행죄에 대한 가중적 구성요건으로는 신분관계로 인하여 책임이 가중되는 존속폭행죄(동조 제2항), 상습성으로 인하여 책임이 가중되는 상습폭행죄(제264조) 및 행위방법의 위험성으로 인하여 불법이 가중되는 특수폭행죄(제261조)와 결과적 가중범으로서 불법이 가중되는 폭행치사상죄(제262조)가 있다.

과실치사상의 죄는 과실로 인하여 사망에 이르게 하거나 사람의 신체를 상해에 이르게 한 것을 내용으로 하는 범죄이다. 형법은 원칙으로 고의범만 벌하고 과실범은 예외적으로 처벌하고 있다. 형법은 과실치사상의 죄로 과실상해죄(제266조)와 과실치사죄(제267조)를 규정하고, 이에 대한 가중적 구성요건으로 업무상과실·중과실치상죄(제268조)를 두고 있다. 특히 업무상과실치사상죄에서 업무의 개념은 사람이 사회생활상의 지위에 기하여 계속하여 행하는 사무다.

낙태죄의 기본적 구성요건은 자기낙태죄이다(제269조 제1항). 업무상낙태죄(제270조 제1항)은 동의낙태죄에 대하여 신분관계로 책임이 가중되는 구성요건이다. 부동의낙태죄(제270조 제2항)는 자기낙태죄에 대하여 불법이 가중되는 가중적 구성요건이다.

□ 헌법재판소 2019. 04. 11., 2017헌바127(헌법불합치결정)

○ [선례변경] 헌법재판소는 2012. 8. 23. 선고한 2010헌마402 결정에서 재판관 4(합헌) 대 4(위헌)의 의견으로, 자기낙태죄 조항이 임신한 여성의 자기결정권을 침해하지 않고, 조산사 등이 부녀의 촉탁 또는 승낙을 받아 낙태하게 한 경우를 처벌하는 형법 제270조 제1항 중 '조산사'에 관한 부분이 책임과 형벌 간의 비례원칙이나 평등원칙에 위배되지 않는다는 합헌결정을 하였다.

○ 이 사건에서 헌법재판소는 자기낙태죄 조항과 의사낙태죄 조항에 대하여 헌법불합치의견 4인(재판관 유남석, 재판관 서기석, 재판관 이선애, 재판관 이영진), 단순위헌의견 3인(재판관 이석태, 재판관 이은애, 재판관 김기영), 합헌의견 2인(재판관 조용호, 재판관 이종석)으로 법률의 위헌결정을 함에 필요한 심판정족수를 충족하여 헌법불합치결정을 선고하였다.

유기죄란 노유·질병 기타 사유로 인하여 부조를 요하는 자를 보호할 의무있는 자가 유기함으로써 성립하는 범죄이다. 형법은 극단의 개인주의 입장에서 유기죄를 규정하고 있는 점에 특색이 있다. 각칙 제28장의 유기의 죄에 있어서 기본적 구성요건은 단순유기죄(제271조 제1항)이다. 존속유기죄(동조 제2항)는 신분관계로 인하여 책임이 가중된 가중적 구성요건이고, 영아유기죄(제272조)는 책임이 감경되는 감경적 구성요건이다. 중유기죄(제271조 제3항·제4항)와 유기치사상죄(제275조)는 결과적 가중범으로서 불법이 가중된 가중적 구성요건이다. 형법은 이 외에도 학대죄와 그 신분적 가중유형인 존속학대죄(제273조) 및 아동혹사죄(제274조)를 규정하고 있다.

2) 자유와 안전에 대한 죄

체포와 감금의 죄, 협박의 죄, 약취와 유인의 죄, 강간과 추행의 죄, 주거침입의 죄, 권리행사를 방해하는 죄를 포함한다.

체포와 감금의 죄는 불법하게 사람을 체포 혹은 감금하여 사람의 신체적 활동의 자유를 침해하는 것을 내용으로 하는 범죄를 말한다(제276조). 형법은 체포·감금의 죄를 기본적 유형으로 하여 존속체포·감금죄(제276조 제2항), 중존속체포·감금죄(제277조 제2항), 상습체포·감금죄(제279조)를 신분적 가중유형으로, 중체포·감금죄(제277조 제1항)를 방법적 가중유형으로, 체포·감금치사상죄(제281조)를 결과적 가중유형으로 하고 있다. 미수범을 처벌한다(제280조).

협박죄는 개인의 자유로운 활동의 전제가 되는 정신적 의사의 자유, 즉 의사결정과 그 활동의 자유를 보호하는 범죄이다. 협박의 죄는 협박죄(제283조 제1항)를 기본적 구성요건으로 한다. 협박죄에 대한 가중적 구성요건으로는 존속협박죄(동조 제2항), 특수협박죄(제284조) 및 상습협박죄(제285조)가 있다.

약취와 유인의 죄는 사람을 약취 또는 유인하여 자기 또는 제3자의 실력적 지배하에 둠으로써 개인의 자유를 침해하는 것을 내용으로 하는 범죄이다. 기본적 구성요건은 미성년자 약취유인죄(제287조)이다. 영리·추행·간음목적 약취·유인죄(제288조 제1항), 부녀매매죄(동조 제2항), 국외이송목적 약취·유인죄(제289조 제1항)는 목적범으로 가중적 구성요건이며, 결혼목적 약취·유인죄(제291조)는 목적으로 인하여 불법이 감경되는 감경적 구성요건이다. 피약취·유인·매매·이송자 수수·은

닉죄(제293조 제2항)는 총론상의 방조에 해당하는 행위를 특별히 규정한 구성요건이며, 영리·추행·간음목적 약취·유인·매매·이송자 수수·은닉죄(제293조 제2항)는 이에 대한 불법가중구성요건이다. 상습약취·유인·매매·이송죄(제288조 제3항, 제289조 제3항) 및 상습피약취·유인·매매·이송자 수수·은닉죄(제293조 제1항)는 상습성으로 인하여 책임이 가중되는 가중적 구성요건이다. 형법은 약취와 유인의 죄의 미수범을 처벌하며(제294조), 국외이송목적 약취·유인·매매죄에 관하여 예비·음모를 벌하고 있다(제290조).

강간과 추행의 죄란 개인의 성적 자유 내지 애정의 자유를 침해하는 것을 내용으로 하는 범죄를 말한다. 개인의 성적 자기결정의 자유를 침해하는 범죄라고도 할수 있다. 정조에 관한 죄의 기본적 구성요건은 강제추행죄(제298조)이다. 강간죄(제297조)는 사람을 간음함으로써 성적 자유를 현저히 침해하였기 때문에 그 불법이 가중되는 구성요건이다. 부부관계에서는 강간죄가 성립하지 않는다고 보는 것이 통설 및 판례의 입장이다. 준강간(강제추행)죄(제299조)와 의제강간(강제추행)죄(제305조)는 형법이 이에 준하여 취급하는 구성요건이며 강간죄와 강제추행죄에 대한 가중적 구성요건으로는 강간(강제추행)치사상죄(제301조)가 있다. 미성년자간음죄(제302조), 업무상위력 등에 의한 간음죄(제303조)는 인간의 성적 자유를 보호한다는 점에서 공통하지만, 그 객체와 침해의 방법이 다르고 부수적으로는 별도의 보호법익을 가지고 있는 독립된 구성요건이다. 형법은 강간죄·강제추행죄 및 준강간(강제추행)의 죄의 미수범은 처벌한다(제300조).

주거침입의 죄는 사람의 주거 또는 간수하는 장소의 평온과 안전을 침해하는 것을 내용으로 하는 범죄이다. 헌법 제16조에 주거의 자유를 헌법상의 기본권으로 보장하고 있다. 형법은 제16조에 주거의 자유를 헌법상의 기본권으로 보장하고 있다. 형법은 각칙 제36장에서 주거침입의 죄로 주거침입죄와 퇴거불응죄(제319조)를 두고, 이에 대한 가중적 구성요건으로 특수주거침입(퇴거불응)죄(제320조)를 규정한 외에 주거수색죄(제321조)와 미수범처벌에 관한 규정(제322조)을 두고 있다.

권리행사를 방해하는 죄란 타인의 점유 또는 권리의 목적이 된 자기의 물건에 대한 타인의 권리행사를 방해하거나, 강제집행을 면할 목적으로 채권자를 해하는 것을 내용으로 하는 범죄이다(제323조). 자기의 물건이지만 공무소로부터 보관명령을 받거나 공무소의 명령을 받아 타인이 간수하는 경우에 이를 손괴·은닉 기타의 방법으로 그 효용을 해한 때에는 공무상 보관물 무효죄(제142조)에 해당하게 한다. 형법 제37장의 권리행사를 방해하는 죄에는 세 가지의 기본적 구성요건이 포함되어 있다. 즉 권리행사방해죄(제323조), 점유강취죄·준점유강취죄(제325조) 및 강제집 행면탈죄(제327조)가 그것이다. 점유강취죄에 대하여는 결과적 가중범에 의한 가중 적 구성요건으로 중권리행사방해죄(제326조)가 있다. 권리행사방해죄에 대하여는 친족상도례가 적용되고(제328조), 점유강취죄·준점유강취죄는 미수범을 처벌한다.

3) 명예·신용·비밀에 대한 죄

명예에 관한 죄, 신용·업무와 경매에 관한 죄, 비밀침해의 죄를 포함한다. 명 예에 관한 죄는 공연히 사실을 적시하여 사람의 명예를 훼손하거나 사람을 모욕하 는 것을 내용으로 하는 범죄이다.

형법 각칙 제33장이 명예에 관한 죄를 규정하고 있다. 공연히 사실을 적시하여 사람의 명예를 훼손한 자는 2년 이하의 징역이나 금고 또는 500만원 이하의 벌금 에 처한다(제307조 제1항). 공연히 허위의 사실을 적시하여 사람의 명예를 훼손한 자는 5년 이하의 징역 또는 10년 이하의 자격정지 또는 1천만원 이하의 벌금에 처 한다(제307조 제2항). 제307조 제1항의 행위가 진실한 사실로서 오로지 공공의 이 익에 관한 때에는 처벌하지 아니한다(제310조의 위법성조각사유). 본죄는 피해자의 명시한 의사에 반하여 논할 수 없다(제312조 제1항). 공연히 허위의 사실을 적시하 여 사자의 명예를 훼손한 자는 2년 이하의 징역이나 금고 또는 500만원 이하의 벌 금에 처한다(제308조). 본조는 고소가 있어야 논한다(제312조 제1항). 공연히 사람 을 모욕한 자는 1년 이하의 징역이나 금고 또는 200만원 이하의 벌금에 처한다(제 311조).

신용·업무와 경매에 관한 죄란 사람의 신용을 훼손하거나, 업무를 방해하거나, 경매·입찰의 공정성을 침해하는 것을 내용으로 하는 범죄이다. 형법 제34장은 신 용·업무와 경매에 관한 죄라고 하여, 신용훼손죄(제313조), 업무방해죄(제314조) 및 경매·입찰방해죄(제315조)를 규정하고 있다. 허위의 사실을 유포하거나 기타 위계로써 사람의 신용을 훼손한 자는 5년 이하의 징역 또는 1천 5백만원 이하의 벌금에 처한다(제313조). 전조(제313조)의 방법 또는 위력으로써 사람의 업무를 방 해한 자는 5년 이하의 징역 또는 5백만원 이하의 벌금에 처한다(제314조). 컴퓨터

이용 특수업무방해죄는 컴퓨터 등 정보처리장치 또는 전자기록 등 특수매체기록을 손괴하거나 정보처리장치에 허위의 정보 또는 부정한 명령을 입력하거나 기타 방법으로 정보처리에 장애를 발생하게 하여 사람의 업무를 방해함으로써 성립하는 범죄이다(제314조 제2항). 위계 또는 위력 기타 방법으로 경매 또는 입찰의 공정을 해하는 자는 2년 이하의 징역 또는 700만원 이하의 벌금에 처한다(제313조).

4) 재산에 대한 죄

절도죄, 강도죄, 사기 및 공갈의 죄, 횡령과 배임의 죄, 장물죄, 손괴의 죄를 포함한다. 절도죄는 타인의 재물을 절취하는 것을 내용으로 하는 범죄이다.

절도죄는 강도죄와 함께 곤궁죄(困窮罪)라고도 한다. 절취란 타인이 점유하는 재물을 점유자의 의사에 반하여 그 점유를 배제하고 자기 또는 제3자의 점유로 옮기는 것을 말한다. 절도죄의 보호법익은 소유권이고 행위의 객체는 점유이다. 절도죄의 기본적 구성요건은 제329조의 절도죄이다. 야간주거침입절도죄(제330조)와 특수절도죄(제331조)는 불법이 가중되는 가중적 구성요건임에 대하여 상습절도죄(제332조)는 책임이 가중되는 경우라고 할 수 있다. 절도죄에 대하여는 그 외에도 미수범을 처벌하며(제342조), 자격정지를 병과할 수 있고(제345조), 친족상도례가 적용된다(제344조).

강도죄는 폭행 또는 협박으로 타인의 재물을 강취하거나 기타 재산상의 이익을 취득하거나 제3자로 하여금 이를 취득케 함으로써 성립하는 범죄이다. 강도죄의 기본적 구성요건은 제333조의 강도죄이다. 이에 대한 가중적 구성요건으로는 특수강도죄(제334조), 강도상해·치상죄(제338조), 강도강간죄(제339조), 해상강도죄(제340조) 및 상습강도죄(제341조)가 있다. 특수강도죄와 해상강도죄는 방법에 의하여 불법이 가중되는 가중적 구성요건이며, 강도상해·치상죄, 강도살인·치사죄 및 강도강간죄는 결합범의 형식에 의한 가중적 구성요건이고, 상습강도죄는 책임이 가중되는 경우이다. 강도죄는 미수범(제342조)과 예비·음모(제343조)를 벌하며, 자격정지를 병과할 수 있다(제345조).

사기죄란 사람을 기망하여 재물을 편취하거나 재산상의 불법한 이익을 취득하거나 타인으로 하여금 얻게 함으로써 성립하는 범죄를 말하는데, 형법 각칙 제39장에서 공갈죄와 함께 사기죄를 규정하고 있다. 사기죄는 각각 독립된 범죄유형인

사기죄(제347조), 준사기죄(제348조)와 부당이득죄(제349조)로 이루어져 있다. 여기에서 준사기죄는 미성년자의 지려천박 또는 사람의 심신상애를 이용하여 자기 또는 제3자가 재물의 교부를 받거나 재산상의 이익을 취득하는 것을 말한다. 부당이득죄는 사람의 궁박한 상태를 이용하여 현저하게 부당한 이익을 취득하거나 제3자로 하여금 취득하게 한 때에 성립한다. 또한 상습범, 친족상도례 및 동력규정을 준용하고 있다. 그 밖에도 현대사회의 기술발달에 따라 등장한 신종범죄에 대처하기 위하여 컴퓨터등사용사기죄(제347조의2)와 편의시설부정이용죄(제348조)를 신설하였다. 공갈죄는 사람을 공갈하여 재물의 교부를 받거나 재산상의 불법한 이익을 취득하거나 타인으로 하여금 이를 얻게 함으로써 성립하는 범죄이다(제350조).

횡령죄란 타인의 재물을 보관하는 자가 그 재물을 횡령하거나 반환을 거부하는 것을 내용으로 하는 범죄이다(제355조). 형법은 횡령의 죄에 관하여 횡령죄(제355조 제1항)·업무상 횡령죄(제356조) 및 점유이탈물횡령죄(제360조)의 세 가지 태양을 규정하고 있다. 여기에서 점유이탈물횡령죄는 유실물·표류물·매장물 또는 타인의 점유를 이탈한 재물을 횡령한 자를 처벌한다.

배임죄란 타인의 사무를 처리하는 자가 그 임무에 위배하는 행위로 재산상의 이익을 취득하거나 제3자로 하여금 이를 취득케 하여 본인에게 손해를 가하는 것을 내용으로 하는 범죄이다(제355조 제2항). 업무상의 임무에 위배하여 전조의 죄를 범한 자는 10년 이하의 징역 또는 200만원 이하의 벌금에 처한다(제356조). 타인의 사무를 처리하는 자가 그 임무에 관하여 부정한 청탁을 받고 그 재물 또는 재산상의 이익을 취득한 자는 5년 이하의 징역 또는 200만원 이하의 벌금에 처한다(제357조 제1항).

장물죄란 장물을 취득·양여·운반하거나 또는 이를 알선함을 내용으로 하는 범죄이다. 형법 제41장은 장물죄를 독립한 재산범죄로 규정하고 있다. 여기에서 양여란 장물인 줄 모르고 취득하였다가 이를 알고 다시 타인에게 유·무상으로 장물을 수여하는 것을 의미한다.

손괴죄는 타인의 재물 또는 문서를 손괴 또는 은닉 기타의 방법으로 그 효용을 해하는 것을 내용으로 하는 범죄이다. 형법은 각칙 제42장에서 손괴의 죄를 규정하고 있다. 재물(문서)손괴죄(제366조)와 공익건조물파괴죄(제367조)가 기본적 구성요건이다.

2. 사회적 법익에 대한 죄

1) 공공의 안전에 대한 죄

사회공동생활의 안전·평온을 침해 또는 위태롭게 하거나 공중의 생명·신체·재산을 해할 위험을 주는 것을 내용으로 하는 범죄를 말한다.

형법이 규정하는 공공의 안전에 대한 범죄에는 공안을 해하는 죄, 폭발물에 관한 죄, 방화와 실화죄, 일수와 수뢰에 관한 죄 및 교통방해의 죄 등(형법 제114 - 121조, 제164 - 176조, 제177 - 184조, 제185 - 191조)이 있다.

공안을 해하는 죄란 공공의 법질서 또는 공공의 안전과 평온을 해하는 것을 내용으로 하는 범죄이다. 형법은 공안을 해하는 죄로 제114조 이하에서 범죄단체조직죄(제114조), 소요죄(제115조), 다중불해산죄(제116조), 전시공수계약불이행죄(제117조) 및 공무원자격사칭죄(제118조)의 5개 범죄를 규정하고 있다.

폭발물에 관한 죄는 폭발물을 사용하여 공중의 생명·신체 또는 재산을 해하거나 기타 공안을 문란케 함으로써 성립하는 범죄이다. 폭발물사용죄에는 폭발물사용죄와 전시폭발물사용죄를 포함하고, 폭발물사용 예비·음모 등 죄를 규정하고 있다.

방화에 관한 죄는 협의로는 고의 혹은 과실로 불을 놓아 현주건조물·일반건조물 혹은 일반물건을 소훼하는 것을 내용으로 하는 공공위험범을 의미하고, 광의로는 진화를 방해하거나 폭발성있는 물건을 파열하거나 가스·전기 또는 증기 등의 공작물을 손괴하는 것도 방화죄에 준하여 처벌하고 있으므로 이러한 준방화죄가 포함된다.

일수죄는 수해를 일으켜 공공의 안전을 해하는 것을 내용으로 하는 범죄이다. 일수와 수리에 관한 죄의 기본적 구성요건은 일반건조물 등 일수죄(제179조)와 수리방해죄(제184조)이다. 일수죄에 관한 가중적 구성요건으로 현주건조물 등 일수죄(제177조)와 공용건조물 등 일수죄(제178조)가 있는 이외에 진화방해죄에 대응하는 방수방해죄(제189조)와 과실일수죄(제181조)를 처벌한다. 일수죄에 관하여도 미수범(제182조)과 예비·음모(제183조)를 처벌하고 있다. 제방을 결궤하거나 수문을 파괴하거나 기타 방법으로 수리를 방해한 자는 5년 이하의 징역이나 700만원 이하의 벌금에 처한다(제184조).

교통방해죄는 교통로 또는 교통기관 등 교통설비를 손괴 또는 불통하게 하여 교통을 방해하는 것을 내용으로 하는 범죄이다. 교통방해죄의 기본적 구성요건은 일반교통방해죄(제185조)이다. 기차·선박 등 교통방해죄(제186조), 기차 등 전복죄(제187조)와 교통방해치사상죄(제188조)는 이에 대하여 불법이 가중되는 가중적 구성요건이다. 교통방해죄의 미수범(제180조)과 과실범(제189조)을 처벌하고, 가중교통방해죄에 대하여는 예비·음모(제191조)를 벌하고 있다.

2) 공공의 신용에 대한 죄

통화, 유가증권, 문서, 인장 등을 위조·변조하거나 위조·변조한 것을 행사하는 범죄를 말한다. 물건의 교환매개 또는 사실증명의 수단으로서 경제적·법률적 거래에서 중요한 기능을 가지고 있으므로, 이러한 것을 위조·변조하는 행위는 그 진정에 대한 공공의 신용 나아가서는 경제적·법률적 거래의 안전을 해하는 것이다.

여기서 형법은 공공의 신용을 보호하기 위하여 통화에 관한 죄, 유가증권·우표와 인지에 관한 죄, 문서에 관한 죄 및 인장에 관한 죄를 규정하고 있다(형법 제207조 – 213조, 제214조 – 234조, 제225 – 237조, 제238조 – 240조). 문서에 관한 죄에서 공문서는 유형위조(문서의 작성명의인에 허위가 있는 것)와 무형위조(작성명의인은 진실하나 내용이 허위인 위조)를 모두 처벌하나, 사문서의 경우에는 유형위조만을 처벌하는 것을 원칙으로 하고, 무형위조의 경우에는 허위진단서작성죄만을 예외적으로 처벌한다.

3) 공중위생에 대한 죄

공중의 건강생활은 문화사회의 기본요건이며 중요한 사회적 법익이다. 공중위생에 대한 죄는 공중의 건강생활을 위태롭게 하는 행위를 처벌하여 사회적 법익을 독립하여 보호하게 된다. 공중위생에 대한 죄는 음용수에 대한 죄, 아편에 대한 죄로 나누어진다.

음용수에 관한 죄란 음용에 공할 정수 또는 그 수원에 오물·독물 기타 건강을 해할 물건을 혼입하거나, 수도 기타의 시설을 손괴 또는 기타의 방법을 불통하게 하여 공중의 음용수의 이용과 그 안전을 위태롭게 함으로써 성립하는 범죄를 말한다. 음용수에 관한 죄의 기본적 구성요건은 음용수 사용방해죄(제192조 제1항)이다. 음용수 유해물혼입죄(제192조 제2항)는 행위의 방법으로 인하여 불법이 가중되는 경우이다. 수도음용수 사용방해죄(제193조 제1항)는 객체가 제한되어 불법이 가중되는 구성요건이며, 수도음용수 유해물혼입죄(제193조 제2항)와 수도불통죄(제195조)는 객체와 방법 때문에 불법이 가중되는 경우이다.

아편에 관한 죄는 아편을 흡식하거나, 아편 또는 아편흡식기구를 제조·수입·판매 또는 소지하는 것을 내용으로 하는 범죄이다. 아편에 관한 죄의 기본적 구성요건은 아편흡식죄(제201조 제1항)이다. 동 장소제공죄(동조 제2항)는 위의 죄에 대한 방조를 특별히 규정한 것이다. 아편 등 제조·수입·판매 또는 판매목적소지죄(제198조)와 아편흡식기 제조·수입·판매 또는 판매목적소지죄(제199조)는 이에 대하여 불법이 가중되는 추상적 구성요건이다. 세무공무원의 아편 등 수입죄(제200조)와 상습죄(제203조)에 관한 규정은 책임이 가중되는 구성요건이라고 할 수 있다. 감경적 구성요건으로는 아편 등 소지죄(제205조)가 있다.

4) 사회도덕에 대한 죄

사회 일반인의 성생활·경제생활·종교생활의 도덕적 질서에 반하는 행위를 처벌하는 행위를 말한다. 이에는 성풍속에 관한 죄, 도박과 복표에 관한 죄, 신앙에 관한 죄를 포함한다.

풍속을 해하는 죄란 성도덕 또는 건전한 성적 풍속을 보호하기 위한 성생활에 관계된 범죄를 말한다. 풍속을 해하는 죄의 장에서는 음행매개죄(제242조), 음란물죄(제243, 제244조) 및 공연음란죄(제245조)를 규정하여 사회의 성질서를 보호하고 있다.

도박과 복표에 관한 죄라 함은 도박하거나 도박을 개장하거나 복표를 발매·중개 또는 취득함으로써 성립하는 범죄이다. 도박에 관한 죄의 기본적 구성요건은 단순도박죄(제246조 제1항)이다. 상습도박죄(동조 제2항)는 상습성 때문에 책임이 가중되는 가중적 구성요건이고, 도박개장죄(제247조)는 영리의 목적으로 인하여 불법이 가중되는 경우이다. 복표에 관한 죄로는 복표의 발행·중개 및 취득죄(제249조)가 있다.

신앙에 관한 죄란 종교적 평온과 종교감정을 침해하는 것을 내용으로 하는 범죄이다. 형법은 신앙에 관한 죄로 장식 등 방해죄(제158조), 사체 등 오욕죄(제159조), 사체 등 영득죄(제161조) 및 변사자검시방해죄(제163조)를 규정하고 있다.

3. 국가적 법익에 대한 죄

1) 국가존립에 대한 죄

① 내란의 죄

국토를 참절하거나 국권을 문란케 할 목적으로 폭동 또는 살인을 하는 죄이다. 국토의 참절이란 영토권의 일부 또는 전부를 점거하여 국가의 주권행사를 사실상 배제하는 행위를 말하고, 국헌문란이란 헌법이나 법률에 정한 절차를 따르지 아니하고 헌법 또는 법률의 기능을 소멸시키거나, 헌법에 의하여 설치된 국가기관을 강압으로 전복 또는 그 기능행사를 불가능하게 하는 것(형법 제87조-91조)을 말한다.

② 외환의 죄

국가의 대외적 지위를 침해하는 죄를 말한다. 외환유치죄, 여적죄, 모병이적죄, 시설제공이적죄, 시설파괴이적죄, 물건제공이적죄, 간첩죄, 일반이적죄, 전시군수계약불이행죄 등(형법 제92조-104조의2)을 포함한다.

③ 국교에 관한 죄

대한민국에 온 외국의 원수나 외교사절에 대하여 폭행, 협박, 모욕 또는 명예를 훼손하거나, 외국을 모욕할 목적으로 그 나라의 공용에 공하는 국기나 국장을 손상·제거 또는 오욕하거나, 외국에 대해서 사전하거나, 외국간의 교전시 중립에 관한 명령에 위반하거나 외교상의 기밀을 누설하는 등의 죄(형법 제107-113조).

2) 국가의 권력·권위·기능에 대한 죄

① 국기에 대한 죄(형법 제105-106조)

② 공무원의 직무에 관한 죄(형법 제122-135조)

③ 공무방해에 관한 죄(형법 제136-144조)

④ 도주와 범인은닉에 관한 죄(형법 제145조-151조)

⑤ 위증과 증거인멸의 죄(형법 제152조-155조)

⑥ 무고의 죄(형법 제156-157조)

VII. 형 벌 론

1. 형벌의 의의

국가의 형벌권은 국가가 범죄에 의한 법익의 침해에 대하여 사회를 보호하고 방위하는 수단을 말한다. 범죄자는 범죄로서 국가를 공격하고 국가는 범죄자를 처벌하여 사회의 이익을 옹호하게 되는 것이다. 형벌은 국가의 법률로 규정되고 국가가 집행하나, 만일 국가가 집행하지 않는 제재가 있다면 그것은 사적 제재 또는 사형이며, 그 자체가 일종의 범죄가 되는 수가 많다(→ 공형벌).

2. 형벌의 종류

형벌은 그것이 박탈하는 법익의 내용에 따라 생명형, 자유형, 재산형 및 명예형으로 나눌 수 있고 형법은 9종으로 구분하고 있다(형법 제41조).

1) 생명형: 사형
2) 자유형: 징역, 금고, 구류
3) 명예형: 자격상실, 자격정지
4) 재산형: 벌금, 과료, 몰수

3. 선고유예, 집행유예, 가석방

1) 선고유예(형법 제59-61조)

1년 이하의 징역, 금고 또는 자격정지, 벌금 등의 형을 선고함에 있어서 그 형의 선고를 유예하고 2년간을 무사히 경과하면 면소의 효력을 부여하는 제도이다.

2) 집행유예(형법 제62-65조)

유죄판결의 선고를 받은 후 그 형의 집행을 하지 않고 일정한 유예기간을 두어 그 기간을 무사히 경과하면 유죄판결 자체가 무효가 되어 유죄판결이 소급하여 효력을 상실하는 제도이다. 선고된 형이 3년 이하의 징역 또는 금고일 경우에 할 수 있고 유예기간은 재판확정일로부터 1년 이상 5년 이하이다.

3) 가석방(형법 제72-76조)

징역 또는 금고를 받고 있는 자가 집행 중 개전의 정이 현저할 때 형기만료 전에 일정한 조건하에 이를 석방하는 제도이다. 유기형은 3분의 1, 무기형은 10년을 경과하였을 때에 행정관청의 처분으로 가석방을 할 수 있다.

4. 사 면

일반사면은 죄를 범한 자에게 내려져 형의 언도의 효력이 상실되며 형의 인도를 받지 않은 자에 대한 공소권이 상실된다. 대통령령으로 정한다. 특별사면은 형의 인도를 받은 자에게 행해져 그 집행이 면제된다. 법무부장관이 대통령에게 상신하여 대통령이 행한다(사면법 제9조, 제10조).

사면이란 '법의 안전판'(Jhering)이다. 사면은 세계에 있어서 법보다 깊은 원천에서 공급되어 법보다 높은 곳에 도달하는 가치있는 것의 상징이다.

Ⅷ. 보안처분

보안처분이란 형벌로는 행위자의 사회복귀와 범죄의 예방이 불가능하거나 행위자의 특수한 위험성으로 인하여 형벌의 목적을 달성할 수 없는 경우에 형벌을 대체하거나 보완하기 위한 예방적 성질의 조치를 말한다. 형벌은 과거의 행위에 대한 예방적 성질의 재제임에 반하여, 보안처분은 장래의 범죄에 대한 예방적 성질의 제재이다. 형법상의 보안처분으로서는 집행유예시의 보호관찰과 사회봉사·수강명령(제62조의2), 선고유예시의 보호관찰(제59조의2), 가석방시의 보호관찰(제37조의2 제2항)이 있다. 형법 이외에도 소년법상의 보호처분, 보안관찰법상의 보호관찰처분, 치료감호법상의 치료감호 등이 있다. 최근에 도입되어 운영되고 있는 성폭력범죄자에 대한 위치추적 전자장치(전자발찌)를 부착하게 하는 전자감시제도도 보안처분에 해당한다고 할 수 있다(대판 2009. 9. 10., 2009도6061, 2009전도13).

IX. 국민참여재판

2008년 1월부터 시행된 국민재판 참여에 관한 법률을 통하여 일정한 범죄의 경우 일반국민(배심원)으로 하여금 국가의 형벌권 행사 과정에 국민이 직접 참여할 수 있는 길을 마련하였다. 배심원은 국민참여재판을 하는 사건에 관하여 사실의 인정, 법령의 적용 및 형의 양정에 관한 의견을 제시할 권한이 있다(동법 제12조 제1항). 대한민국 국적을 가진 만 20세 이상인 자 중에서 동법이 정하는 바에 따라 선정한다(동법 제16조). 동법 제5조 제1항에 의한 국민참여재판 대상사건이란 법원조직법 제32조 제1항(제2호 및 제5호는 제외함)에 따른 합의부 관할 사건, 제1호의 사건 중 미수죄·교사죄·방조죄·예비죄·음모죄에 해당하는 사건, 제1호 또는 제2호에 해당하는 사건과 형사소송법 제11조에 따른 관련 사건으로서 병합하여 심리하는 사건을 의미한다.

그림 13-1 국민참여재판의 흐름도

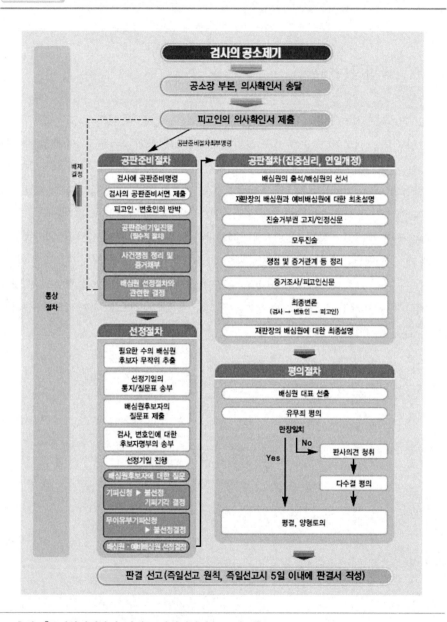

※ 출처:『국민참여재판의 이해』, 법원행정처, 151면 참조.

❖ 확인평가

1. 형법의 의의와 기능에 대하여 설명하시오.

2. 죄형법정주의의 의의와 내용에 대하여 설명하시오.

3. 위법성조각사유의 의의와 종류에 대하여 설명하시오.

4. 형벌의 의의와 종류에 대하여 설명하시오.

❖ 출제예상문제

1. 형법의 규범적 성질이 아닌 것은?

① 가설규범
② 평가규범
③ 행위규범
④ 조직규범

〈해설〉 ④는 헌법의 성질이다.

2. 다음 중 국가형벌권의 발동과 관련하여 범죄인의 인권보장과 관계있는 것은?

① 보호적 기능
② 보장적 기능
③ 사회보전적 기능
④ 강제적 기능

〈해설〉 ② 형법의 보장적 기능은 국가 형벌권의 한계를 명확히 하며, 국가형벌권의 자의적 행사로부터 국민의 자유와 권리를 보장하는 기능을 말한다.

3. 다음 중 죄형법정주의의 파생원칙이 아닌 것은?

① 상대적 부정기형 금지의 원칙

② 형벌불소급의 원칙

③ 관습형법금지의 원칙

④ 명확성의 원칙

〈해설〉 ① 절대적 부정기형 금지의 원칙이다.

4. 미국항구에 정박 중이던 우리나라 선박에서 선박작업을 하던 일본인 선원이 미국인을 살해한 경우에 다음 중 맞는 것은?

① 세계주의 원칙에 따라 우리 형법으로 처벌이 가능하다.

② 일본인이 범한 범죄이므로 우리 형법으로 처벌이 불가능하다.

③ 속지주의 원칙에 따라 우리 형법으로 처벌이 가능하다.

④ 미국 내에서 범한 범죄이므로 미국형법으로만 처벌이 가능하다.

〈해설〉 ③ 대한미국영역외에 있는 대한민국의 선박 또는 항공기내에서 죄를 범한 외국인에게 적용한다(형법 제4조). 따라서 우리 형법으로 처벌이 가능하다.

5. 다음 중 부작위범에 해당되는 죄는?

① 주거침입죄

② 유기죄

③ 퇴거불응죄

④ 협박죄

〈해설〉 ③

6. 다음 중 A는 B를 C로 오인하고 C를 살해할 의사로 B를 칼로 찔러, B가 사망한 경우 A에 해당하는 죄는 다음 중 어느 것인가?

① 무죄
② B에 대한 과실살인죄
③ C에 대한 살인미수죄
④ B에 대한 살인죄

〈해설〉 ④ 객체의 착오 중 동가치 객체간의 착오의 경우로 살인기수이다.

7. 다음 중 책임조각사유에 해당되는 경우는?

① 밀항하기로 하고 선주에게 도항비를 주었으나, 그 후에 밀항을 포기하는 경우
② 저항할 수 없는 폭력에 의하여 절도행위를 한 경우
③ 설탕을 먹여서 사람을 죽이려고 한 경우
④ 범인이 자의로 실행에 착수하였으나, 스스로 행위를 중지한 경우

〈해설〉 ② 저항할 수 없는 폭력이나 자기 또는 친족의 생명 신체에 대한 위해를 방어할 방법이 없는 협박에 의하여 강요된 행위는 벌하지 아니한다(형법 제12조).

8. 다음 중 필요적 공범이 아닌 것은?

① 간통죄
② 수뢰죄
③ 내란죄
④ 낙태죄

〈해설〉 ④ 공범의 종류에는 수인이 공동하지 않으면 범죄가 성립될 수 없는 경우를 "필요적 공범"(내란죄, 도박죄, 소요죄, 간통죄, 반국가단체구성죄 등)이라 하며, 단독으로 구성될 수 있는 범죄에 대하여 두 사람 이상이 공동하는 것을 "임의적 공범"이라 한다.

9. 다음 중 임의적 감면사유에 해당하지 않는 것은 어느 것인가?

① 농아자

② 자복

③ 과잉방위

④ 자수

〈해설〉 ① 농아자의 행위는 형을 감경한다(형법 제11조) — 필요적 감면사유.

10. 형법상 공범에 관한 다음 설명 중 틀린 내용은?

① 어느 행위로 인하여 처벌되지 아니하는 자를 교사하여 범죄행위의 결과를 발생하게 한 자도 처벌한다.

② 교사를 받은 자가 범죄의 실행을 승낙하고 실행의 착수에 이르지 아니한 때에는 교사자와 피교사자를 음모 또는 예비에 준하여 처벌한다.

③ 2인 이상이 공동하여 죄를 범한 때에는 각자를 그 죄의 정범으로 처벌한다.

④ 종범은 정범과 동일한 형으로 처벌한다.

〈해설〉 ④ 종범의 형은 정범의 형보다 감경한다(형법 제32조 제2항).

11. 갑은 사제폭탄을 제조, 정 소유의 가옥에 투척하여 을을 살해하고 병에게 상해를 입혔다. 그리고 정 소유의 가옥은 파손되었다. 이러한 경우 살인죄, 상해죄, 손괴죄의 관계는?

① 누범

② 포괄적 일죄

③ 상상적 경합

④ 경합범

〈해설〉 ③

12. 다음 중 경비원이 자기 근무지 안으로부터의 퇴거를 요구했을 경우 이에 불복하
였을 때 이에 해당하는 죄는?

① 상해죄

② 절도죄

③ 퇴거불응죄

④ 주거침입죄

〈해설〉 ③

제14장
소송법

Ⅰ. 사 법

1. 사법의 의의

　　사법권이란 협의의 재판권과 사법행정권을 총칭한다. 협의의 재판권이란 입법권이 정립한 법률을 구체적 사건에 적용하는 권력을 말하고, 사법행정권이란 재판을 실행하기 위하여 재판기관을 설치하고 그 조직구성, 직원의 배치 및 징계감독 등의 사무를 취급하는 권력을 말한다. 사법이란 국가의 법의 적용을 일률적으로 하기 위해서는 그에 대한 국가적인 판단이 필요한데, 이 국가의 공권적 판단을 재판이라 하고 그 재판작용을 의미한다. 재판이란 당사자 사이의 분쟁 또는 이해의 대립에 따른 충돌이 있고, 그것을 해결 및 조정할 필요가 있을 때 국가기관인 법원이 법을 적용하여 하는 법적 판단다. 소송이란 재판을 공정하게 하기 위해서는 대립된 이해관계인을 관여시키고 그 주장을 듣는 절차를 밟는 것이 원칙이다.

2. 법과 재판

1) 입법과 사법

입법이란 국가의 여러 가지 정책적 목적을 내용으로 하는 법을 정립하는 것을 말한다. 사법이란 구체적 타당성, 즉 무엇이 그때그때의 사회적 이치에 맞는가를 확보하는 것을 말한다. 법은 재판에 따라서 그 사회적 기능의 실현이 확보되는 것이며, 재판은 법에 따라서 실행됨으로써 비로소 통일성과 공정성을 유지한다. 재판은 법규를 적용하여 적법과 위법을 판단하고 또한 권리관계를 확정하는 작용을 말한다.

2) 사법권의 범위

우리나라도 민사, 형사 이외에 행정, 선거에 관한 소송을 포함한다. 법의 적용에 의하여 해결, 조정될 수 있는 주체간의 구체적 이해의 충돌 내지 분쟁의 사건을 말하는 것이므로, 법의 적용으로서 적법 및 위법을 재판하고 권리관계를 확정할 수 없는 정치적 및 경제적 충돌 내지 분쟁은 소송대상이 되지 못된다.

3) 사법권의 자주성

사법권이 그 사명달성을 보장받기 위해서는 사법작용에서 입법과 행정으로부터 독립하여야 할 뿐 아니라 그 기구에서도 입법과 행정의 영향을 받지 않도록 할 필요가 있다. 헌법 제103조에서는 "법관은 헌법과 법률에 의하여 그 양심에 따라 독립하여 재판한다"고 규정하고 있고, 제106조 제1항에서는 "법관은 탄핵 또는 금고 이상의 형의 선고에 의하지 아니하고는 파면되지 아니하며 징계처분에 의하지 아니하고는 정직, 감봉 기타 불리한 처분을 받지 아니한다"고 규정하고 있다. 대법원은 규칙제정권을 가진다. "법원의 내부규율과 사무처리에 관한 규칙을 제정할 수 있다"고 규정하여 집무시간, 휴가, 직원의 복무규칙 등의 법원내부의 규율과 직원의 배치, 사무의 분배, 개정 등의 사무처리, 그리고 소송행위의 소송상의 서류형식 등의 소송에 관한 절차 등에 관하여 규칙을 정할 수 있다.

3. 사법기관

1) 법   원

대법원, 고등법원, 지방법원의 3등급으로 나뉜다. 대법원의 심판권은 대법관 3인 이상으로 구성된 합의부에서 행한다. 2/3 이상의 합의부에서 이루어진다. 고등법원의 재판권은 판사 3인으로 구성된 합의부에서 행하고, 지방법원 및 그 지원의 심판권은 단독판사가 행하는 것이 보통이고, 합의재판을 요할 때에는 3인의 합의부가 행한다. 민사소송과 형사소송은 3심제도로 하여 사실인정과 법률해석에서 일어날 수 있는 과오를 시정할 기회를 주고 있다.

2) 소송당사자

소송이란 이해가 상반되는 대립적 당사자를 전제로 한다. 대립적 당사자란 원고와 피고가 존재하는 민사, 행정, 선거소송이 있고, 검사와 피고를 대립적 당사자로 하는 형사소송이 존재한다. 당사자능력이란 소송의 당사자가 될 수 있는 소송법상의 능력을 말하고, 소송능력이란 단독으로 유효적절한 소송행위를 할 수 있는 능력을 말한다. 민사소송에서는 행위능력에 준하지만, 형사소송에서는 의사능력만으로 소송능력이 있다고 해석한다.

II. 민사소송법

1. 의   의

민사소송이란 재산권과 신분권의 발생, 변경, 소멸에 관한 법률관계에 관한 소송을 말한다. 민사소송의 목적은 사권의 보호에 있다. 따라서 사인에 대한 국가의 형벌권의 존재 여부의 확정을 목적으로 하는 형사소송법과는 구별된다. 그러나 법원이 분쟁해결기능을 독점하는 것은 여러 가지 문제점을 드러내게 된다. 법원의 판결은 승패를 가려 주는 점에서 명쾌한 측면이 있으나, 당사자 사이에 쉽게 치유할 수 없는 감정적 앙금을 남겨 분쟁해결 후 원만한 관계를 회복하는 데 지장을 주는 경우가 많고, 분쟁에 따라서는 이를 법원이 해결해주는 것이 오히려 부적절하고 비경제적인 경우도 많다. 따라서 당사자 간의 상호양보를 통하여 분쟁을 해결하는 화해, 법관이나 조정위원회가 분쟁당사자를 알선·협력하여 화해에 이르도록 하는 조정, 제3자인 중재인(비법관)의 판단에 북종하기로 합의(중재계약)하고, 이에 따라 선임된 중재인의 판단(중재판정)으로 분쟁을 해결하는 중재를 인정하고 있다.[1] 일반적으로 민사소송절차는 판결절차와 강제집행절차로 나뉜다. 민사소송법은 민사소송절차와 민사소송관계를 규율하는 법을 총칭한다.

2. 소송절차의 기본원칙

소송절차란 소의 제기에서 시작되어 판결로 끝나는 일련의 절차를 말한다.

1) 당사자처분권주의

소송절차의 개시, 진행, 종료 등을 오로지 당사자의 의사에 의하여 결정하여야 한다는 주의를 말한다. 이는 직권주의에 대립한다. 민사소송법은 대체로 당사자처분주의를 채용하고 있으나, 소송절차의 진행 특히 기일지정과 같은 것은 직권주의의 내용이 아니다.

2) 구술심리주의

재판의 기본인 소송자료를 당사자의 구두진술에 의거하는 주의를 말한다. 이는 서면심리주의에 반대되는 주의를 말한다. 소송에서 당사자의 구두변론주의를 원칙으로 하고 법률에 별도의 규정이 있을 때에만 서면심리주의를 인정한다.

3) 변론주의

소송의 목적인 청구의 당부를 판단하는 데 필요한 소송자료의 제출을 모두 당사자에게 일임하는 주의를 말한다. 법원은 당사자가 진술한 사실은 반드시 참고로 하여야 하고 주장하지 않은 사실을 판결의 기초로 삼아서는 아니 된다. 민사소송법은 변론주의를 원칙으로 하고 직권탐지주의를 보충하고 있다.

---

[1] 박상기 외 12인, 『법학개론』, 박영사, 2018, 409-410면.

4) 직권심리주의

수소법원이 직접 당사자의 변론을 듣는다든가 증거조사를 한다든가 하여 직접적인 인식에 의하여 소송자료를 수집하여야 하는 주의를 말한다.

5) 공개주의

소송의 심리 및 판결을 일반대중에게 공개하여 방청을 가능케 하는 주의를 말한다.

6) 수시제출주의

소의 제출로부터 구두변론의 종결에 이르기까지 소송자료의 제출에 단계를 두지 않는 자유서열주의를 말한다.

7) 자유심증주의

법관이 사실인정에 의거하여야 할 증거방법의 한정이나 증거력의 형식적 제약을 받지 않고 법관의 자유판단으로 증거의 채부, 증거력의 유무를 결정하는 주의를 말한다. 법관의 자유판단은 소송상의 증거의 가치판단 및 사실관계의 객관적 인정을 법관의 전인격적 판단에 일임하는 것을 말한다.

3. 민사소송의 주체

1) 법   원

국가의 사법기관인 법원은 민사소송의 주체가 된다. 법원에는 최고법원인 대법원과 하급법원인 고등법원, 지방법원 및 가정법원이 있다. 대법원의 심판은 대법관 전원의 3분의 2 이상의 합의체에서 행하고, 고등법원의 심판은 판사 3인으로 구성되는 합의부에서 행하며, 지방법원과 지방법원 지원 및 가정법원 지원의 심판은 1인 판사가 단독으로 행한다.

표 14-1 소송절차에서 당사자의 칭호

당사자의 칭호		
1심	원고	피고
2심	항소인	피항소인
3심	상고인	피상고인

2) 소송당사자

소송당사자는 법원에 대하여 자기에 대한 재판권의 행사를 요구하는 자(원고)와 그 상대방으로서 이에 대한 재판권의 행사가 요구되는 자(피고)를 가리킨다.

4. 소

원고가 피고를 상대로 특정의 청구의 당부에 관하여 특정한 법원에 그 심리와 판결을 요구하는 소송행위를 말한다.

1) 소의 종류

① 확인의 소

어느 권리 또는 법률관계의 존부를 확인하여 줄 것을 청구하는 소를 말한다. 확인판결을 말한다.

② 이행의 소

피고가 원고에게 일정한 급부를 이행하라는 판결을 청구하는 소를 말한다. 이에 대한 판결은 이행판결을 말한다.

③ 형성의 소

기존의 법률관계의 변경, 소멸 또는 새로운 법률관계의 발생을 청구하는 소, 이에 대한 판결은 형성판결이다.

2) 소의 제기

원고에 의한 소의 제기는 소장을 법원에 제출하여서 하는 것이 원칙이다(민사소송법 제226조). 소장에는 당사자, 법정대리인, 그리고 청구의 취지 및 원인을 기재한다. 소의 주관적 병합, 소의 객관적 병합이 있다.

3) 변론의 준비

소가 제기되면 법원은 소장에 의하여 관할권의 유무 및 소장의 요건을 심사하고 구두변론기일을 지정하여서 당사자는 호출한다. 구두변론의 준비에는 준비서면의 교환을 하는데, 그것은 구두변론을 준비하기 위하여 당사자의 진술에 따라 구두변론에서 제출한 공격방어의 방법을 밝힌 서면이 필요하다(당사자의 준비서면 → 답변서).

4) 구두변론

기일에 당사자 쌍방이 출석하여야 한다. 원고 또는 피고가 최초로 구두변론을 하여야 할 날에 출석하지 않고 또는 출석하여도 본안의 변론을 하지 않을 때에는 그 제출한 소장, 답변서 기타의 준비서면에 기재된 사항으로써 진술한 것으로 인정하고, 출석한 상대방에 변론을 명할 수 있다(민사소송법 제137조). 당사자의 변론에 의하여 소송자료가 판결을 하는 데 충분할 정도로 수집되면 법원은 구두변론을 종결하고 2주일 내로 종국판결을 선고하여야 한다(민사소송법 제183조, 192조 제1항).

5. 증 거

증거에는 증인, 감정인과 같은 인적 증거와 문서, 검증물과 같은 물적 증거가 있다. 당사자가 자기에게 증명책임이 있는 사실을 증명하기 위하여 제출하는 증거로서, 본증을 세우는 당사자는 완벽하게 입증하여 법관에게 확신을 주어야 한다. 본증에 의한 증명을 방해하기 위하여 상대방이 증명책임을 지는 사실을 부정하려고 제출하는 증거로서 반증을 드는 당사자는 완벽하게 입증할 필요는 없고, 법관에게 그 사실의 존재에 대해 의문을 가질 정도이면 되며, 이에는 직접 반증과 간접반증이 있다.

6. 판 결

선고의 형식으로 하며 그것으로서 효력이 발생한다. 판결의 정본을 당사자에게 송달한다. 송달과 동시에 상소기간이 진행한다. 상소기간 내에 상소를 하지 않을 때 또는 당사자 쌍방이 상소권을 포기하였을 때에는 판결은 확정된다.

판결의 기판력은 확정판결로서 한번 결정된 법률상의 효력은 그 후 다시 소송의 대상이 되지 못하고 당사자 및 법원이 다시 그에 관련되는 일이 없도록 한다.

소송의 종료는 판결, 재판상의 화해, 청구의 포기·인낙 및 소의 취하 등이다.

III. 형사소송법

형사소송법 일부개정<법률 제16924호, 2020. 2. 4.>

◇ 개정이유

2018년 6월 21일 법무부장관과 행정안전부장관이 발표한 「검·경 수사권 조정 합의문」의 취지에 따라 검찰과 경찰로 하여금 국민의 안전과 인권 수호를 위하여 서로 협력하게 하고, 수사권이 국민을 위해 민주적이고 효율적으로 행사되도록 하려는 것임.

◇ 주요내용

가. 검사와 사법경찰관은 수사, 공소제기 및 공소유지에 관하여 서로 협력하도록 함(제195조 신설).

나. 경무관, 총경, 경정, 경감, 경위가 하는 모든 수사에 관하여 검사의 지휘를 받도록 하는 규정 등을 삭제하고, 경무관, 총경 등은 범죄의 혐의가 있다고 사료하는 때에 범인, 범인사실과 증거를 수사하도록 함(제196조).

다. 검사는 송치사건의 공소제기 여부 결정 또는 공소의 유지에 관하여 필요한 경우 등에 해당하면 사법경찰관에게 보완수사를 요구할 수 있고, 사법경찰관은 정당한 이유가 없는 한 지체 없이 이를 이행하도록 함(제197조의2 신설).

라. 검사는 사법경찰관리의 수사과정에서 법령위반, 인권침해 또는 현저한 수사권 남용이 의심되는 사실의 신고가 있거나 그러한 사실을 인식하게 된 경우에는

사법경찰관에게 사건기록 등본의 송부를 요구할 수 있고, 송부를 받은 검사는
필요한 경우 사법경찰관에게 시정조치를 요구할 수 있으며, 검사는 시정조치
요구가 정당한 이유 없이 이행되지 않은 경우에 사법경찰관에게 사건을 송치할
것을 요구할 수 있도록 함(제197조의3 신설).

마. 검사는 사법경찰관과 동일한 범죄사실을 수사하게 된 때에는 사법경찰관에게
사건을 송치할 것을 요구할 수 있고, 요구를 받은 사법경찰관은 지체 없이 검
사에게 사건을 송치하도록 하되, 검사가 영장을 청구하기 전에 동일한 범죄사
실에 관하여 사법경찰관이 영장을 신청한 경우에는 해당 영장에 기재된 범죄사
실을 계속 수사할 수 있도록 함(제197조의4 신설).

바. 검사가 사법경찰관이 신청한 영장을 정당한 이유 없이 판사에게 청구하지 아니
한 경우 사법경찰관은 관할 고등검찰청에 영장 청구 여부에 대한 심의를 신청
할 수 있고, 이를 심의하기 위하여 각 고등검찰청에 외부 위원으로 구성된 영
장심의위원회를 둠(제221조의5 신설).

사. 사법경찰관은 범죄를 수사한 때에는 범죄의 혐의가 인정되면 검사에게 사건을
송치하고, 그 밖의 경우에는 그 이유를 명시한 서면과 함께 관계 서류와 증거
물을 검사에게 송부하도록 함(제245조의5 신설).

아. 사법경찰관은 사건을 검사에게 송치하지 아니한 경우에는 서면으로 고소인·고
발인·피해자 또는 그 법정대리인에게 사건을 검사에게 송치하지 아니하는 취
지와 그 이유를 통지하도록 함(제245조의6 신설).

자. 사법경찰관으로부터 사건을 검사에게 송치하지 아니하는 취지와 그 이유를 통
지받은 사람은 해당 사법경찰관의 소속 관서의 장에게 이의를 신청할 수 있고,
사법경찰관은 이의신청이 있는 때에는 지체 없이 검사에게 사건을 송치하도록
함(제245조의7 신설).

차. 검사는 사법경찰관이 사건을 송치하지 아니한 것이 위법 또는 부당한 때에는
그 이유를 문서로 명시하여 사법경찰관에게 재수사를 요청할 수 있도록 하고,
사법경찰관은 요청이 있으면 사건을 재수사하도록 함(제245조의8 신설).

카. 특별사법경찰관은 모든 수사에 관하여 검사의 지휘를 받음(제245조의10 신설).

타. 검사가 작성한 피의자신문조서는 공판준비 또는 공판기일에 그 피의자였던 피
고인 또는 변호인이 그 내용을 인정할 때에 한하여 증거로 할 수 있음(제312조).

<법제처 제공>

1. 의   의

형법을 구체적 사건에 적용, 실현하기 위한 절차를 형사절차라고 하고, 이 형사절차를 규정한 법을 형사소송법이라고 한다. 형법을 실현하는 절차를 규정한 절차법, 따라서 형사소송법은 공법 특히 사법법이다. 달리 표현하면 국가형벌권의 실현절차가 형사소송이며, 그 절차를 규제하는 법률이 형사소송법이다. 형사소송법을 단계적으로 보면 수사절차, 공판절차, 재판의 집행절차로 구분된다. 따라서 수사법, 공판법, 증거법, 재판집행법은 형사소송법의 주요한 내용을 이루고 있다. 형법이 형벌권의 조건과 내용에 관한 법이라면 형사소송법은 형벌권행사의 절차에 관한 법이다.

2. 형사절차의 지도이념

1) 실체적 진실주의

형사사건은 국가형벌권의 적정한 실현에 대한 공적 관심사도 반영하기 때문에 당사자들의 처분에 맡길 수는 없다. 따라서 검사와 피고인의 주장사실보다는 그 뒤에 숨겨진 실체적 진실을 찾고자 하는 노력은 형사절차가 요구하는 최고의 덕목이다.

2) 적정절차의 원칙

실체적 진실을 발견하려는 노력이 적정절차를 무시하는 길로 나아가서는 안된다. 헌법 제12조 제1항은 적법절차를 강조하고 있고, 형소법도 공정한 재판을 위해 법관의 제척·기피·회피 및 피고인의 공판정출석권·진술권·진술거부권·증거신청권 등을 보장하고 있다.

3) 신속한 재판의 원칙

실체적 진실을 발견하기 위해 혐의자를 무한정 조사·심문할 수는 없으며, 형사절차는 오히려 가능한 한 신속하게 마무리되어야 한다. 이는 소송비용적 측면에서뿐만 아니라, 진실발견 및 형벌목적을 위해서도 필요하다.

3. 형사소송의 주체와 구조

형사소송의 주체는 법원, 검사 및 피고인이다. 형사소송절차는 공소권을 행사하여 형벌을 청구하는 원고인 검사와 이를 방어하는 자인 피고인이 대립하고, 이에 대하여 제3자인 법원이 심판하는 소송구조를 이루고 있다.

1) 형사소송의 주체

① 법   원

가. 법원의 의의와 종류

국법상 의미의 법원이란 사법행정상 의미에 있어서 법원(예컨대, 전주지방법원은 전주시에 있다)을 말하며, 법원조직법에서 말하는 법원은 보통 국법상 의미의 법원을 의미한다. 법원에는 최고법원인 대법원과 하급법원인 고등법원, 특허법원(1998. 3. 1. 시행), 지방법원, 가정법원, 행정법원(1998. 3. 1. 시행)이 있다. 지방법원 및 가정법원 사무의 일부를 처리하기 위해 관할구역 안에 지원과 소년부지원, 시·군법원 및 등기소를 둘 수 있다(법원조직법 제3조). 소송법상 의미의 법원이란 구체적 사건에 대한 재판기관으로서의 법원, 즉 합의제법원(합의부) 또는 단독제법원(단독판사)을 말한다. 형사소송법에서 법원이라 할 때에는 보통 소송법상 의미의 법원을 말한다.

제1심 법원은 단독제와 합의제를 병용하고 있으나(단독제가 원칙), 상소법원은 합의제에 의한다. 단독제는 1인의 법관으로 구성되는 법원이고 제1심 법원, 즉 지방법원 및 가정법원과 그 지원, 소년부지원 및 시·군법원의 심판권은 단독판사가 행한다(법원조직법 제7조 제4항). 합의제는 수인의 법관으로 구성되는 법원이고 관할은 상소법원, 즉 대법원과 고등법원의 심판사건 그리고 지방법원 및 그 지원에서 심판할 것으로서 합의심판을 요하는 중요한 사건은 합의부에서 행한다(동법 제7조 제3항·제5항)

나. 제척·기피·회피제도

재판은 공정해야 한다. 법원이 불공평한 재판을 할 우려가 있는 법관으로 구성된다면 공정재판을 기대할 수 없다. 따라서 공평한 법원의 구성을 구체적으로 보장하기 위한 제도가 필요하게 되는바, 이것이 제척·기피·회피제도이다.

제척이란 법정사유에 해당하면 당연히 배척(신청이나 별도의 재판 불요)되고, 기피란 당사자의 신청과 이에 대한 법원의 결정으로 배척되며, 회피란 법관 자신의 신청과 이에 대한 법원의 결정으로 배척된다.

다. 배심원제도

국민의 형사재판참여에 관한 법률에 의하여 2008. 1. 1부터 배심원제도가 시행된다. 배심원제도는 국민 중에서 선정된 배심원이 형사재판에 참여하여 사실인정과 형의 양정에 관한 의견을 제시하게 함으로써 사법의 민주적 정당성과 이에 대한 국민의 신뢰성을 높이기 위하여 도입되었다(동법 제1조). 배심원이 참여하는 형사재판을 국민참여재판이라고 한다(동법 제1조 제2호).

② 검　사

가. 검사의 의의

검사란 검찰권을 행사하는 국가기관을 말한다. 현행법하에서 검사는 범죄수사로부터 재판집행에 이르기까지 형사절차 전과정에 걸쳐 광범위한 권한을 가지고 있다. 다시 말하면, 검사는 수사절차에서는 수사의 주재자로서 사법경찰관리는 지휘·감독하며, 수사의 결과 공소제기여부를 결정하고, 공판절차에서는 피고인에 대립되는 당사자로서 법원에 대하여 법령의 적당한 적용을 청구하고, 재판이 확정된 때에는 형의 집행을 지휘·감독하는 광범위한 권한을 가진 국가기관이다.

나. 검사동일체의 원칙

검사동일체의 원칙이란 전국의 모든 검사는 검찰권 행사에 관하여 검찰총장을 정점으로 하여 피라미드형의 계층적 조직체를 형성하고 일체불가분의 유기적 통일체로서 활동하는 것을 말한다. 검사동일체의 원칙은 수사목적을 달성하기 위해서는 전국적인 수사조직이 필요하며, 검찰권의 행사가 전국적으로 균형을 이루게 하여 검찰권행사의 공정을 기하려는 데 주된 이유가 있다.

다. 검사의 소송법상 지위

검사는 수사권·수사지휘권·수사종결권을 갖는 수사의 주체이다. 검사는 공소의 제기·수행하는 공소권의 주체이다. 검사는 공익의 대표자로서 객관적 입장에서 피의자·피고인에게 유리·불리를 불문하고 수사 및 소송활동을 해야 할 의무가 있다. 이것을 검사의 객관의무라고 한다. 따라서 검사는 피의자의 유리·불리를 불문하고 수사 및 소송활동을 해야 할 의무가 있고 법령의 적당한 적용을 청구하며, 피고인의 무죄를 구하는 변론도 할 수 있다.

③ 피 고 인

가. 피고인의 개념

피고인이란 검사에 의하여 공소제기된 자 또는 공소제기된 것으로 취급받는 자
(예컨대, 고등법원의 부심판결정에 의하여 공소제기된 것으로 취급되는 자(제263조))
를 말한다. 경찰서장에 의해 즉결심판이 청구된 자도 피고인에 포함된다(즉결심판
에 관한 절차법 제3조). 피고인은 공소가 제기된 자이면 충분하고 공소제기가 유효
한가, 진범인가, 당사자능력이나 소송능력을 가지고 있는가의 여부는 문제되지 않
는다.

나. 피고인의 소송법상 지위

피고인은 검사의 공격에 대한 방어자로서 수동적인 당사자이다. 이러한 의미
에서 검사는 공소권의 주체인 반면, 피고인은 방어권의 주체라 할 수 있다. 형사소
송법은 피고인의 당사자로서 검사와 대등한 지위에서 공격·방어를 할 수 있도록
하기 위하여 피고인에게 방어권과 소송절차참여권을 보장하고 있다.

다. 무죄추정의 원칙

무죄추정의 원칙(presumption of innocence)은 피고인 또는 피의자는 유죄판결
이 확정될 때까지 무죄로 추정된다는 것을 말하며 헌법이 보장하는 기본권이다(제
275조의2, 헌법 제27조 제4항). 무죄의 추정을 받는 피의자·피고인에 대한 수사와
재판은 원칙적으로 불구속으로 행하여져야 한다. 피의자·피고인이 구속된 경우에
도 여전히 무죄로 추정되므로 구속 이외의 불필요한 고통을 가하지 않을 것이 요
구된다. 피고인에게 유죄판결을 하려면 법관은 피고인의 유죄를 확신하여야 하며,
이러한 확신을 가질 수 없는 때에는 피고인의 이익(in dubio pro reo)으로 판단하
여 무죄판결을 선고해야 한다. 피고인은 무죄로 추정되므로 범죄의 성립과 형벌권
의 발생에 영향을 미치는 모든 사실에 대한 거증책임은 검사가 부담한다. 피고인은
무죄로 추정되므로 법원은 피고인의 유죄를 예단하여서는 안 된다. 그 제도적 표현
이 공소장일본주의(규칙 제118조 제2항)이다. 피의자·피고인은 무죄로 추정되므로
유죄를 입증하기 위한 진술강요에 대해서 진술을 거부할 수 있다(제200조 제2항,
제289조). 무죄추정의 원칙은 형사절차에 있어서 피의자·피고인에 대하여 부당한
대우를 하지 않을 것을 요한다.

④ 변 호 인

변호인(辯護人; counsel)이라 함은 피고인 또는 피의자의 방어권을 보충하는 것을 임무로 하는 보조자를 말한다. 변호인제도는 검사와 대등한 법률지식을 가지고 있는 법률전문가로 하여금 피의자·피고인을 보조하게 함으로써 검사와 피고인 사이에 무기평등의 원칙(Grundsatz der Waffengleichheit)이 보장되도록 하여 공정한 재판을 실현할 필요성에서 마련된 제도이다. 변호인의 지위는 선임에 의하여 발생하며, 선임방법에 따라 사선변호인과 국선변호인으로 구별된다.

> 형사소송법은 대법원 이외의 법원은 특별한 사정이 있으면 변호사 아닌 자를 변호인으로 선임함을 허가할 수 있다(제31조)고 규정하고 있다. 따라서 변호사 아닌 법원사무관을 국선변호인으로 선정하였다고 하여 위법한 것이라 할 수 없다(대판 1974. 8. 30., 74도1965).

2) 형사소송의 구조

법원은 재판권을 가지고, 검사는 수사 및 공소권을 가지며, 피고인은 방어권을 행사한다. 즉 현행법은 수사 및 공소권과 재판권이 한 사람(규문관)에게 집중된 전근대적인 규문주의적 소송구조가 아니라, 검사가 소추하고 법원이 재판하는 탄핵주의적 소송구조를 취하고 있다. 즉 소추기관과 심판기관이 서로 분리되어 있다. 한편, 탄핵주의는 소송의 주도권을 법원이 갖는 직권주의와 그 주도권을 검사와 피고인이 갖는 당사자주의로 나뉘는데, 현행 형소법은 직권주의와 당사자주의를 혼합하고 있다.

[읽어가기: 규문주의와 탄핵주의]

규문주의란 법원이 스스로 절차를 개시하여 심리·재판하는 주의를 말한다. 이러한 규문주의에 있어서는 소추기관이나 피고인도 없이 오직 심리·재판하는 법관과 그 조사·심리의 객체가 있을 뿐이다. 이러한 규문주의는 프랑스혁명을 계기로 형사소송의 구조에서 자취를 감추게 되었다. 탄핵주의는 재판기관과 소추기관을 분리

하여 소추기관의 공소제기에 의하여 법원이 절차를 개시하는 주의를 말한다. 탄핵
주의에서 법원은 공소제기된 사건에 대하여만 심판할 수 있다는 불고불리의 원칙
이 적용되고 피고인도 소송의 주체로서 절차에 관여하는 형사절차는 소송의 구조
를 갖게 된다.

    ※ 참고문헌: 김영규 외 8인, 『新 법학개론』, 박영사, 2017, 451면.

4. 수사절차

　　범죄가 있다고 여겨질 때에는 수사기관(검사, 사법경찰관리)은 범인을 발견하
고 증거를 수집하기 위하여 수사를 개시하여야 한다. 수사절차는 형사소송의 운영
을 좌우할 만큼 중대하므로 근대 형사소송법은 피의자의 인권을 보장하기 위하여
피의자에 대해서도 소송당사자에 준하는 지위를 주고 있다. 수사기관이 강제처분
을 할 수 있는 것은 현행범인을 체포하는 경우, 긴급구속의 경우 및 기타 적법한
체포에 따른 압수·수색 및 검증의 경우에만 한정된다. 그 밖의 경우에는 법관이
발행하는 영장으로 하지 않으면 안 된다. 피의자를 구속하는 때에는 변호인을 선임
할 수 있음을 말하고, 변명할 기회를 준 후에 구금하여야 하며, 만일 구금의 필요
가 없다고 인정하는 때에는 24시간 내에 석방하여야 한다. 사법경찰관은 피구속자
를 10일 이내에 검사에게 인치하여야 하며 검사도 또한 10일 이내에 공소를 제기
하지 않으면 피의자를 석방하여야 한다. 단 1차에 한하여 구속기간의 연장을 신청
할 수 있다.

5. 공소제기절차

　　수사의 결과 범인을 발견하고 객관적 자료에 의하여 유죄판결을 받을 자신이
생겼을 때에는 원칙적으로 법원에 대하여 구체적 범죄에 관해서 형벌법령을 적용
하고 범인을 처벌할 것을 청구하는 공소를 제기하게 된다. 공소제기원리로는 검사
만이 기소를 하는 기소독점주의와 충분한 범죄의 혐의가 있더라도 1) 범죄의 연
령·선행·지능과 환경, 2) 피해자에 대한 관계, 3) 범행의 동기·수단과 결과, 4) 범

행후의 정황 등을 참작하여 검사가 기소를 하지 아니할 수도 있는 기소편의주의가 있다. 공소는 검사의 전담(기소독점주의), 공소가 제기되면 사건은 법원에 계속된다. 공소의 제기는 공소장을 제출하여야 하며 여기에는 일정한 기재사항(형사소송법 제254조 제3항)을 기재하여야 한다. 공소장에는 법관이 사건에 한해서 선입관을 줄 우려가 있는 서류 기타의 물건을 첨부 또는 인용하여서는 아니 된다(공소장일본주의).

6. 공판절차

공소가 제기된 이후부터 그 소송절차가 종결하기까지 절차단계, 즉 법원이 피고사건에 대하여 심리재판을 행하고 또 당사자가 사건에 대하여 변론을 행하는 절차단계이다. 공판기일의 절차와 공판준비절차로 구분된다. 공판기일에는 정수의 법관, 법원서기 및 검사가 출석하지 않으면 안 되고, 피고인이 출석하지 않으면 개정이 불가능하다.

1) 모두절차

모두절차는 진술거부권의 고지에서 시작한다. 재판장은 피고인이 진술하지 아니하거나 개개의 질문에 대하여 진술을 거부할 수 있음을 고지하여야 한다(제283조의2 제2항). 재판장은 피고인에 대해서 인정신문을 하여 피고인이 틀림없음을 확인한다(제284조). 검사가 공소장에 따라서 기소요지를 진술(제285조)한 다음 재판장은 피고인에게 그 권리보호에 필요한 사항을 말하여 주어야 하며, 피고인 및 변호인에 대하여 피고사건에 관하여 자기에게 이익이 되는 사실을 진술할 기회를 주어야 한다(제286조).

2) 사실심리절차

① 피고인신문

피고인신문이란 피고인에 대하여 공소사실과 그 정상에 관한 사항을 신문하는 것을 말한다. 피고인신문의 순서는 검사와 변호인이 순차로 피고인에 대하여 공소사실과 정상에 관한 필요사항을 직접 신문할 수 있다. 재판장은 필요하다고 인정할 때에는 직권으로 신문할 수 있다(제296조의2 제2항).

② 증거조사

증거조사란 법원이 피고사건의 사실인정과 양형에 관한 심증을 얻기 위하여 인증·서증·물증 등 각종의 증거방법을 조사하여 그 내용을 알아내는 소송행위를 말한다. 증거조사는 공판정에서 법원이 직접 해야 하는 것이 원칙이나, 공판정 외에서의 증거조사도 허용된다. 증거조사에는 증거재판주의, 자백법칙, 위법수집증거의 배제법칙, 전문법칙 등이 적용된다.

[쉬어가기: 위법수집증거의 배제법칙, 전문법칙이란?]

1. 위법수집증거배제법칙은 위법한 절차에 의하여 수집된 증거, 즉 위법수집증거의 증거능력을 부정하는 법칙을 말한다. 이와 같은 위법수집증거배제법칙을 채택하는 근거는 한편으로는 형사절차에서의 적정절차를 보장하여야 한다는 이유와, 다른 한편으로는 위법한 수사를 방지·억제하기 위한 가장 효과적이라는 정책적 이유에 있다. 위법수집증거배제법칙이라 하여 어떤 절차의 위법이라도 있으면 증거로 배제된다는 것을 의미하는 것은 아니다. 위법의 정도가 경미한 경우까지 증거능력을 부정해야 할 이유는 없기 때문이다. 위법수집증거의 배제법칙이 적용되는 경우는 예컨대 영장주의에 위반하여 수집한 증거물, 야간압수·수색금지규정에 위반한 압수·수색 등으로 수집한 증거는 증거능력이 없다.

2. 전문증거는 사실인정의 기초가 되는 경험적 사실을 경험자 자신이 직접 법원에 진술하지 않고, 다른 형태에 의하여 간접적으로 보고하는 것을 의미한다. 이와 같은 전문증거는 증거가 아니며, 따라서 증거능력이 인정될 수 없다는 원칙을 전문법칙이라고 말한다. 전문법칙을 인정하는 이유는 보통 전문증거의 경우는 부정확한 전달의 위험이 있고, 반대신문의 기회가 없고, 신용성이 결여되어 있기 때문이다.

※ 참고문헌: 박상기 외 12인, 『법학개론』, 박영사, 2018, 494면.

③ 최종변론

증거조사가 끝나면 당사자의 의견진술이 있는데 이를 최종변론이라고 한다. 검사의 의견진술(論告)과 피고인·변호인의 최후진술의 순서로 진행된다.

3) 판결의 선고

① 종국판결

형식적 판결로서 면소, 공소기각, 관할위반의 판결이 있고, 실체적 판결 유죄 혹은 무죄판결이 있다.

② 일사부재리의 원칙

판결이 실체적 판결일 때에는 사건의 실체에 대하여 기판력이 생기고 동일한 범죄사실에 관하여 재차 공소제기가 허락되지 아니한다.

③ 유죄판결

형선고의 판결 또는 형면제의 판결, 선고유예의 판결이 있다.

④ 형의 선고와 동시에 형의 집행유예를 선고할 수 있다.

⑤ 집행유예가 취소되지 않은 채 유예의 기간을 무사히 경과하였을 때에는 형선고의 효력을 상실한다.

⑥ 면소판결의 선고

확정판결이 있은 때 혹은 범죄후의 법령으로 형이 폐지되었을 때 혹은 사면이 있을 때 그리고 공소시효가 완성되었을 때에 면소판결을 내리게 된다.

그림 14-1 형사소송절차

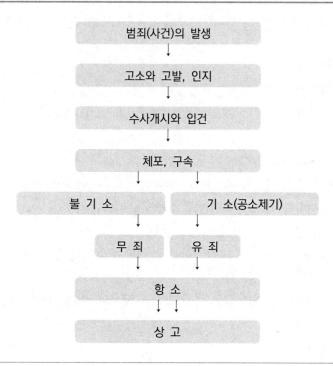

❖ 확인평가

1. 사법권에 대하여 설명하시오.

2. 민사소송법상의 기본원칙에 대하여 설명하시오.

3. 형사소송법의 의의와 절차에 대하여 간략히 설명하시오.

❖ 출제예상문제

1. 다음 형사소송에 관하여 옳게 기술한 것은?

① 법관이 제척사유가 있는데도 불구하고 재판에 관여하는 경우 당사자의 신청에 의하여 그 법관을 직무집행에서 탈퇴시키는 제도를 회피라고 한다.

② 형사사건으로 국가기관의 수사를 받는 자를 피고인이라 하며, 확정판결을 받은 수형자와 구별된다.

③ 수사기관은 주관적으로 범죄의 혐의가 있다고 판단하는 때에는 객관적인 혐의가 없을 경우에도 수사를 개시할 수 있다.

④ 형사절차의 개시와 심리가 소추기관이 아닌 법원의 직권에 의하여 행해지는 것을 직권주의라고 한다.

〈해설〉 ③ : ① 회피가 아니라 기피이다. ② 피고인은 공소가 제기된 자를 의미한다. ④ 규문주의라고 한다.

2. 기소, 불기소의 재량권을 검사에게 위임하는 것을 무엇이라 하는가?

① 검사동일체원칙

② 국가소추주의

③ 기소법정주의
④ 기소편의주의

〈해설〉 ④

3. 고소에 관한 설명 중 틀린 것은?

① 고소를 취소한 자는 다시 고소할 수 없다.
② 고소 또는 그 취소는 본인이 직접 하여야 한다.
③ 고소는 제1심 판결선고 전까지 취소할 수 있다.
④ 고소는 구술 또는 서면으로써 검사 또는 사법경찰관에게 하여야 한다.

〈해설〉 ② 고소는 대리인으로 하여금 하게 할 수 있다(형사소송법 제236조).

4. 다음은 형사재판에 있어서 거증책임과 관련된 내용이다. 타당하지 잃은 것은?

① 법관의 자유심증주의 원칙이 적용된다.
② 의심이 가는 피고인의 자백은 증거능력이 없다.
③ 피고인이 행한 행위의 사실인정은 증거에 의해야 한다.
④ 형사재판에 있어서의 거증책임은 피고인에게 있다.

〈해설〉 ④ 거증책임은 무죄추정의 원칙 때문에 검사에게 있다.

제15장
사회법

Ⅰ. 개   념

광의의 사회법은 노동법, 사회보장법, 경제법을 포함하고, 협의의 사회법은 노동법, 사회보장법을 포함한다. 사회보장법과 노동법은 사회적 약자를 보호해주는 법원리이고, 경제법은 대기업 등 사회적 강자를 규제하는 원리를 의미한다.

Ⅱ. 노 동 법

1. 노동법과 노동기본법

우리나라의 헌법 제32조, 제33조에서 노동자의 기본적 인권, 즉 노동기본권을 규정하고 있다. 근로권, 단결권, 단체교섭권 및 단체행동권을 포함한다. 노동기본권의 헌법상 보장을 구체적으로 규정한 것이다.

2. 노동조합

○ 노동조합 및 노동관계조정법 제1조

"이 법은 헌법에 의한 근로자의 단결권, 단체교섭권 및 단체행동권을 보장하여 근로조건의 유지·개선과 근로자의 경제적·사회적 지위의 향상을 도모하고, 노동관계를 공정하게 조정하여 노동쟁의를 예방·해결함으로써 산업평화의 유지와 국민경제의 발전에 이바지함을 목적으로 한다."

○ 제정목적

결국 노동3권을 통하여 노동자의 노동조건을 개선하고 그렇게 함으로써 노동자의 경제적·사회적 지위를 향상시키고 나아가서는 국민경제의 발전이 되도록 하는 것을 말한다.

노동조합을 조직함에 있어서 참가하는 노동자가 직종별로 참가하느냐, 산업별로 참가하느냐 혹은 동일한 기업에 종사하는 근로자가 기업을 중심으로 결합하느냐에 따라 직종별 조합·산업별 조합·기업별 조합으로 분류된다.

1) 직종별 조합

① 주로 숙련공을 중심으로 하여 가장 먼저 발달한 조직형태.

② 예컨대, 운전사조합, 인쇄공조합, 목공조합 등과 같이 동일한 기업에 종사하는 근로자가 기업을 중심으로 결합하느냐에 따라 직종별 조합, 산업별 조합, 기업별 조합으로 분류된다.

③ 장점으로는 사용자에 대항하는 힘의 증가를 들 수 있고, 단점으로는 생활수준의 향상측면을 들 수 있다.

2) 산업별 조합

19세기 중엽 이래 산업자본주의가 발달하고 노동자간의 세계연대사상이 팽배할 무렵 반숙련 및 미숙련 노동자를 중심으로 발전한 것으로 현재 가장 지배적인 조직형태이다. 예컨대, 운수산업, 섬유산업, 철강석탄업 등이다. 장점으로는 숙련, 미숙련 노동자 전체의 지위향상을 들 수 있고, 단점으로는 단결력이나 사용자와의 교섭력 저하를 들 수 있다.

3) 기업별 조합

동일한 기업에 종사하는 노동자로서 조직되는 노동조합을 의미한다. 미국에서는 어용조합, 독일에서는 황색조합을 의미한다.

3. 단체협약

근로자가 자신의 사회 및 경제적 지위를 향상시키기 위하여 단결하여 단체교섭을 통하여 근로조건의 결정에 참가함을 의미하고, 단체협약에 관한 제정법적 규정은 자주적 사회규범의 법적인 표현이다. 영국에서는 신사협정을 들 수 있다. 단체협약의 주요한 내용으로 다음과 같다.

1) 규범적 부분

임금, 노동시간, 휴일·휴가, 해고·퇴직수당, 상여 등에 관한 규준을 정하여 노사간에 체결되는 단체협약의 규범을 정한 부분이다.

2) 채무적 부분

협약 당사자의 평화의무라든가 준수의무 등에 관한 부분이다.

3) 조직적 부분

노사의 기본적 관계를 규정한 부분으로서 예컨대, 노사협의회와 고충처리기관 등의 조직과 운영에 관한 조항 내지 협정이다.

4. 노동쟁의

1) 노사의 거래관계에서 분쟁해결을 위하여 실력수단으로서 쟁의행위가 발생하고 있는 상태 또는 발생할 우려가 있는 상태이다.

2) 쟁의행위란 "파업, 태업, 직장폐쇄 기타 노동관계 당사자가 그 주장을 관철

할 목적으로 행하는 행위와 이에 대항하는 행위로서 업무의 정상적인 운영을 저해하는 행위"를 의미한다.

3) 노사간 공동거래에서 자연발생적으로 일어나는 사회·경제적 현상이므로 그 예방해결에는 어디까지나 당사자의 자유와 책임에 입각한 자주적 조정이 바람직하다(노동조합 및 노동관계조정법 제47, 48조).

4) 분쟁해결의 방법은 조정 및 중재의 2종규정이다.

① 조　정

임의조정은 당사자 쌍방의 조정신청으로 조정개시를 의미하고, 강제조정은 당사자의 의사여하를 불문하고 법규에 따라 개시한다. 일반적으로 임의조정이 원칙이고, 강제조정은 예외이다.

② 중　재

원칙적으로 노동관계 당사자 쌍방의 요청에 따라 중재위원회가 쟁의해결의 조건을 정하여 재정(裁定)으로써 쟁의를 해결하는 방법이다. 쟁의행위가 위법이 되지 않고 민사 및 형사적 면책을 받기 위해서는 그 쟁의행위가 '정당한 행위'이어야 한다(노동조합 및 노동관계조정법 제4조). 목적이 어디까지나 근로조건을 유지 및 개선함으로써 '경제적·사회적 지위의 향상'을 위한 것이어야 하며, 방법에 있어서 폭력을 행사하여 사람을 상해하고 건물 및 기계 등을 파괴하여서는 안 된다. 방위산업에 관한 특별조치법에 의하여 지정된 주요방위산업체에 종사하는 근로자 중 전력, 용수 및 주요 방산물자를 생산하는 업무에 종사하는 자는 쟁의행위를 할 수 없다(노동조합 및 노동관계조정법 제41조 제2항).

5. 노동위원회

노동행정의 민주화와 노사관계의 공정한 조절을 위한 특별행정위원회이다. 그 예로서, 중앙노동위원회, 지방노동위원회, 특별노동위원회를 들 수 있다.

6. 근로계약

당사자 일방이 상대방 기업에 종속하여 노무를 제공할 것을 약속하고 타방이

표 15-1 연소근로자와 여성근로자의 보호

연소 근로자의 보호	근로시간	1일 7시간, 1주 40시간을 초과할 수 없으며, 연장근로시간은 1일 1시간, 1주 6시간 한도에서만 가능(제67조).
	계약체결 임금청구	친권자 또는 후견인은 미성년자의 근로계약을 대리하지 못하며, 임금청구도 미성년자 스스로 청구할 수 있음(제65조, 제66조).
여성 근로자의 보호	근로환경	도덕적, 보건상 유해·위험한 사업에서 일하게 할 수 없다(제63조). 야간근로와 휴일근로는 여성근로자의 동의와 노동부장관의 인가가 있어야 가능하다.
	출산휴가	출산전후를 통하여 9일의 보호휴가를 부여(제72조)하고, 회사는 산전·후의 휴가기간과 그 후 30일간은 해고할 수 없다(제73조).
	육아시간	생후 1년 미만의 유아를 가진 여자근로자의 청구가 있는 경우에 1일 2회 각각 30분 이상의 유급수유 시간을 준다(제73조).
	야간·휴일 근로제한	18세 이상 여성을 오후 10시−오전 6시, 휴일에 근로시킬 경우 동의를 요한다. 임산부는 오후 10시부터−6시까지, 휴일에 근로시키지 못한다. 동의가 있으면 가능하다(제68조).
	시간 외 근로금지	18세 이상의 여자에 대해서는 1일 2시간, 1주 6시간, 1년 150시간을 초과하는 시간외 근로를 시키지 못한다(제69조).
	생리휴가	여성 근로자의 청구가 있는 경우 월 1일 생리휴가를 준다(제71조).
	근로환경	임신중이거나 산후 1년이 경과되지 아니한 여성은 도덕상 또는 보건상 유해, 위험한 사업에 사용하지 못한다. 임산부가 아닌 18세 이상 여성도 임신출산에 관한 기능에 유해 위험한 사업에 사용하지 못한다(제63조).

※ 참고문헌, 허영희, 『생활법률』, 법문사, 2005, 176면 재구성.

이에 대하여 생활의 필요를 충족시킬 수 있는 임금을 지급할 것을 약속하는 계약이다. 근로계약에서의 종속적 노동은 자본제 생산의 특유의 의의를 가진 것이다. 그리고 사회입법의 보호를 받는다.

근로계약은 한편으로는 낙성·쌍무·유상의 채권계약이지만, 다른 한편으로는 당사자 사이의 자유계약에 방임하지 않고 그 내용인 종속적 노동의 합리적 조정과 생활임금의 보장에 관하여 기업주에 사회적 책임을 과하며 그 책임을 국가의 입법으로 감독·단속하는 점에서 사회법적 계약인 것이다.

7. 근로기준의 결정

근로기준법 제1조에서는 "근로자의 기본적 생활을 보장, 향상시키며 균형있는 국민경제의 발전을 기할 수" 있도록 하고, 동법 제3조에서는 "근로조건은 근로자와 사용자가 동등한 지위에서 자유의사에 의하여 결정되어야 한다"고 하며, 동법 제9조에서 근로계약, 임금, 근로시간, 휴가, 휴일, 안전, 위생, 여자 및 연소자의 보호 등의 여러 면에서 노동보호의 실효성 확보, 특히 노동자의 국민으로서의 선거권 기타 공적 직무의 집행에 필요한 시간을 근로시간 중이라 할지라도 청구할 수 있도록 하고 있다. 동법 제6조는 노동자의 자유의사에 반하는 강제노동을 금지하고 있으며, 동법 제8조에서는 노동자의 취업에 중간이득을 취하는 일이 없도록 하고 있다.

Ⅲ. 경 제 법

1. 개   념

경제법이란 국가가 경제의 규제를 하기 위한 법규범의 총체이다.

자본주의의 발전단계에 따라 다음과 같이 구분할 수 있다.
- 상업자본주의(수공업 내지 가내공업경제로부터 산업혁명)
- 산업자본주의(1750 – 1870)
- 독점자본주의(1870 – 현재)

---

1) 경제법의 독자성

독립된 법분야에 대하여는 긍정설과 부정설이 대립하고 있다. 경제법이란 국가가 기업과 개인의 경제활동에 대한 규제를 하기 위한 법규범의 총체를 가리킨다. 경제법에는 독점규제 및 공정거래에 관한 법률, 외자관리법, 농지법 등 많은 법령이 존재한다. 미국에서는 셔먼법(1890),[1] 연방거래위원회법(1914), 클레이턴법(1914)을 들 수 있고, 독일에서는 수권법[2]을 들 수 있다.

2) 경제법의 개념

집성설(국가가 경제형성에 대하여 직접적인 영향을 미치는 것을 경제법의 특성이라고 하는 설), 방법론설(법규범의 개념적 해석에 더 나아가서 경제생활에 관한 법적 사실과 경제구조의 변화를 지향하고 있는 가치관의 변화로 함께 고려해야 한다는 설)과 세계관설(경제의 요구와 필요성을 경제법의 기준으로 보는 설), 대상설(여기에는 경제법을 조직된 경제에 특유한 법이라고 보는 조직경제법설과 기업의 경영에 관한 특별법을 경제법으로 보는 기업자법설로 나뉨), 기능설(시장경제에 있어서 경쟁의 기능을 밝힘으로써 경쟁질서를 유지해야 할 필요성과 경쟁질서가 제대로 기능하기 위한 전제와 그 한계를 명확히 규명하려고 한 설)이 존재한다.[3]

2. 경제법의 본질[4]

1) 경제질서와 법질서

경제질서란 규범성을 갖지 않는 자연법칙에 가까운 경제법칙을 중심으로 한

---

1) 1890년에 제정된 미국 최초의 트러스트(trust)금지법으로, 각 주 또는 외국과의 거래를 독점하거나 제한하는 일체의 기업결합 및 공모를 위법으로 간주, 제재하는 내용이었으나, 규정이 애매해 실효를 거두지 못하고 1914년 이것을 보완한 클레이턴법이 제정되었다.
2) 아돌프 히틀러는 심각한 경기불황으로 실업률이 급증하는 상황에 치닫자 대중의 지지를 얻어 내각을 구성하고, 그 직후 착수한 일이 의회로 하여금 '민족과 국가의 위난을 제거하기 위한 법률', 즉 수권법(授權法)을 제정하였다. 이는 일당독재체제를 확립하고, 반대세력을 제거하며, 인권을 탄압하는 법적 근거가 되었다.
3) 권오승, 『경제법』, 법문사, 2004, 5−12면.
4) 최종고, 『법학통론』, 박영사, 2003, 498−500면 참고.

다. 법질서란 인위적 질서이며 규범성을 가진다.

2) 자유주의 경제의 법질서

① 상업자본주의 – 산업자본주의 – 독점자본주의

② 상업자본주의 및 산업자본주의 시대(16세기 – 1870)

'보이지 않는 손'(Invisible Hand: Adam Smith의 용어)이 국부를 이룩하고, 수요와 공급의 균형으로 결정되는 시장가격이 경제를 질서짓는 것으로 생각한다. 자유주의 경제에서의 법질서란 계약의 자유와 소유의 자유를 원칙으로 하는 근대사법으로서의 시민법을 말한다.

3) 독점자본주의 경제에서의 법질서

1870년부터 미국을 선두로 독점자본주의로 전환되었다. 경쟁은 2가지의 형태를 통하여 정지된다. ① 경쟁에 있어서 대자본이 소자본을 흡수하여 버린다(자본 내지는 기업의 집중). ② 경쟁참가자가 상호협정 또는 타기업을 예속시켜서 경쟁은 정지(기업의 결합; 카르텔,5) 트러스트,6) 콘체른7)). 그러나 독점의 폐단으로 계약의 자유와 소유의 자유를 바탕으로 하는 시민법 원리는 수정하게 된다. 그 수정의 목표는 경제적인 면에서는 사회적 시장경제를 확립하고, 법률적인 면에서는 사회적 법치국가를 건설하게 된다. 그 구체적인 방법으로는 ① 계약의 자유를 인정하면서 개인간의 이해의 조정을 사회적(공공적) 견지에서 행하는 방법이다. 예컨대, 신의 성실의 원칙(민법 제2조 제1항), 권리남용의 금지(민법 제2조 제2항), 사회질서(민법 제103조)를 들 수 있다. 따라서 관심의 방향은 개인주의에서 단체주의로, 권리본위에서 의무본위로, '시민법 또는 개인주의법으로부터 사회법으로' 전향하게 된다.

---

5) 카르텔은 같은 업종의 기업들이 이익을 최대한 확보하기 위해 자유경쟁을 제한하는 기업연합을 가리킨다.

6) 트러스트는 독점적 대기업 또는 독점적 대기업을 형성하는 기업합동이라고도 한다.

7) 콘체른은 법률상으로 독립되어 있으나 경영상 실질적으로 결합되어 있는 기업결합형태로 기업결합이라고 한다.

3. 경제법에 있어서 규제

1) 규제의 개념

규제권이란 규제에 있어서 지배의 힘을 말한다. 규제의 주체는 국가이며, 규제의 객체는 기업과 개인이다. 규제의 대상은 경제생활(생산, 교환, 분배, 소비에 관한 경제순환의 전과정 및 이에 관련되는 금융, 운수) 및 경제생활에 관한 법률관계(매매, 임대차 등)와 사실관계(생산, 가공)에도 미친다.

2) 규제의 방법

① 권력적 및 강제적 규제

가. 법률에 위한 직접적 강제

규제가 법률에 의한 형벌에 의하여 행정권의 발동없이 직접적으로 강제되는 경우를 말한다. 예컨대, 외국환관리법 제35조에 의하여 공정환율에 의하지 아니한 외환거래를 한 경우에 10년 이하의 징역 또는 1,000만원 이하의 벌금을 부과한다.

나. 행정권에 의한 규제

법률에 기하여 다음의 형태로 행정권의 발동에 의하여 원칙적으로 처벌과 병행하여 행하여지는 경우를 말한다.

(i) 명령적 행위

국민에 작위·부작위·급부·수인 등의 의무를 명하고 또는 의무를 면제하는 것을 말한다.

(ii) 형성적 행위

특허(설권행위)나 인가(보충행위로서 규제자의 동의를 요하는 경우)를 들 수 있다.

다. 입법에 의한 사법관계에 대한 간접적 강제

일정한 경제정책을 시행하기 위하여 입법에 의한 간접적 강제를 하여 목적을 달성하는 것을 말한다. 예컨대, 조세입법에 의하여 간접적으로 경제를 규제하는 것을 말한다.

② 비권력적 규제

가. 국가의 비권력적·사법적 수단에 의한 경제에의 개입을 말한다.

국가가 경제활동의 주체가 되는 경우(특수기업형태)와 국가가 사경제에 경제적 지원을 하는 경우(보조금 지급, 손실보상)가 있다.

　나. 비권력적 행정지도

　권고, 지시, 조언, 요망 등의 방법이 있다.

Ⅳ. 사회보장법

1. 의 　 의

　　계약관계나 재산거래관계를 매개로 하지 않고 생활주체의 사회인으로서의 생
활상의 필요에 부응하여 국가가 직접적으로 생활보장급여를 행함으로써 생존권보
장의 책임을 이행한다는 점에서 사회보장법에서의 생존권 실현을 위한 독자적 양
태나 영역을 인정할 수 있는 것이다. 국가가 피보호자에 대하여 직접적으로 생활보
장급여를 행함으로써 생존권보장의 책임을 이행한다는 점에서 사회보장법에서의
생존권 실현을 위한 독자적 양태나 영역을 인정할 수가 있다는 것이다.

2. 헌법의 사회보장규정

　　우리 헌법 제34조 제1항에서는 "모든 국민은 인간다운 생활을 할 권리를 가진
다"고 규정하고 있고, 동조 제2항에서는 "국가는 사회보장, 사회복지의 증진에 노
력할 의무를 진다"고 규정하고 있으며, 동조 제3항 "여자, 노인, 청소년, 신체장애
자 및 질병·노령 기타의 사유로 생활능력이 없는 국민의 복지향상을 위한 국가의
의무를 규정한다. 인간다운 생활이란 일반적으로 인간의 존엄성에 상응하는 건강
하고 문화적인 생활을 말한다. 현행 법률은 사회보장에 관한 법률, 국민기초생활보
장법, 의료급여법, 사회복지사업법, 산업재해보상보험법, 국민건강보험법, 아동복
지법, 노인복지법, 한부모가족지원법 등을 포함한다. 헌법 제119조 제2항은 국가는
균형있는 국민경제의 성장 및 안정과 적정한 소득의 분배를 유지하고, 시장의 지배
와 경제력의 남용을 방지하며, 경제주체간의 조화를 통한 경제의 민주화를 위하여
경제에 관한 규제와 조정을 할 수 있다.

3. 대상영역

법리적 일관성과 체계성의 문제이다. 법학적으로 사회보장법이라고 하는 새로운 법역의 성립을 인정함으로써 그 체계로서의 적극적인 가치를 갖는 것이다.

1) 사회보험법

공적 성격, 강제적 성격, 사회적 부양성(질병, 폐질, 사망, 노령, 실업, 업무재해 등)을 가진다. 보험급여의 목적은 질병의 발생과 노동불능에 의한 소득의 상실이고 이 질병의 치료와 소득상실에 대한 일정한 소득수준의 유지이다.

2) 공적 부조법

공적 부조란 사회의 책임으로 사회구성원에게 일정한 생활수준을 확보해주는 점에 그 특징이 있고, 그런 의미에서 사회부조라 한다. 생활을 위협하는 위험의 종류에 대응하는 것이 아니라, 일정한 최저수준의 생활을 설정하고 그 이하의 자에 대하여 소득을 확보해주는 제도이다. 생존권 보장의 가장 기초적이며 직접적인 입법 형식을 취하고 있는 생활보장급여 입법의 전형이다.

3) 사회복지서비스법

일반적으로 금전적 급여에 의하지 않는 공적 서비스를 지칭하는 것이다. 금전급여에 의하지 않는 생활상의 핸디캡을 경감시키는 것이다. 실질적으로 소득보장급여를 이루는 부분을 사회보장법의 영역에 속하는 것으로 보아야 한다.

4. 사회보장법의 체계

사회보장급여의 체계를 법이론적으로 구성하여 본다면 상병·노령·폐질 등의 생활위험 또는 생활불능에 대하여 상실된 소득의 보상을 목적으로 하는 금전급여의 부문과 금전급여에 의한 소득보장을 목적으로 하지 않고 노동능력의 상실 또는 훼손에 대하여 그 회복을 기도하고 정상적인 생활능력을 유지할 것을 목적으로 하는 급여부문을 포함한다.

5. 한국 사회보장법의 구조

사회보장기본법 제2조(사회보장의 정의)에서는 사회보장의 범주를 사회보험, 공적 부조, 사회서비스, 사회평생안전망으로 구분하고 있다.

※ 내용을 기준으로 한 체계

1) 사회보험법

공무원연금법, 군인연금법, 국민연금법, 사립학교교직원연금법, 산업재해보상보험법, 국민건강보험법, 공무원연금법, 선원보험법

2) 공적부조법

국민기초생활보장법, 의료급여법

3) 사회복지서비스법

아동복지법, 모자보건법, 노인복지법, 장애인복지법

※ 보험급여를 기준으로 한 체계(소득보험급여법/의료보험급여법)

1) 소득보험급여법

공무원연금법, 군인연금법, 사립학교교직원연금법, 국민연금법, 국민기초생활보장법

2) 의료보장급여법

산재보험법, 국민건강보험법, 의료급여법, 한부모가족지원법, 아동복지법, 노인복지법, 장애인복지법

❖ 출제예상문제

1. 근로기준법상 근로조건에 관한 설명 중 틀린 것은?

① 근로기준법에서 정하는 근조조건은 최저기준이므로 근로관계당사자는 이 기준을 이유로 근로조건을 저하시킬 수 없다.

② 근로조건은 근로자와 사용자가 동등한 지위에서 자유의사에 의하여 결정하여야 한다.

③ 사용자는 경영상 이유에 의하여 근로자를 해고하고자 하는 경우에는 긴박한 경영상의 필요가 있어야 한다. 이 경우 경영악화를 방지하기 위한 사업의 양도·인수·합병은 긴박한 경영상의 필요에 해당하지 않는다.

④ 근로기준법에 정한 기준에 미치지 못하는 근로조건을 정한 근로계약은 그 부분에 한하여 무효로 하며, 무효로 된 부분은 이 법에 정한 기준에 의한다.

〈해설〉 ③ 사용자는 경영상 이유에 의하여 근로자를 해고하고자 하는 경우에는 긴박한 경영상의 필요가 있어야 한다. 이 경우 경영악화를 방지하기 위한 사업의 양도·인수·합병은 긴박한 경영상의 필요가 있는 것으로 본다(근로기준법 제31조 제1항).

제16장
국제법

I. 머리말

중국, 일본, 한국에서 근대적 법학은 국제법 관념의 도입과 함께 시작되었다. 국제법은 국가들이 형성하는 사회, 즉 국가들을 구성원으로 하여 성립된 국제사회의 법을 말한다. 국제사회 그 자체의 단체적 구성과 기능 및 국제조직과 그 구성원인 국가들가의 관계를 말한다. 국제조직과 개인간의 관계뿐만 아니라 직접 개인에 관하여 규율하게 된다.

1. 국제법과 국내법

국제법이란 국제사회 단체의 법을 말하고, 국내법이란 국가사회 단체의 법을 말한다. 국제법과 국내법과의 관계는 일원론(다수설)과 이원론이 대립한다. 국제법 상위설(다수설)과 국제법 하위설이 대립한다.

2. 국제법의 법원

1) 조   약

문서에 의한 국가간의 합의이며 일정한 행위를 하거나 또는 하지 않을 것을 내용으로 하는 협약이다. 조약이 유효하게 체계되었을 때에는 당사국은 조약의 규정을 충실히 준수하고 성실하게 이행할 의무가 생기는 것이며 조약에 의하여 국제법이 성립한다.

2) 국제관습법

국제사회에 있어서 관행에 의하여 발생된 국제사회생활의 규범이 성문화되지 않고 국제사회에 있어서의 법으로서 승인되고 준수되었을 때 국제관습법이 성립한다. '문명제국에 의하여 승인된 법의 일반원칙을 국제법의 연원으로 인정하느냐? 국내법의 법원에서 조리 또는 조리법을 국내법의 법원으로서 인정할 수 없는 것과 마찬가지로 법의 일반원칙은 재판의 준칙은 될지라도 문명각국이 국내법에서 인정한 법의 일반원칙이 동시에 각 국가간에서 서로 다른 쪽에 대하여 준수하도록 인정된 것은 아니므로 국제법의 법원으로 볼 수 없다.

3. 현대 국제법의 전개

제1, 2차 대전을 바탕으로 국제사회에서 경제관계의 중요성이 부각됨으로써 국제경제법 내지 국제거래법의 등장하게 되었다.

비정부기구, 기업, 개인 등의 국제사회에서의 역할 증대로 인해 과거의 국가중심의 국제법의 틀에 근본적인 수정이 가하여진다.

Ⅱ. 국제법의 주체

1. 국가의 구성요소

다수 인류의 일단(국민), 일정한 영역(광의의 영토), 정치적 권력(주권)의 세 가지이다. 국가는 영토와는 별개의 것이며 영토를 국가자체의 요소라고 하는 것은 부정하여야 할 이론이다.

1) 국   민

① 단일체로서의 국가를 구성하는 인류의 총체이다.

② 국가의 구성원으로서의 국민의 자격은 국적에 의한다.

③ 국민과 민족과의 차이점: 국민이란 국가의 정치적 목적에 의하여 결합된 인류의 정치적 단체의 구성원을 말한다. 민족이란 언어, 영토, 경제생활 및 문화 등의 공통성에 의하여 통일된 영속성 있는 공동체를 말한다. 민족은 국가의 구역에 따라서 상대적으로 국민의 범위와 일치하는 경향을 가진다.

2) 영   토

국가의 그 지배적 권력이 활동할 수 있는 일정한 공간적 범역(영역 또는 광의의 영토)을 말한다. 영역을 지역(협의의 영토), 수역(영해, 영구) 및 공역(영공)으로 구분한다.

3) 주   권

정치단체로서의 국가의 조직을 정할 수 있는 최고의 의사 또는 권력을 말한다. 통치권력으로서의 주권은 그 국민에 대하여 영토의 내외를 불문하고 권한을 가지며 또 영토 안의 자국민, 외국인의 구별없이 권한을 발휘하는 것이 원칙이다.

2. 국가의 권리의무

1) 주권, 2) 평등권, 3) 자위권, 4) 국내문제불간섭의 의무 등이 있다. 이 중 자위권이란 국가가 자국민이나 자국에 대한 급박한 위해에 대하여 실력으로 방위할 수 있는 권리를 말한다. 자위권에 관하여는 부전조약에서도 합법적인 권리로서 인정하였고, 국제연합헌장에서도 허용되고 있다.[1]

3. 국가의 승인

이미 국제사회단체에 소속한 국가들이 아직 국제사회의 일원이 아닌 신국가에 대하여 국제사회의 일원으로서의 자격을 인정하는 행위를 말한다. 그 요건으로서는 ① 국가로서의 요건을 구비―국가로서의 영속성과 자주성을 가지고 있어야 한다. ② 국제법을 준수할 의사와 능력이 필요하다. 승인은 단독행위이며, 명시적 승인과 묵시적 승인이 있다. 승인을 한 국가와 승인을 받은 국가 사이에는 정식적으로 국제법상의 관계가 생긴다. 예컨대, 혁명, 쿠데타 등 비합법적으로 행하여졌을 때, 타국으로부터 그 나라를 정식으로 대표할 자격을 가진 정부로서 승인을 받아야 한다.

4. 국가의 유형

1) 국제법상 능력에 의한 분류
 ① 독립국
 ② 비독립국
  가. 종속국
  나. 피보호국
  다. 위임통치국
2) 국가의 결합형태에 의한 분류
 ① 단일국가

---

1) 육종수·김효진, 『법학기초론』, 박영사, 2004, 342면.

② 복합국가

　가. 국가연합

　　복수국가의 공동방위 또는 일반적 안녕을 목적으로 하는 조약에 의한 결합

　나. 연합국가

　　헌법, 중앙기관 및 정부를 가진 북미합중국의 주

3) 국제법상의 권리의무에 의한 유형

엉세중립국은 상국들 사이에 완충지대를 창설함으로써 평화를 유지하려는 것이 목적인바, 그 보장국과의 조약에 의하여 결정된다(예컨대, 스위스, 오스트리아).

4) 기타의 유형

① 영국자치령

② 바티칸시국: 국제법상 법인격 인정함

Ⅲ. 국가 이외의 국제법의 주체

1. 개 인

조약으로 어느 외국인에게 권리를 부여하는 것이 규정된 경우, 또 국제관습에 의하여 개인이 국제법의 주체가 되는 경우, 예컨대, 외교사절에 대한 특권, 해적행위의 금지 등이다.

2. 개인 이외

1) 교전단체, 국제연합 및 국제위원회

2) 국가내에서 내란을 일으킨 폭도의 일단인 교전단체도 특정조건하에서는 교전에 관한 한 국제법의 주체로 인정한다.

3) 국제법의 주체로 인정 ─ 국제연합, 국제위원회, 국제하천위원회, 해협위원회 등

Ⅳ. 국제연합

1. 성 립

1945년 4월 25일-6월 26일 사이에 샌프란시스코회의에서 성립한다. 1945년 10월 24일 탄생하였으며, 1946년 1월 10일부터 활동을 개시하였다.

2. 목적과 원칙

헌장 전문 및 제1조에 규정된 바와 같이 국제평화 및 안전의 유지, 우호관계의 발전과 평화의 강화, 국제협력, 공동목적달성이 그 중심내용이다.

1) 주권평등의 원칙
2) 성실한 의무시행
3) 분쟁의 평화적 해결
4) 무력적 위험 또는 행사의 금지
5) 원조의무
6) 비가맹국의 협력확보
7) 국내문제의 불간섭의 원칙

3. 가 맹 국

국제연합은 원가맹국과 가입국으로 구성된다.

1) 원가맹국

샌프란시스코회의에 참가한 국가 또는 1942년 1월 1일의 연합국선언에 서명한 국가로서 헌장에 서명하고 이것을 비준한 국가를 말한다.

2) 가 입 국

연합성립 후 헌장에 규정된 조건에 따라서 참가한 국가를 말한다.

4. 기   관[2]

1) 총   회

UN 총회(United Nations General Assembly)는 6개의 중요한 UN 기구 중 하나이다. 모든 국제 연합 회원국으로 구성되고 매년 정기적인 회기를 통해 소집된다.

2) 안전보장이사회

안전보장이사회(Security Council)는 국제평화와 안전의 유지를 목적으로 한다. 미국·영국·프랑스·러시아·중국의 5개 상임이사국과 총회에서 2년 임기로 선출되는 10개 비상임이사국으로 구성된다. 표결은 1국 1표주의를 원칙으로 하고 상임이사국들은 거부권을 행사할 수 있으며 비상임이사국 중 5개국은 매년 교체된다. 절차문제의 결의에는 9개국의 찬성이 필요한 반면, 실질문제에 관해서는 5개 상임이사국 모두를 포함한 9개국의 동의가 있어야 한다. 분쟁당사국인 이사국은 기권하여야 한다. 안전보장이사회는 평화에 대한 위협이나 실질적인 침략행위가 있다고 판단되면 국제연합 회원국들에게 철도·항공·해운·우편 등 관련국과의 관계단절을 요구할 수도 있고 경제제재조치를 취할 수도 있다. 이상의 방법들로 불충분할 경우 회원국들의 육·해·공군력을 동원하여 강제군사행동을 개시할 수도 있음을 명시하고 있다.

3) 경제사회이사회

경제사회이사회(United Nations Economic and Social Council)는 국제연합 전문기구들이 수행하는 경제·사회·인도·문화의 여러 활동을 지휘·조정할 목적으로 설립되었다. 국제연합 헌장에 근거 규정이 있으며 1965년의 헌장개정에 따라 총회에서 선출되는 이사국 수가 종전의 18개국에서 27개국으로 증가되었다. 1974년에

---

2) 출처: http://enc.daum.net.

는 이사국이 더 늘어 모두 54개국이 되었다.

4) 신탁통치이사회

UN 신탁통치이사회(UN Trusteeship Council)는 신탁 통치에 관한 문제를 다루기 위해 설립된 UN 총회를 보조하는 기구이다. 1994년 마지막 신탁통치국가인 팔라우가 독립을 하여 현재는 거의 휴회 상태이고 향후 필요가 있을 때에 열릴 예정이다. 2005년 3월 코피 아난 UN 사무총장에 의해 유엔 개혁을 위해 신탁통치이사회의 폐지가 제안된 상태이다.

5) 국제사법재판소

국제사법재판소(International Court of Justice, ICJ)는 유엔의 주요기관 중 하나로서, 국가간의 분쟁을 해결하기 위해 설립된 기관이다. 네덜란드 헤이그에 위치하고 있으며, 판결 집행 기관은 국제연합 안전보장이사회이다. 판결은 구속력을 가지고 있으며, 단심이다.

6) UN 사무국

UN 사무국(United Nations Secretariat)은 국제 연합의 주요 기구의 하나이며, 전세계적으로 국제 공무원들이 직원으로 활동하고 있는 UN 총회 산하의 소속 기관이다. 국제 연합의 운영과 사무를 총괄한다. 우리나라 반기문 사무총장이 2007년 1월 1일부터 2016년까지 활동하였다.

V. 외교사절과 영사

1. 외교사절

1) 국가를 대표하는 주로 외교교섭을 행하는 기관이다.
2) 대사, 공사 및 대리공사
3) 상대국에 파견하는 데 통고 및 승인의 전차를 거친다.

4) 아그레망(Agrèment): 프랑스어로 동의 또는 승인의 뜻이다. 19세기 말 이후 특정인물을 외교사절로 파견한 후 발생할 수 있는 분쟁을 막기 위하여 외교사절을 임명하기 전에 접수국의 동의를 얻는 것을 의미한다.[3]

5) 외교사절의 직무

직접 외교교섭을 행하는 것, 주재국의 군사, 외교, 경제 기타 필요한 사항 을 관찰하고, 필요한 보고를 본국에 보내는 것, 자국민의 보호 및 감독을 말한다.

6) 외교사절의 특권

불가침권과 각종의 특권 및 면제이다.

2. 영   사

주로 경제상의 이익, 특히 자국의 통상항해상의 이익보호 및 체류 자국민의 보호를 임무로 한다. 영사는 외교사절과 달라서 주재국의 정부와 직접 교섭할 수 없고 지방관헌과 교섭할 수 있을 뿐이다. 총영사, 영사, 부영사, 영사대리의 계급을 가진다.

VI. 분쟁의 평화적 해결

1. 국제조정

국제심사위원회, 국제조정위원회, 국제연합 등

---

3) 파견국의 동의 요청을 '아그레망을 요청한다', 접수국의 동의를 '아그레망을 부여한다'고 한다.

2. 중재재판

보통 당사국이 선임한 중재재판소가 법을 적용함으로써 분쟁을 재결하는 것이다. 국제중재는 임의적 중재, 의무적 중재의 성격을 가진다.

※ 참고사항

　상설중재재판소: 중재재판의 이용은 19세기 이후부터이며, 재판제도로서 비교적 격식을 갖춘 협의의 중재재판은 영국과 미국 간의 앨라배마호 사건(1872년)에서 시작된다. 당시의 재판관의 선정방식은 분쟁 때마다 당사국의 합의에 의하여 선임하였다. 그러나 1899년의 [국제분쟁의평화적해결에관한조약]에서 상설중재재판소가 설립되어 재판관의 선정방법은 사전에 일정 수를 임명하고, 그 중에서 중재재판이 있을 때마다 직할의 재판관을 선임하게 되었다. 일정한 분쟁을 국제중재재판에 부탁할 것을 사전에 약정하는 조약이나 조항은 19세기 말부터 체결되어 의무적 중재재판의 설정형식이 성립되었는데, 그 조항에는 대개 국가의 독립·중대이익·명예 등에 관한 분쟁이 유보되어 그 의무적 재판의 실질성이 없어졌다.

　※ 출처: http://www.lawmarket.co.kr.

3. 사법재판

국제사법재판소(International Court of Justice)에 의한 국제재판의 방식이다.국제연합헌장 제92조는 "국제사법재판소는 국제연합의 주사법기관이다. 동 재판소는 부속 정관(定款)에 따라 기능을 수행하며, 동 정관은 상설국제사법재판소 정관을 기초로 하며 본 헌장과 불가분의 일체가 된다"고 규정하고 있다. 우리나라는 1991년 9월 17일 국제연합에 가입함에 따라 국제연합헌장 제93조 제1항의 규정에 의해 국제사법재판소 당사국이 되었다.

Ⅶ. 분쟁의 실력적 해결

1. 보 복

타국이 부당한 행위에 의하여 자국의 이익을 침해하든가 또는 타국이 우위 또는 예의에 반하는 행위를 하였을 때 자국이 이에 보복하는 것을 말한다.

2. 복 구

타국의 불법행위에 의하여 자국의 권리가 침해되었을 때 평화적 수단으로 이것을 중지 또는 구제할 수 없을 때에 상대국의 권리를 대등한 범위에서 침해하는 행위를 말한다.

3. 간 섭

국제분쟁 당사국의 일방이 국제법 위반을 하였을 때 타국의 자력에 의한 구제를 하지 못할 경우에 제3국이 분쟁 당사국의 일방에 강제하는 것을 말한다.

대한민국헌법(전문개정 1987. 10. 29)

전문

유구한 역사와 전통에 빛나는 우리 대한국민은 3·1운동으로 건립된 대한민국임시정부의 법통과 불의에 항거한 4·19민주이념을 계승하고, 조국의 민주개혁과 평화적 통일의 사명에 입각하여 정의·인도와 동포애로써 민족의 단결을 공고히 하고, 모든 사회적 폐습과 불의를 타파하며, 자율과 조화를 바탕으로 자유민주적 기본질서를 더욱 확고히 하여 정치·경제·사회·문화의 모든 영역에 있어서 각인의 기회를 균등히 하고, 능력을 최고도로 발휘하게 하며, 자유와 권리에 따르는 책임과 의무를 완수하게 하여, 안으로는 국민생활의 균등한 향상을 기하고 밖으로는 항구적인 세계평화와 인류공영에 이바지함으로써 우리들과 우리들의 자손의 안전과 자유와 행복을 영원히 확보할 것을 다짐하면서 1948년 7월 12일에 제정되고 8차에 걸쳐 개정된 헌법을 이제 국회의 의결을 거쳐 국민투표에 의하여 개정한다.

제1장 총 강

제1조

① 대한민국은 민주공화국이다.

② 대한민국의 주권은 국민에게 있고, 모든 권력은 국민으로부터 나온다.

제2조

① 대한민국의 국민이 되는 요건은 법률로 정한다.

② 국가는 법률이 정하는 바에 의하여 재외국민을 보호할 의무를 진다.

제3조

대한민국의 영토는 한반도와 그 부속도서로 한다.

제4조

대한민국은 통일을 지향하며, 자유민주적 기본질서에 입각한 평화적 통일 정책을 수립하고 이를 추진한다.

제5조

① 대한민국은 국제평화의 유지에 노력하고 침략적 전쟁을 부인한다.

② 국군은 국가의 안전보장과 국토방위의 신성한 의무를 수행함을 사명으로 하며, 그 정치적 중립성은 준수된다.

제6조

① 헌법에 의하여 체결·공포된 조약과 일반적으로 승인된 국제법규는 국내법과 같은 효력을 가진다.

② 외국인은 국제법과 조약이 정하는 바에 의하여 그 지위가 보장된다.

제7조

① 공무원은 국민전체에 대한 봉사자이며, 국민에 대하여 책임을 진다.

② 공무원의 신분과 정치적 중립성은 법률이 정하는 바에 의하여 보장된다.

제8조

① 정당의 설립은 자유이며, 복수정당제는 보장된다.

② 정당은 그 목적·조직과 활동이 민주적이어야 하며, 국민의 정치적 의사형성에 참여하는데 필요한 조직을 가져야 한다.

③ 정당은 법률이 정하는 바에 의하여 국가의 보호를 받으며, 국가는 법률이 정하는 바에 의하여 정당운영에 필요한 자금을 보조할 수 있다.

④ 정당의 목적이나 활동이 민주적 기본질서에 위배될 때에는 정부는 헌법재판소에 그 해산을 제소할 수 있고, 정당은 헌법재판소의 심판에 의하여 해산된다.

제9조

국가는 전통문화의 계승·발전과 민족문화의 창달에 노력하여야 한다.

제 2 장   국민의 권리와 의무

제10조

모든 국민은 인간으로서의 존엄과 가치를 가지며, 행복을 추구할 권리를 가진다. 국가는 개인이 가지는 불가침의 기본적 인권을 확인하고 이를 보장할 의무를 진다.

제11조

① 모든 국민은 법 앞에 평등하다. 누구든지 성별·종교 또는 사회적 신분에 의하여 정치적·경제적·사회적·문화적 생활의 모든 영역에 있어서 차별을 받지 아니한다.

② 사회적 특수계급의 제도는 인정되지 아니하며, 어떠한 형태로도 이를 창설할

수 없다.

③ 훈장 등의 영전은 이를 받은 자에게만 효력이 있고, 어떠한 특권도 이에 따르지 아니한다.

제12조

① 모든 국민은 신체의 자유를 가진다. 누구든지 법률에 의하지 아니하고는 체포·구속·압수·수색 또는 심문을 받지 아니하며, 법률과 적법한 절차에 의하지 아니하고는 처벌·보안처분 또는 강제노역을 받지 아니한다.

② 모든 국민은 고문을 받지 아니하며, 형사상 자기에게 불리한 진술을 강요당하지 아니한다.

③ 체포·구속·압수 또는 수색을 할 때에는 적법한 절차에 따라 검사의 신청에 의하여 법관이 발부한 영장을 제시하여야 한다. 다만, 현행범인인 경우와 장기 3년 이상의 형에 해당하는 죄를 범하고 도피 또는 증거인멸의 염려가 있을 때에는 사후에 영장을 청구할 수 있다.

④ 누구든지 체포 또는 구속을 당한 때에는 즉시 변호인의 조력을 받을 권리를 가진다. 다만, 형사피고인이 스스로 변호인을 구할 수 없을 때에는 법률이 정하는 바에 의하여 국가가 변호인을 붙인다.

⑤ 누구든지 체포 또는 구속의 이유와 변호인의 조력을 받을 권리가 있음을 고지받지 아니하고는 체포 또는 구속을 당하지 아니한다. 체포 또는 구속을 당한 자의 가족등 법률이 정하는 자에게는 그 이유와 일시·장소가 지체없이 통지되어야 한다.

⑥ 누구든지 체포 또는 구속을 당한 때에는 적부의 심사를 법원에 청구할 권리를 가진다.

⑦ 피고인의 자백이 고문·폭행·협박·구속의 부당한 장기화 또는 기망 기타의 방법에 의하여 자의로 진술된 것이 아니라고 인정될 때 또는 정식재판에 있어서 피고인의 자백이 그에게 불리한 유일한 증거일 때에는 이를 유죄의 증거로 삼거나 이를 이유로 처벌할 수 없다.

제13조

① 모든 국민은 행위시의 법률에 의하여 범죄를 구성하지 아니하는 행위로 소추되지 아니하며, 동일한 범죄에 대하여 거듭 처벌받지 아니한다.

② 모든 국민은 소급입법에 의하여 참정권의 제한을 받거나 재산권을 박탈당하지 아니한다.

③ 모든 국민은 자기의 행위가 아닌 친족의 행위로 인하여 불이익한 처우를 받지 아니한다.

제14조

모든 국민은 거주·이전의 자유를 가진다.

제15조

모든 국민은 직업선택의 자유를 가진다.

제16조

모든 국민은 주거의 자유를 침해받지 아니한다. 주거에 대한 압수나 수색을 할 때에는 검사의 신청에 의하여 법관이 발부한 영장을 제시하여야 한다.

제17조

모든 국민은 사생활의 비밀과 자유를 침해받지 아니한다.

제18조

모든 국민은 통신의 비밀을 침해받지 아니한다.

제19조

모든 국민은 양심의 자유를 가진다.

제20조

① 모든 국민은 종교의 자유를 가진다.

② 국교는 인정되지 아니하며, 종교와 정치는 분리된다.

제21조

① 모든 국민은 언론·출판의 자유와 집회·결사의 자유를 가진다.

② 언론·출판에 대한 허가나 검열과 집회·결사에 대한 허가는 인정되지 아니한다.

③ 통신·방송의 시설기준과 신문의 기능을 보장하기 위하여 필요한 사항은 법률로 정한다.

④ 언론·출판은 타인의 명예나 권리 또는 공중도덕이나 사회윤리를 침해하여서는 아니된다. 언론·출판이 타인의 명예나 권리를 침해한 때에는 피해자는 이에 대한 피해의 배상을 청구할 수 있다.

제22조

① 모든 국민은 학문과 예술의 자유를 가진다.

② 저작자·발명가·과학기술자와 예술가의 권리는 법률로써 보호한다.

제23조

① 모든 국민의 재산권은 보장된다. 그 내용과 한계는 법률로 정한다.

② 재산권의 행사는 공공복리에 적합하도록 하여야 한다.

③ 공공필요에 의한 재산권의 수용·사용 또는 제한 및 그에 대한 보상은 법률로써 하되, 정당한 보상을 지급하여야 한다.

제24조

모든 국민은 법률이 정하는 바에 의하여 선거권을 가진다.

제25조

모든 국민은 법률이 정하는 바에 의하여 공무담임권을 가진다.

제26조

① 모든 국민은 법률이 정하는 바에 의하여 국가기관에 문서로 청원할 권리를 가진다.

② 국가는 청원에 대하여 심사할 의무를 진다.

제27조

① 모든 국민은 헌법과 법률이 정한 법관에 의하여 법률에 의한 재판을 받을 권리를 가진다.

② 군인 또는 군무원이 아닌 국민은 대한민국의 영역안에서는 중대한 군사상 기밀·초병·초소·유독음식물공급·포로·군용물에 관한 죄 중 법률이 정한 경우와 비상계엄이 선포된 경우를 제외하고는 군사법원의 재판을 받지 아니한다.

③ 모든 국민은 신속한 재판을 받을 권리를 가진다. 형사피고인은 상당한 이유가 없는 한 지체없이 공개재판을 받을 권리를 가진다.

④ 형사피고인은 유죄의 판결이 확정될 때까지는 무죄로 추정된다.

⑤ 형사피해자는 법률이 정하는 바에 의하여 당해 사건의 재판절차에서 진술할 수 있다.

제28조

형사피의자 또는 형사피고인으로서 구금되었던 자가 법률이 정하는 불기소처분을 받거나 무죄판결을 받은 때에는 법률이 정하는 바에 의하여 국가에 정당한 보상을 청구할 수 있다.

제29조

① 공무원의 직무상 불법행위로 손해를 받은 국민은 법률이 정하는 바에 의하여 국가 또는 공공단체에 정당한 배상을 청구할 수 있다. 이 경우 공무원 자신의 책임은 면제되지 아니한다.

② 군인·군무원·경찰공무원 기타 법률이 정하는 자가 전투·훈련등 직무집행과 관련하여 받은 손해에 대하여는 법률이 정하는 보상외에 국가 또는 공공단체에 공무원의 직무상 불법행위로 인한 배상은 청구할 수 없다.

제30조

타인의 범죄행위로 인하여 생명·신체에 대한 피해를 받은 국민은 법률이 정하는 바에 의하여 국가로부터 구조를 받을 수 있다.

제31조

① 모든 국민은 능력에 따라 균등하게 교육을 받을 권리를 가진다.

② 모든 국민은 그 보호하는 자녀에게 적어도 초등교육과 법률이 정하는 교육을 받게 할 의무를 진다.

③ 의무교육은 무상으로 한다.

④ 교육의 자주성·전문성·정치적 중립성 및 대학의 자율성은 법률이 정하는 바에 의하여 보장된다.

⑤ 국가는 평생교육을 진흥하여야 한다.

⑥ 학교교육 및 평생교육을 포함한 교육제도와 그 운영, 교육재정 및 교원의 지위에 관한 기본적인 사항은 법률로 정한다.

제32조

① 모든 국민은 근로의 권리를 가진다. 국가는 사회적·경제적 방법으로 근로자의 고용의 증진과 적정임금의 보장에 노력하여야 하며, 법률이 정하는 바에 의하여 최저임금제를 시행하여야 한다.

② 모든 국민은 근로의 의무를 진다. 국가는 근로의 의무의 내용과 조건을 민주주의원칙에 따라 법률로 정한다.

③ 근로조건의 기준은 인간의 존엄성을 보장하도록 법률로 정한다.

④ 여자의 근로는 특별한 보호를 받으며, 고용·임금 및 근로조건에 있어서 부당한 차별을 받지 아니한다.

⑤ 연소자의 근로는 특별한 보호를 받는다.

⑥ 국가유공자·상이군경 및 전몰군경의 유가족은 법률이 정하는 바에 의하여 우선적으로 근로의 기회를 부여받는다.

제33조

① 근로자는 근로조건의 향상을 위하여 자주적인 단결권·단체교섭권 및 단체행동권을 가진다.

② 공무원인 근로자는 법률이 정하는 자에 한하여 단결권·단체교섭권 및 단체행동권을 가진다.

③ 법률이 정하는 주요방위산업체에 종사하는 근로자의 단체행동권은 법률이 정하는 바에 의하여 이를 제한하거나 인정하지 아니할 수 있다.

제34조

① 모든 국민은 인간다운 생활을 할 권리를 가진다.

② 국가는 사회보장·사회복지의 증진에 노력할 의무를 진다.

③ 국가는 여자의 복지와 권익의 향상을 위하여 노력하여야 한다.

④ 국가는 노인과 청소년의 복지향상을 위한 정책을 실시할 의무를 진다.

⑤ 신체장애자 및 질병·노령 기타의 사유로 생활능력이 없는 국민은 법률이 정하는 바에 의하여 국가의 보호를 받는다.

⑥ 국가는 재해를 예방하고 그 위험으로부터 국민을 보호하기 위하여 노력하여야 한다.

제35조

① 모든 국민은 건강하고 쾌적한 환경에서 생활할 권리를 가지며, 국가와 국민은 환경보전을 위하여 노력하여야 한다.

② 환경권의 내용과 행사에 관하여는 법률로 정한다.

③ 국가는 주택개발정책 등을 통하여 모든 국민이 쾌적한 주거생활을 할 수 있도록 노력하여야 한다.

제36조

① 혼인과 가족생활은 개인의 존엄과 양성의 평등을 기초로 성립되고 유지되어야 하며, 국가는 이를 보장한다.

② 국가는 모성의 보호를 위하여 노력하여야 한다.

③ 모든 국민은 보건에 관하여 국가의 보호를 받는다.

제37조

① 국민의 자유와 권리는 헌법에 열거되지 아니한 이유로 경시되지 아니한다.

② 국민의 모든 자유와 권리는 국가안전보장·질서유지 또는 공공복리를 위하여 필요한 경우에 한하여 법률로써 제한할 수 있으며, 제한하는 경우에도 자유와 권리의 본질적인 내용을 침해할 수 없다.

제38조

모든 국민은 법률이 정하는 바에 의하여 납세의 의무를 진다.

제39조

① 모든 국민은 법률이 정하는 바에 의하여 국방의 의무를 진다.

② 누구든지 병역의무의 이행으로 인하여 불이익한 처우를 받지 아니한다.

제 3 장 국   회

제40조

입법권은 국회에 속한다.

제41조

① 국회는 국민의 보통·평등·직접·비밀선거에 의하여 선출된 국회의원으로 구성한다.

② 국회의원의 수는 법률로 정하되, 200인 이상으로 한다.

③ 국회의원의 선거구와 비례대표제 기타 선거에 관한 사항은 법률로 정한다.

제42조

국회의원의 임기는 4년으로 한다.

제43조

국회의원은 법률이 정하는 직을 겸할 수 없다.

제44조

① 국회의원은 현행범인인 경우를 제외하고는 회기중 국회의 동의없이 체포 또는 구금되지 아니한다.

② 국회의원이 회기전에 체포 또는 구금된 때에는 현행범인이 아닌 한 국회의 요구가 있으면 회기 중 석방된다.

제45조

국회의원은 국회에서 직무상 행한 발언과 표결에 관하여 국회외에서 책임을 지지 아니한다.

제46조

① 국회의원은 청렴의 의무가 있다.

② 국회의원은 국가이익을 우선하여 양심에 따라 직무를 행한다.

③ 국회의원은 그 지위를 남용하여 국가·공공단체 또는 기업체와의 계약이나 그 처분에 의하여 재산상의 권리·이익 또는 직위를 취득하거나 타인을 위하여 그 취득을 알선할 수 없다.

제47조

① 국회의 정기회는 법률이 정하는 바에 의하여 매년 1회 집회되며, 국회의 임시회는 대통령 또는 국회재적의원 4분의 1 이상의 요구에 의하여 집회된다.

② 정기회의 회기는 100일을, 임시회의 회기는 30일을 초과할 수 없다.

③ 대통령이 임시회의 집회를 요구할 때에는 기간과 집회요구의 이유를 명시하여

야 한다.

제48조

국회는 의장 1인과 부의장 2인을 선출한다.

제49조

국회는 헌법 또는 법률에 특별한 규정이 없는 한 재적의원 과반수의 출석과 출석의원 과반수의 찬성으로 의결한다. 가부동수인 때에는 부결된 것으로 본다.

제50조

① 국회의 회의는 공개한다. 다만, 출석의원 과반수의 찬성이 있거나 의장이 국가의 안전보장을 위하여 필요하다고 인정할 때에는 공개하지 아니할 수 있다.

② 공개하지 아니한 회의내용의 공표에 관하여는 법률이 정하는 바에 의한다.

제51조

국회에 제출된 법률안 기타의 의안은 회기중에 의결되지 못한 이유로 폐기되지 아니한다. 다만, 국회의원의 임기가 만료된 때에는 그러하지 아니하다.

제52조

국회의원과 정부는 법률안을 제출할 수 있다.

제53조

① 국회에서 의결된 법률안은 정부에 이송되어 15일 이내에 대통령이 공포한다.

② 법률안에 이의가 있을 때에는 대통령은 제1항의 기간내에 이의서를 붙여 국회로 환부하고, 그 재의를 요구할 수 있다. 국회의 폐회중에도 또한 같다.

③ 대통령은 법률안의 일부에 대하여 또는 법률안을 수정하여 재의를 요구할 수 없다.

④ 재의의 요구가 있을 때에는 국회는 재의에 붙이고, 재적의원과반수의 출석과 출석의원 3분의 2 이상의 찬성으로 전과 같은 의결을 하면 그 법률안은 법률로서 확정된다.

⑤ 대통령이 제1항의 기간내에 공포나 재의의 요구를 하지 아니한 때에도 그 법률안은 법률로서 확정된다.

⑥ 대통령은 제4항과 제5항의 규정에 의하여 확정된 법률을 지체없이 공포하여야 한다. 제5항에 의하여 법률이 확정된 후 또는 제4항에 의한 확정법률이 정부에 이송된 후 5일 이내에 대통령이 공포하지 아니할 때에는 국회의장이 이를 공포한다.

⑦ 법률은 특별한 규정이 없는 한 공포한 날로부터 20일을 경과함으로써 효력을 발생한다.

제54조

① 국회는 국가의 예산안을 심의·확정한다.

② 정부는 회계연도마다 예산안을 편성하여 회계연도 개시 90일전까지 국회에 제출하고, 국회는 회계연도 개시 30일전까지 이를 의결하여야 한다.

③ 새로운 회계연도가 개시될 때까지 예산안이 의결되지 못한 때에는 정부는 국회에서 예산안이 의결될 때까지 다음의 목적을 위한 경비는 전년도 예산에 준하여 집행할 수 있다.

    1. 헌법이나 법률에 의하여 설치된 기관 또는 시설의 유지·운영

    2. 법률상 지출의무의 이행

    3. 이미 예산으로 승인된 사업의 계속

제55조

① 한 회계연도를 넘어 계속하여 지출할 필요가 있을 때에는 정부는 연한을 정하여 계속비로서 국회의 의결을 얻어야 한다.

② 예비비는 총액으로 국회의 의결을 얻어야 한다. 예비비의 지출은 차기국회의 승인을 얻어야 한다.

제56조

정부는 예산에 변경을 가할 필요가 있을 때에는 추가경정예산안을 편성하여 국회에 제출할 수 있다.

제57조

국회는 정부의 동의없이 정부가 제출한 지출예산 각항의 금액을 증가하거나 새 비목을 설치할 수 없다.

제58조

국채를 모집하거나 예산외에 국가의 부담이 될 계약을 체결하려 할 때에는 정부는 미리 국회의 의결을 얻어야 한다.

제59조

조세의 종목과 세율은 법률로 정한다.

제60조

① 국회는 상호원조 또는 안전보장에 관한 조약, 중요한 국제조직에 관한 조약, 우호통상항해조약, 주권의 제약에 관한 조약, 강화조약, 국가나 국민에게 중대한 재정적 부담을 지우는 조약 또는 입법사항에 관한 조약의 체결·비준에 대한 동의권을 가진다.

② 국회는 선전포고, 국군의 외국에의 파견 또는 외국군대의 대한민국 영역안에서

의 주류에 대한 동의권을 가진다.

제61조

① 국회는 국정을 감사하거나 특정한 국정사안에 대하여 조사할 수 있으며, 이에 필요한 서류의 제출 또는 증인의 출석과 증언이나 의견의 진술을 요구할 수 있다.

② 국정감사 및 조사에 관한 절차 기타 필요한 사항은 법률로 정한다.

제62조

① 국무총리·국무위원 또는 정부위원은 국회나 그 위원회에 출석하여 국정처리상황을 보고하거나 의견을 진술하고 질문에 응답할 수 있다.

② 국회나 그 위원회의 요구가 있을 때에는 국무총리·국무위원 또는 정부위원은 출석·답변하여야 하며, 국무총리 또는 국무위원이 출석요구를 받은 때에는 국무위원 또는 정부위원으로 하여금 출석·답변하게 할 수 있다.

제63조

① 국회는 국무총리 또는 국무위원의 해임을 대통령에게 건의할 수 있다.

② 제1항의 해임건의는 국회재적의원 3분의 1 이상의 발의에 의하여 국회재적의원 과반수의 찬성이 있어야 한다.

제64조

① 국회는 법률에 저촉되지 아니하는 범위안에서 의사와 내부규율에 관한 규칙을 제정할 수 있다.

② 국회는 의원의 자격을 심사하며, 의원을 징계할 수 있다.

③ 의원을 제명하려면 국회재적의원 3분의 2 이상의 찬성이 있어야 한다.

④ 제2항과 제3항의 처분에 대하여는 법원에 제소할 수 없다.

제65조

① 대통령·국무총리·국무위원·행정각부의 장·헌법재판소 재판관·법관·중앙선거관리위원회 위원·감사원장·감사위원 기타 법률이 정한 공무원이 그 직무집행에 있어서 헌법이나 법률을 위배한 때에는 국회는 탄핵의 소추를 의결할 수 있다.

② 제1항의 탄핵소추는 국회재적의원 3분의 1 이상의 발의가 있어야 하며, 그 의결은 국회재적의원 과반수의 찬성이 있어야 한다. 다만, 대통령에 대한 탄핵소추는 국회재적의원 과반수의 발의와 국회재적의원 3분의 2 이상의 찬성이 있어야 한다.

③ 탄핵소추의 의결을 받은 자는 탄핵심판이 있을 때까지 그 권한행사가 정지된다.

④ 탄핵결정은 공직으로부터 파면함에 그친다. 그러나 이에 의하여 민사상이나 형사상의 책임이 면제되지는 아니한다.

제 4 장 정 부

제 1 절 대 통 령

제66조

① 대통령은 국가의 원수이며, 외국에 대하여 국가를 대표한다.

② 대통령은 국가의 독립·영토의 보전·국가의 계속성과 헌법을 수호할 책무를 진다.

③ 대통령은 조국의 평화적 통일을 위한 성실한 의무를 진다.

④ 행정권은 대통령을 수반으로 하는 정부에 속한다.

제67조

① 대통령은 국민의 보통·평등·직접·비밀선거에 의하여 선출한다.

② 제1항의 선거에 있어서 최고득표자가 2인 이상인 때에는 국회의 재적의원 과반수가 출석한 공개회의에서 다수표를 얻은 자를 당선자로 한다.

③ 대통령후보자가 1인일 때에는 그 득표수가 선거권자 총수의 3분의 1 이상이 아니면 대통령으로 당선될 수 없다.

④ 대통령으로 선거될 수 있는 자는 국회의원의 피선거권이 있고 선거일 현재 40세에 달하여야 한다.

⑤ 대통령의 선거에 관한 사항은 법률로 정한다.

제68조

① 대통령의 임기가 만료되는 때에는 임기만료 70일 내지 40일전에 후임자를 선거한다.

② 대통령이 궐위된 때 또는 대통령 당선자가 사망하거나 판결 기타의 사유로 그 자격을 상실한 때에는 60일 이내에 후임자를 선거한다.

제69조

대통령은 취임에 즈음하여 다음의 선서를 한다. "나는 헌법을 준수하고 국가를 보위하며 조국의 평화적 통일과 국민의 자유와 복리의 증진 및 민족문화의 창달에 노력하여 대통령으로서의 직책을 성실히 수행할 것을 국민 앞에 엄숙히 선서합니다."

제70조

대통령의 임기는 5년으로 하며, 중임할 수 없다.

제71조

대통령이 궐위되거나 사고로 인하여 직무를 수행할 수 없을 때에는 국무총리, 법률이 정한 국무위원의 순서로 그 권한을 대행한다.

제72조

대통령은 필요하다고 인정할 때에는 외교·국방·통일 기타 국가안위에 관한 중요
정책을 국민투표에 붙일 수 있다.

제73조

대통령은 조약을 체결·비준하고, 외교사절을 신임·접수 또는 파견하며, 선전포고
와 강화를 한다.

제74조

① 대통령은 헌법과 법률이 정하는 바에 의하여 국군을 통수한다.

② 국군의 조직과 편성은 법률로 정한다.

제75조

대통령은 법률에서 구체적으로 범위를 정하여 위임받은 사항과 법률을 집행하기
위하여 필요한 사항에 관하여 대통령령을 발할 수 있다.

제76조

① 대통령은 내우·외환·천재·지변 또는 중대한 재정·경제상의 위기에 있어서
국가의 안전보장 또는 공공의 안녕질서를 유지하기 위하여 긴급한 조치가 필요하
고 국회의 집회를 기다릴 여유가 없을 때에 한하여 최소한으로 필요한 재정·경제
상의 처분을 하거나 이에 관하여 법률의 효력을 가지는 명령을 발할 수 있다.

② 대통령은 국가의 안위에 관계되는 중대한 교전상태에 있어서 국가를 보위하기
위하여 긴급한 조치가 필요하고 국회의 집회가 불가능한 때에 한하여 법률의 효력
을 가지는 명령을 발할 수 있다.

③ 대통령은 제1항과 제2항의 처분 또는 명령을 한 때에는 지체없이 국회에 보고
하여 그 승인을 얻어야 한다.

④ 제3항의 승인을 얻지 못한 때에는 그 처분 또는 명령은 그때부터 효력을 상실
한다. 이 경우 그 명령에 의하여 개정 또는 폐지되었던 법률은 그 명령이 승인을
얻지 못한 때부터 당연히 효력을 회복한다.

⑤ 대통령은 제3항과 제4항의 사유를 지체없이 공포하여야 한다.

제77조

① 대통령은 전시·사변 또는 이에 준하는 국가비상사태에 있어서 병력으로써 군
사상의 필요에 응하거나 공공의 안녕질서를 유지할 필요가 있을 때에는 법률이 정
하는 바에 의하여 계엄을 선포할 수 있다.

② 계엄은 비상계엄과 경비계엄으로 한다.

③ 비상계엄이 선포된 때에는 법률이 정하는 바에 의하여 영장제도, 언론·출판·

집회·결사의 자유, 정부나 법원의 권한에 관하여 특별한 조치를 할 수 있다.

④ 계엄을 선포한 때에는 대통령은 지체없이 국회에 통고하여야 한다.

⑤ 국회가 재적의원 과반수의 찬성으로 계엄의 해제를 요구한 때에는 대통령은 이를 해제하여야 한다.

제78조

대통령은 헌법과 법률이 정하는 바에 의하여 공무원을 임면한다.

제79조

① 대통령은 법률이 정하는 바에 의하여 사면·감형 또는 복권을 명할 수 있다.

② 일반사면을 명하려면 국회의 동의를 얻어야 한다.

③ 사면·감형 및 복권에 관한 사항은 법률로 정한다.

제80조

대통령은 법률이 정하는 바에 의하여 훈장 기타의 영전을 수여한다.

제81조

대통령은 국회에 출석하여 발언하거나 서한으로 의견을 표시할 수 있다.

제82조

대통령의 국법상 행위는 문서로써 하며, 이 문서에는 국무총리와 관계 국무위원이 부서한다. 군사에 관한 것도 또한 같다.

제83조

대통령은 국무총리·국무위원·행정각부의 장 기타 법률이 정하는 공사의 직을 겸할 수 없다.

제84조

대통령은 내란 또는 외환의 죄를 범한 경우를 제외하고는 재직중 형사상의 소추를 받지 아니한다.

제85조

전직대통령의 신분과 예우에 관하여는 법률로 정한다.

제2절 행 정 부

제1관   국무총리와 국무위원

제86조

① 국무총리는 국회의 동의를 얻어 대통령이 임명한다.

② 국무총리는 대통령을 보좌하며, 행정에 관하여 대통령의 명을 받아 행정각부를

통할한다.

③ 군인은 현역을 면한 후가 아니면 국무총리로 임명될 수 없다.

제87조

① 국무위원은 국무총리의 제청으로 대통령이 임명한다.

② 국무위원은 국정에 관하여 대통령을 보좌하며, 국무회의의 구성원으로서 국정을 심의한다.

③ 국무총리는 국무위원의 해임을 대통령에게 건의할 수 있다.

④ 군인은 현역을 면한 후가 아니면 국무위원으로 임명될 수 없다.

제 2 관　국무회의

제88조

① 국무회의는 정부의 권한에 속하는 중요한 정책을 심의한다.

② 국무회의는 대통령·국무총리와 15인 이상 30인 이하의 국무위원으로 구성한다.

③ 대통령은 국무회의의 의장이 되고, 국무총리는 부의장이 된다.

제89조

다음 사항은 국무회의의 심의를 거쳐야 한다.

1. 국정의 기본계획과 정부의 일반정책
2. 선전·강화 기타 중요한 대외정책
3. 헌법개정안·국민투표안·조약안·법률안 및 대통령령안
4. 예산안·결산·국유재산처분의 기본계획·국가의 부담이 될 계약 기타 재정에 관한 중요사항
5. 대통령의 긴급명령·긴급재정경제처분 및 명령 또는 계엄과 그 해제
6. 군사에 관한 중요사항
7. 국회의 임시회 집회의 요구
8. 영전수여
9. 사면·감형과 복권
10. 행정각부간의 권한의 획정
11. 정부안의 권한의 위임 또는 배정에 관한 기본계획
12. 국정처리상황의 평가·분석
13. 행정각부의 중요한 정책의 수립과 조정
14. 정당해산의 제소
15. 정부에 제출 또는 회부된 정부의 정책에 관계되는 청원의 심사

16. 검찰총장·합동참모의장·각군참모총장·국립대학교총장·대사 기타 법률이 정한 공무원과 국영기업체관리자의 임명

17. 기타 대통령·국무총리 또는 국무위원이 제출한 사항

제90조

① 국정의 중요한 사항에 관한 대통령의 자문에 응하기 위하여 국가원로로 구성되는 국가원로자문회의를 둘 수 있다.

② 국가원로자문회의의 의장은 직전대통령이 된다. 다만, 직전대통령이 없을 때에는 대통령이 지명한다.

③ 국가원로자문회의의 조직·직무범위 기타 필요한 사항은 법률로 정한다.

제91조

① 국가안전보장에 관련되는 대외정책·군사정책과 국내정책의 수립에 관하여 국무회의의 심의에 앞서 대통령의 자문에 응하기 위하여 국가안전보장회의를 둔다.

② 국가안전보장회의는 대통령이 주재한다.

③ 국가안전보장회의의 조직·직무범위 기타 필요한 사항은 법률로 정한다.

제92조

① 평화통일정책의 수립에 관한 대통령의 자문에 응하기 위하여 민주평화통일자문회의를 둘 수 있다.

② 민주평화통일자문회의의 조직·직무범위 기타 필요한 사항은 법률로 정한다.

제93조

① 국민경제의 발전을 위한 중요정책의 수립에 관하여 대통령의 자문에 응하기 위하여 국민경제자문회의를 둘 수 있다.

② 국민경제자문회의의 조직·직무범위 기타 필요한 사항은 법률로 정한다.

제 3 관 행정각부

제94조

행정각부의 장은 국무위원 중에서 국무총리의 제청으로 대통령이 임명한다.

제95조

국무총리 또는 행정각부의 장은 소관사무에 관하여 법률이나 대통령령의 위임 또는 직권으로 총리령 또는 부령을 발할 수 있다.

제96조

행정각부의 설치·조직과 직무범위는 법률로 정한다.

제4관 감사원

제97조

국가의 세입·세출의 결산, 국가 및 법률이 정한 단체의 회계검사와 행정기관 및 공무원의 직무에 관한 감찰을 하기 위하여 대통령 소속하에 감사원을 둔다.

제98조

① 감사원은 원장을 포함한 5인 이상 11인 이하의 감사위원으로 구성한다.

② 원장은 국회의 동의를 얻어 대통령이 임명하고, 그 임기는 4년으로 하며, 1차에 한하여 중임할 수 있다.

③ 감사위원은 원장의 제청으로 대통령이 임명하고, 그 임기는 4년으로 하며, 1차에 한하여 중임할 수 있다.

제99조

감사원은 세입·세출의 결산을 매년 검사하여 대통령과 차년도 국회에 그 결과를 보고하여야 한다.

제100조

감사원의 조직·직무범위·감사위원의 자격·감사대상공무원의 범위 기타 필요한 사항은 법률로 정한다.

제5장 법 원

제101조

① 사법권은 법관으로 구성된 법원에 속한다.

② 법원은 최고법원인 대법원과 각급법원으로 조직된다.

③ 법관의 자격은 법률로 정한다.

제102조

① 대법원에 부를 둘 수 있다.

② 대법원에 대법관을 둔다. 다만, 법률이 정하는 바에 의하여 대법관이 아닌 법관을 둘 수 있다.

③ 대법원과 각급법원의 조직은 법률로 정한다.

제103조

법관은 헌법과 법률에 의하여 그 양심에 따라 독립하여 심판한다.

제104조

① 대법원장은 국회의 동의를 얻어 대통령이 임명한다.

② 대법관은 대법원장의 제청으로 국회의 동의를 얻어 대통령이 임명한다.

③ 대법원장과 대법관이 아닌 법관은 대법관회의의 동의를 얻어 대법원장이 임명한다.

제105조

① 대법원장의 임기는 6년으로 하며, 중임할 수 없다.

② 대법관의 임기는 6년으로 하며, 법률이 정하는 바에 의하여 연임할 수 있다.

③ 대법원장과 대법관이 아닌 법관의 임기는 10년으로 하며, 법률이 정하는 바에 의하여 연임할 수 있다.

④ 법관의 정년은 법률로 정한다.

제106조

① 법관은 탄핵 또는 금고 이상의 형의 선고에 의하지 아니하고는 파면되지 아니하며, 징계처분에 의하지 아니하고는 정직·감봉 기타 불리한 처분을 받지 아니한다.

② 법관이 중대한 심신상의 장해로 직무를 수행할 수 없을 때에는 법률이 정하는 바에 의하여 퇴직하게 할 수 있다.

제107조

① 법률이 헌법에 위반되는 여부가 재판의 전제가 된 경우에는 법원은 헌법재판소에 제청하여 그 심판에 의하여 재판한다.

② 명령·규칙 또는 처분이 헌법이나 법률에 위반되는 여부가 재판의 전제가 된 경우에는 대법원은 이를 최종적으로 심사할 권한을 가진다.

③ 재판의 전심절차로서 행정심판을 할 수 있다. 행정심판의 절차는 법률로 정하되, 사법절차가 준용되어야 한다.

제108조

대법원은 법률에서 저촉되지 아니하는 범위안에서 소송에 관한 절차, 법원의 내부규율과 사무처리에 관한 규칙을 제정할 수 있다.

제109조

재판의 심리와 판결은 공개한다. 다만, 심리는 국가의 안전보장 또는 안녕질서를 방해하거나 선량한 풍속을 해할 염려가 있을 때에는 법원의 결정으로 공개하지 아니할 수 있다.

제110조

① 군사재판을 관할하기 위하여 특별법원으로서 군사법원을 둘 수 있다.

② 군사법원의 상고심은 대법원에서 관할한다.

③ 군사법원의 조직·권한 및 재판관의 자격은 법률로 정한다.

④ 비상계엄하의 군사재판은 군인·군무원의 범죄나 군사에 관한 간첩죄의 경우와 초병·초소·유독음식물공급·포로에 관한 죄중 법률이 정한 경우에 한하여 단심으로 할 수 있다. 다만, 사형을 선고한 경우에는 그러하지 아니하다.

제6장 헌법재판소

제111조

① 헌법재판소는 다음 사항을 관장한다.

  1. 법원의 제청에 의한 법률의 위헌여부 심판

  2. 탄핵의 심판

  3. 정당의 해산 심판

  4. 국가기관 상호간, 국가기관과 지방자치단체간 및 지방자치단체 상호간의 권한쟁의에 관한 심판

  5. 법률이 정하는 헌법소원에 관한 심판

② 헌법재판소는 법관의 자격을 가진 9인의 재판관으로 구성하며, 재판관은 대통령이 임명한다.

③ 제2항의 재판관중 3인은 국회에서 선출하는 자를, 3인은 대법원장이 지명하는 자를 임명한다.

④ 헌법재판소의 장은 국회의 동의를 얻어 재판관중에서 대통령이 임명한다.

제112조

① 헌법재판소 재판관의 임기는 6년으로 하며, 법률이 정하는 바에 의하여 연임할 수 있다.

② 헌법재판소 재판관은 정당에 가입하거나 정치에 관여할 수 없다.

③ 헌법재판소 재판관은 탄핵 또는 금고 이상의 형의 선고에 의하지 아니하고는 파면되지 아니한다.

제113조

① 헌법재판소에서 법률의 위헌결정, 탄핵의 결정, 정당해산의 결정 또는 헌법소원에 관한 인용결정을 할 때에는 재판관 6인 이상의 찬성이 있어야 한다.

② 헌법재판소는 법률에 저촉되지 아니하는 범위안에서 심판에 관한 절차, 내부규율과 사무처리에 관한 규칙을 제정할 수 있다.

③ 헌법재판소의 조직과 운영 기타 필요한 사항은 법률로 정한다.

제7장 선거관리

제114조

① 선거와 국민투표의 공정한 관리 및 정당에 관한 사무를 처리하기 위하여 선거관리위원회를 둔다.

② 중앙선거관리위원회는 대통령이 임명하는 3인, 국회에서 선출하는 3인과 대법원장이 지명하는 3인의 위원으로 구성한다. 위원장은 위원중에서 호선한다.

③ 위원의 임기는 6년으로 한다.

④ 위원은 정당에 가입하거나 정치에 관여할 수 없다.

⑤ 위원은 탄핵 또는 금고 이상의 형의 선고에 의하지 아니하고는 파면되지 아니한다.

⑥ 중앙선거관리위원회는 법령의 범위안에서 선거관리·국민투표관리 또는 정당사무에 관한 규칙을 제정할 수 있으며, 법률에 저촉되지 아니하는 범위안에서 내부규율에 관한 규칙을 제정할 수 있다.

⑦ 각급 선거관리위원회의 조직·직무범위 기타 필요한 사항은 법률로 정한다.

제115조

① 각급 선거관리위원회는 선거인명부의 작성등 선거사무와 국민투표사무에 관하여 관계 행정기관에 필요한 지시를 할 수 있다.

② 제1항의 지시를 받은 당해 행정기관은 이에 응하여야 한다.

제116조

① 선거운동은 각급 선거관리위원회의 관리하에 법률이 정하는 범위안에서 하되, 균등한 기회가 보장되어야 한다.

② 선거에 관한 경비는 법률이 정하는 경우를 제외하고는 정당 또는 후보자에게 부담시킬 수 없다.

제8장 지방자치

제117조

① 지방자치단체는 주민의 복리에 관한 사무를 처리하고 재산을 관리하며, 법령의 범위안에서 자치에 관한 규정을 제정할 수 있다.

② 지방자치단체의 종류는 법률로 정한다.

제118조

① 지방자치단체에 의회를 둔다.

② 지방의회의 조직·권한·의원선거와 지방자치단체의 장의 선임방법 기타 지방자치단체의 조직과 운영에 관한 사항은 법률로 정한다.

제 9 장 경   제

제119조

① 대한민국의 경제질서는 개인과 기업의 경제상의 자유와 창의를 존중함을 기본으로 한다.

② 국가는 균형있는 국민경제의 성장 및 안정과 적정한 소득의 분배를 유지하고, 시장의 지배와 경제력의 남용을 방지하며, 경제주체간의 조화를 통한 경제의 민주화를 위하여 경제에 관한 규제와 조정을 할 수 있다.

제120조

① 광물 기타 중요한 지하자원·수산자원·수력과 경제상 이용할 수 있는 자연력은 법률이 정하는 바에 의하여 일정한 기간 그 채취·개발 또는 이용을 특허할 수 있다.

② 국토와 자원은 국가의 보호를 받으며, 국가는 그 균형있는 개발과 이용을 위하여 필요한 계획을 수립한다.

제121조

① 국가는 농지에 관하여 경자유전의 원칙이 달성될 수 있도록 노력하여야 하며, 농지의 소작제도는 금지된다.

② 농업생산성의 제고와 농지의 합리적인 이용을 위하거나 불가피한 사정으로 발생하는 농지의 임대차와 위탁경영은 법률이 정하는 바에 의하여 인정된다.

제122조

국가는 국민 모두의 생산 및 생활의 기반이 되는 국토의 효율적이고 균형있는 이용·개발과 보전을 위하여 법률이 정하는 바에 의하여 그에 관한 필요한 제한과 의무를 과할 수 있다.

제123조

① 국가는 농업 및 어업을 보호·육성하기 위하여 농·어촌종합개발과 그 지원등 필요한 계획을 수립·시행하여야 한다.

② 국가는 지역간의 균형있는 발전을 위하여 지역경제를 육성할 의무를 진다.

③ 국가는 중소기업을 보호·육성하여야 한다.

④ 국가는 농수산물의 수급균형과 유통구조의 개선에 노력하여 가격안정을 도모함으로써 농·어민의 이익을 보호한다.

⑤ 국가는 농·어민과 중소기업의 자조조직을 육성하여야 하며, 그 자율적 활동과 발전을 보장한다.

제124조

국가는 건전한 소비행위를 계도하고 생산품의 품질향상을 촉구하기 위한 소비자보호운동을 법률이 정하는 바에 의하여 보장한다.

제125조

국가는 대외무역을 육성하며, 이를 규제·조정할 수 있다.

제126조

국방상 또는 국민경제상 긴절한 필요로 인하여 법률이 정하는 경우를 제외하고는, 사영기업을 국유 또는 공유로 이전하거나 그 경영을 통제 또는 관리할 수 없다.

제127조

① 국가는 과학기술의 혁신과 정보 및 인력의 개발을 통하여 국민경제의 발전에 노력하여야 한다.

② 국가는 국가표준제도를 확립한다.

③ 대통령은 제1항의 목적을 달성하기 위하여 필요한 자문기구를 둘 수 있다.

제10장 헌법개정

제128조

① 헌법개정은 국회재적의원 과반수 또는 대통령의 발의로 제안된다.

② 대통령의 임기연장 또는 중임변경을 위한 헌법개정은 그 헌법개정 제안 당시의 대통령에 대하여는 효력이 없다.

제129조

제안된 헌법개정안은 대통령이 20일 이상의 기간 이를 공고하여야 한다.

제130조

① 국회는 헌법개정안이 공고된 날로부터 60일 이내에 의결하여야 하며, 국회의 의결은 재적의원 3분의 2 이상의 찬성을 얻어야 한다.

② 헌법개정안은 국회가 의결한 후 30일 이내에 국민투표에 붙여 국회의원선거권자 과반수의 투표와 투표자 과반수의 찬성을 얻어야 한다.

③ 헌법개정안이 제2항의 찬성을 얻은 때에는 헌법개정은 확정되며, 대통령은 즉시 이를 공포하여야 한다.

부칙 〈제10호, 1987.10.29〉

제1조

이 헌법은 1988년 2월 25일부터 시행한다. 다만, 이 헌법을 시행하기 위하여 필요한 법률의 제정·개정과 이 헌법에 의한 대통령 및 국회의원의 선거 기타 이 헌법시행에 관한 준비는 이 헌법시행 전에 할 수 있다.

제2조

① 이 헌법에 의한 최초의 대통령선거는 이 헌법시행일 40일 전까지 실시한다.

② 이 헌법에 의한 최초의 대통령의 임기는 이 헌법시행일로부터 개시한다.

제3조

① 이 헌법에 의한 최초의 국회의원선거는 이 헌법공포일로부터 6월 이내에 실시하며, 이 헌법에 의하여 선출된 최초의 국회의원의 임기는 국회의원선거후 이 헌법에 의한 국회의 최초의 집회일로부터 개시한다.

② 이 헌법공포 당시의 국회의원의 임기는 제1항에 의한 국회의 최초의 집회일 전일까지로 한다.

제4조

① 이 헌법시행 당시의 공무원과 정부가 임명한 기업체의 임원은 이 헌법에 의하여 임명된 것으로 본다. 다만, 이 헌법에 의하여 선임방법이나 임명권자가 변경된 공무원과 대법원장 및 감사원장은 이 헌법에 의하여 후임자가 선임될 때까지 그 직무를 행하며, 이 경우 전임자인 공무원의 임기는 후임자가 선임되는 전일까지로 한다.

② 이 헌법시행 당시의 대법원장과 대법원판사가 아닌 법관은 제1항 단서의 규정에 불구하고 이 헌법에 의하여 임명된 것으로 본다.

③ 이 헌법중 공무원의 임기 또는 중임제한에 관한 규정은 이 헌법에 의하여 그 공무원이 최초로 선출 또는 임명된 때로부터 적용한다.

제5조

이 헌법시행 당시의 법령과 조약은 이 헌법에 위배되지 아니하는 한 그 효력을 지속한다.

제6조

이 헌법시행 당시에 이 헌법에 의하여 새로 설치될 기관의 권한에 속하는 직무를
행하고 있는 기관은 이 헌법에 의하여 새로운 기관이 설치될 때까지 존속하며 그
직무를 행한다.

참고문헌

곽윤직, 『민법총칙』, 박영사, 1989.

권영성, 『헌법학원론』, 법문사, 2000.

권오승, 『경제법』, 법문사, 2004.

김영규 외 8인, 『新 법학개론』, 박영사, 2017.

김일수, 『법·인간·인권』, 박영사, 1996.

김형만·이기욱, 『법학개론』, 홍문사, 2006.

김효진, 『법학입문』, 박영사, 2016.

박상기, 『법학개론』, 박영사, 2003.

박선영, 『법학개론』, 동현출판사, 2006.

법무부, 『한국인의 법과 생활』, 2019.

서규석·나윤수, 『법학의 이해』, 법문사, 2002.

옥필훈, 『법학개론』, 진영사, 2008.

_____, 『사회복지법제와 실천』, 지식공동체, 2019.

_____, 『서양법철학노트』, 도서출판 솔, 1997.

_____, 『형법 이해와 판례』, 진영사, 2009.

_____, 『형사소송법 이해와 판례』, 진영사, 2009.

유병화, 『법학개론』, 법문사, 1988.

_____, 『법철학』, 진성사, 1992.

육종수·김효진, 『법학기초론』, 2004.

이상도, 『영미법사전』, 1989.

이상돈, 『법학입문』, 법문사, 2002.

이상욱 외 13인, 『생활법률』, 영남대학교 출판부, 2001.

이영희, 『법학입문』, 법문사, 2000.

전경근, 『생활법률(제5판)』, 박영사, 2018.

최종고, 『법과 윤리』, 경세원, 2000.

_____, 『법사상사』, 박영사, 1994.

_____, 『법학통론』, 박영사, 2003.

_____, 『서양법제사』, 박영사, 1994.

_____, 『정의의 상을 찾아서』, 서울대학교출판부, 1994.

허영희, 『생활법률』, 법문사, 2005.

그 외 연구논문

찾아보기

저자소개
옥필훈

[학력]
영국 킬대학교 범죄학과 M.Phil과정 수학
영국 버밍엄대학교 법과대학원 Occasional Research Degree
전북대학교 법과대학 박사과정 졸업(법학박사)
원광대학교 경찰행정학과 박사과정 졸업(경찰학박사)
서남대학교 사회복지학과 박사과정 졸업(사회복지학박사)
전주대학교 일반대학원 신학과 박사과정 졸업(신학박사)
우석대학교 유아특수교육학과 박사과정 수료

[경력]
전주비전대학교 경찰행정과 조교수 역임
전주비전대학교 경찰행정과 학과장 역임
전주비전대학교 아동복지과 부교수 역임
한국소년법학회 이사 역임
한국치안행정학회 이사 역임
국제경호협회 자문위원 역임
전주비전대학교 물리치료과 및 사회복지경영과 강사 역임
전주대학교 신학과 강사 역임
보건복지부 인성교육 중앙선정위원 역임
법무부 Law Educator 역임
전주지방법원 화해권고위원 역임
진달래교회 부목사(교육목사) 역임
전주홍산교회 교육목사 역임
전북연합신문 객원논설위원 역임
현, 전주일보 객원논설위원
    한독심리운동학회 이사
    한국심리운동연구소 이사
    한국생태유아교육학회 이사
    전주시 인성·창의교육 지원 위원회 위원
    전주시 도시재생위원회 위원
    전주사랑의교회 협동목사
    전주비전대학교 아동복지과 교수
    전주비전대학교 아동복지과 학과장

[저서 및 논문]
법학개론(진영사, 2008)
형법의 이해와 판례(진영사, 2009)
형사소송법의 이해와 판례(진영사, 2009)
수사 Ⅰ·Ⅱ(비앤엠북스, 2008)

사회복지법제론(동문사, 2013)
가족복지론(공동체, 2015)
사회복지실천기술론(공동체, 2017)
사회복지법제론(공동체, 2017)
범죄신학에 있어서 아동학대에 대한 이해(공동체, 2017)
범죄학겸 형사정책(진영사, 2019)
소년사법에 있어서 다이버전에 관한 연구(전북대 석사논문, 2008. 02)
소극적 안락사에 대한 기독교윤리적 연구(전주대 석사논문, 2011. 08)
경제범죄의 실태와 대책에 관한 연구(전북대 법학박사논문, 2016. 08)
제주자치경찰의 실태와 발전방안에 관한 연구(원광대 경찰학박사논문, 2009. 02)
회복적 사법의 교정복지저 성격 고찰(서남대 사회복지학박사논문, 2012. 02)
'하나님의 선교'에 근거한 피학대아동을 위한 복지선교의 현황과 실천방안(전주대 신학박사학위논문,
     2019. 02)
경제범죄의 분류방식과 대처방안
경제범죄의 개념에 관한 연구
경제범죄의 제재유형에 관한 연구
공공장소의 성적 행위의 불법실태와 형사법적 대책에 관한 연구
경제범죄의 실태에 관한 연구
경제범죄에 있어서 법인에 대한 효율적 제재방안에 관한 연구
지역사회 경찰활동의 활성화방안에 관한 연구
조직범죄의 실태와 효율적 대책에 관한 연구
한국 자치경찰제의 효율적 운용방안에 관한 연구
여성범죄의 실태와 효율적 대책에 관한 연구
사회내처우의 교정복지실천에 관한 연구
비행청소년의 실태와 보호관찰제도에 관한 연구
장애인차별에 대한 실태와 인권·복지에 관한 연구
피해자를 위한 회복적 사법의 실무상 운용실태와 교정복지의 정책적 과제에 관한 연구
장애아동을 위한 심리운동의 적용범위와 사회경험 지원방안에 관한 연구
아동학대범죄에 대한 선교신학적인 실천방안에 관한 연구
비행소년의 재사회화를 위한 심리운동적 접근과 발전과제
생태계 회복을 위한 기독교 환경운동과 선교신학적 발전과제
독일 사례를 근거로 심리운동사의 전문성과 법적 지위에 관한 고찰
소극적 안락사에 관한 선교적인 실천방안에 관한 연구
장애아동의 숲과 자연체험활동을 위한 심리운동적 발전과제
장애인차별에 대한 실태와 인권·복지에 관한 연구
양성평등에 대한 헌법개정의 주요내용과 발전방향
아동학대의 실태와 복지선교의 발전과제

생활법률

초판발행	2020년 7월 10일
지은이	옥필훈
펴낸이	안종만·안상준
편 집	나경선
기획/마케팅	이영조
표지디자인	조아라
제 작	우인도·고철민
펴낸곳	(주) **박영사**
	서울특별시 종로구 새문안로3길 36, 1601
	등록 1959. 3. 11. 제300-1959-1호(倫)
전 화	02)733-6771
f a x	02)736-4818
e-mail	pys@pybook.co.kr
homepage	www.pybook.co.kr
ISBN	979-11-303-3471-4 93360

copyright©옥필훈, 2020, Printed in Korea

정 가   22,000원